場の論理とマネジメント

伊丹敬之
Hiroyuki Itami

東洋経済新報社

はしがき

どうも、マネジメントのスタイルには、日本とアメリカの間に基本的な違いがある。
そう感じ始めてから、もう二五年以上の時間が経っただろうか。アメリカのビジネススクールで大学院教育を受け、博士号をとり、教えもした私は、日本に帰ってきた当初はアメリカ一辺倒の若い学者だったに違いない。しかし、日本企業の現実を、いいところも悪いところも詳細に知る機会が増えるにつれ、そうした「違い」の感覚が強くなってきた。どちらがいい悪いの問題でなく、違うのである。

アメリカ型の経営はアメリカンフットボールのゲームマネジメントに似ている。アメリカンフットボールでは、分業が徹底され、各プレーヤーはそれぞれのポジションのスペシャリストである。そのスペシャリストたちがクォーターバックの指令のもとに、くわしく作られたプランに従って行動する。ゲームはボールが地面につくたびに中断し、きちんと陣形を組み直して新しいプランの行動が企画・実行される。動と静のリズムを交代にもって、全体が時計仕掛けのようにシステマティックに動いていく。

それと比べると、日本の経営はラグビーに似ている。ラグビーでは分業もアメリカンフットボールほどではなく、一人のプレーヤーがいくつもの役回りをせざるをえないようにゲームが進んでいく。皆が団子のように固まってボールを奪い合い、そしてときに展開し、幾人もの手をボールが次々に渡って、波のようにゲームが進んでいく。中央集権的な司令塔もそれほどの意味をもたない。

全世界的に人気の高いサッカーのゲームも、ラグビーに似ている。比喩的に言えば、サッカーやラグビーはプロセス重視のゲームであり、アメリカンフットボールはシステム重視のゲームである。

二つのチームスポーツの違いは、音楽の世界のクラシックとジャズの違いにも似ている。クラシックでは作曲家が書いたスコアという音楽のプランが、多くの楽器に分業した演奏者たちに出すべき音を音符という形で指定している。その音符の指定に解釈を加え、一つのつながりと全体像をもった音楽に仕立て上げていくのは、指揮者の役割である。オーケストラでは、指揮者はしばしば絶対君主にも似た立場といわれる司令塔である。

しかしジャズでは、メロディーがあり、コードやモードがあるが、くわしい音の全指定をするスコアはない。むしろ即興演奏こそがジャズの命で、各プレーヤーが音を作っていく部分が多い。ただし、プレーヤーたちはただ勝手に演奏するのではない。ラグビーのように、互いのプレーを見ながら、聞きながら、そしてメロディーラインなどを共有しながら、全体の流れをつくろうと各人が努力する。そして、リーダーはいるが、彼はプレーヤーの一人であり、指揮者のような中央集権的司令塔専門家ではない。いわばもの言わぬ共同作業が自然発生的に起きているのである。

たしかに、マネジメントのスタイルの違いがあるのである。

サッカーの、ラグビーの、ジャズの、マネジメントスタイルがなぜ機能するのか。それと同じように、団子のように皆でプロセスを行っていく日本の経営がなぜ機能するのか。場という概念のレンズで見ると、それが説明できそうだ。それは、生命の摂理の一部でもあるようだ。そして、経営組織のマネジメントとしても、場のマネジメントというものがたしかに現実にある。ただ、これまではそれに焦点を当てる理論がなかったために、現実にはかなり広く存在していながら、大きく注目されることがなかっただけである。

そうした「場のマネジメント」の全貌を、その基礎論理と共に解説しようというのが、この本の目的である。

「場」という概念に興味をもち始めて、もう一五年以上になる。その概念を考えた最初の本として、私は一九九九年に『場のマネジメント』（NTT出版）という小さな本を出した。その翌年、同じ大学で場の概念に興味をもつに至った五人の人間で、共著の本を作った。『場のダイナミズムと企業』（東洋経済新報社）である。本書は、こうした二つの過去の本で書いた私なりの「場の論理とマネジメント」の考え方をさらに発展させ、場のマネジメントとしての包括的な説明を意図したものである。なるべくていねいな説明をと心がけたためか、四〇〇ページを超すかなり大きな本になってしまった。

この本ができあがるまでに、多くの方との共同作業があった。山下裕子さん（一橋大学）はこの本の基礎ともいえる論文（「場のマネジメント序説」）の実質的な共著者のようなものである。清水博先生（現金沢工業大学、前東京大学薬学部）には、生命の摂理に学ぶ手ほどきをしていただいたし、またこの本の場のメカニズムの概念枠組みの骨格は清水先生が提唱されたバイオホロニックスのアイデアに多くを負っている。そして、場のマネジメントの最初の本を書くことを提案して下さった、当時NTT出版におられた島崎勁一さんには、一つのアイデアが本の形をとるプロセスの共同作業をしていただいた。

このお三方以外にも、多くの方が陰に陽にこの本ができあがるまでの私の思考プロセスに刺激とヒントを与えて下さった。いちいちその方々のお名前は列記しないが、多くの人々に囲まれた「場」が私の周りにあったからこそ、この本が書けたのだと思う。私の学者人生の一つの区切りのようなタイミングでこうした本が出せることを、心から感謝したい。

最後に、この本を二〇〇五年中に出したいという私のわがままを、東洋経済新報社の勝木奈美子さんは正面から受け止めて下さり、編集作業を有能にかつ急いで行って下さった。この本の最後の共同作業者として、深くお礼を申し上げる。

二〇〇五年文化の日

伊丹敬之

場の論理とマネジメント◆目次

ブックデザイン　山田絵理花

序章　空間は情報に満ちている

大勢の人間が集う空間には、情報が満ちている。

その空間を共有している人間たちが、さまざまな観察をし、さまざまな情報発信を半ば知らず知らずにしているからである。人々が交わす言葉はもちろんのこと、身体の仕草、もの言わぬ行動そのもの、そういったものまでがじつはさまざまな情報を伝える。人間が高度な感覚器官と多様な情報処理能力をもったすぐれた情報装置だからである。それゆえ、思いもかけぬものまでもが情報のキャリアーとして機能して、じつに多様な情報が一つの空間の中を飛び交うことになる。

そうした人間の能力と空間の特性を、組織の経営にうまく使えないか。

場のマネジメントという経営のパラダイムを重要と私が考える、発想の原点はそこにある。

デスクの上に本立てを置くな——ソニー

わかりやすい事例から話を始めよう。小さな話に見えるかも知れないが、神は細部に宿っている。

三〇年以上もの昔、ソニーのＶＴＲ開発プロセスでのエピソードである。一九七二年、ベータマックス方式の戦略商品の量産試作から初期の製造を任されたのは、河野文男（技術準備室長）だった。ＶＴＲは典型的なメカトロ製品で、メカ技術とエレクトロニクス技術の両方の分野のエンジニアたち四九名が集められた。二つの分野の融合はこの製品の量産成功には不可欠だった。

「河野は技術者間の連携をよくしようとワンフロアに仕切りを設けず、デスクを二列に並べ、彼らにこう指示した。

『君ら、自分のデスクの上に本立てを置かないようにしてくれ』

怪訝な顔をする部下にこう説明した。

『お互いの顔が見えるようでなければ、コミュニケーションが損なわれるだろう。それでは、いいアイデアは出てこない。本や資料は、後ろの棚に入れるように』

その上、同じ分野のエンジニアを一塊りの席に集めるということをやめ、電気系、機械系が混在するようにした。その方がお互いの間に生産的な刺激が生まれる。

図面を書くときはデスク群の後ろにある製図台に機械系の技術者が集まって、話し合いながら作業を進めた。電気系のエンジニアには製図台の反対側に作業台があってここで絶えず実験を繰り返した。工具も測定器も山ほど置かれていた。両者の連携は幾つものいい効果を生んだ」（江波戸哲夫「小説・盛田昭夫学校　第十章①ベータマックスの誤算」『プレジデント』二〇〇四年三月一五日号）。

河野は、エンジニアたちの仕事の空間のしつらえに心を配り、本立てにすら気遣った。人々の間の刺激と連携が、その空間から生まれるように考えたのである。

フェイスツーフェイスのコミュニケーションの容易さを河野は重んじた。おそらくその理由は、二つあるだろう。一つは、思いついたら「すぐに」コミュニケーションができることの大切さである。すぐにコミュニケーションしないと、アイデアは逃げていく。あるいは、ついつい面倒になる。だから、「すぐに」ということが大切なのである。本立てがなければ、顔を上げるだけですぐに皆が見える。

もう一つの理由は、フェイスツーフェイスでないと、真剣さ、意図などが伝わりにくいことである。人間は、相手の表情から意図や真剣さを読み取ることができる。その能力を生かそうとした。河野が、デスク群の後ろに製図台や作業台を置いて、その台に集まっているエンジニアたちの作業や議論が周りの人間に自然にわかるようにしたことにも、意義があった。

部屋にいる人たちが、自分の仕事をしながらプロジェクトの進捗状況について、「ついでに」観察ができるようにしたのである。議論の声が自然に聞こえるから、誰かが興奮していれば、周りで仕事をしている人にもそれがわかるだろう。誰かが沈み込んでいるのも伝わる。議論の中に飛び交う言葉を聞けば、取り立てて報告をされなくても、どんなことが今問題になっているか、情報共有になる。他のメンバーが忙しく立ち働いている姿が目に入ると、それが刺激になる。

人間は、他人のもの言わぬ行動から、さまざまな解釈を引きだすことができる。そのためには、行動を「自然に」観察できる状況が必要である。もちろん、行動と共に言葉が発せられていれば、自分に向けた言葉でなくとも、何気なく耳にして、それからまた解釈ができる。もの言わぬ行動の観察、他人に向けられた言葉の傍聴、いずれも人間にとっては、情報受信になっているのである。河野の配慮は、プロジェクトメンバーの間に情報が自然に多方面に流れることを狙ったものだったのである。

同じような配慮を、時代が下って三〇年後の二〇〇二年、セイコーエプソンでも藤森弘章がしていた。彼は映像事業部島内事業所でラベルプリンターなどを担当するDA設計技術グループ課長である。彼は、事業所内でばらばらだった設計、事業管理、営業の三部署を集めて真ん中にフリースペースを作った。そして、社員の机はすべて部屋の中心を向かせ、会議の最中に声をかければ誰でもすぐに参加できるようにした。その結果、「これまでいちいち小部屋を予約していた会議室も、この部屋の中で八割が済むようになった」（藤森談、『日経ビジネス』二〇〇三年一月二〇日号）。

藤森の考えた狙いは、河野の狙いと同じと言っていいだろう。ソニーとエプソンばかりではない。さまざまな企業で、洋の東西を問わず、似たような配慮をしているマネジャーたちが無数にいる。大部屋で仕事をすることの意義、その大部屋の中での机の配置に心を配り、人々の間に自然にコミュニケーションや観察の機会、そして相互刺激が生まれることを狙っているのである。

たとえば、アメリカの例を一つ挙げれば、家具メーカーのスチールケース社。三〇人ほどいる役員たちの役員室を大部屋にした。

「以前、同社の役員個室は居間やダイニングルームのあるスイートルームのような豪華さで有名だった。しかし、あまりに居心地がいいためか、皆、部屋に閉じこもりがちになり、フェース・トゥー・フェースのコミュニケーションが取れなくなる弊害が生じてきた。そこで、社長はフロア全体を役員たちの豪華な共有スペースに改造した。（中略）フロア中央には世界中の支店の情報が集まるコーナーを設置した。情報をいつでも引き出せるようにしたら、自然とそこに人が集まり、新たなコミュニケーションの機会が生まれた」（仲隆介「日本のオフィスは『考える空間』になっているか」『プレジデント』二〇〇三年九月二日号）。

スチールケース社の情報コーナーは、ソニーの作業台、製図台と似たような役割を果たしている。部屋の中の情報の流れの焦点になるような装置になっているのである。そうした「焦点装置」があると、「自然に」あるいはそこをきっかけに情報が交換されるようになる。なければ、何ごとも起きなくなる。

オフィス空間の設計や焦点装置の設置は、小さな配慮に見えるかも知れない。しかし、「小さなことにすぎない」と言うべきでない、本質的な意味をもっている。空間には情報が満ちているのである。それを人々がうまく利用できるようにする、その情報を媒介に人々が相互刺激できるようにする。それが、マネジメントの一つの要諦である。

巨大キャフェテリアを本社ビルの中心に――ノキア

そうした配慮を、本社ビルの設計の根幹部分にまで据えた企業がある。フィンランドの携帯電話メーカーの巨人、ノキアである。

ヘルシンキ郊外の「ノキアハウス」と呼ばれる本社ビルは、総ガラス張りの二つの大きな棟が中央部でくっついている。その接続部は巨大な吹き抜けになっており、その吹き抜けの下に約一〇〇

○人を収容できる巨大なキャフェテリアがある。そしてこの吹き抜け部は、二つの棟を結ぶ通路にもなっている。キャフェテリアは、人が会って食事をする場であるばかりでなく、人々が行き来する場にもなっているのである。

「(キャフェテリアに)一歩足を踏み入れると、軽食をとりながら議論するグループや、テーブルに所狭しと資料を広げて真剣に話し込むグループもいる。あちこちのテーブルで毎日、熱い議論が繰り広げられ、社員たちの声は天井のガラスにまで響きわたる。

『ここから今まで様々な新製品のアイデアや企画が生まれた。単にイントラネットで情報共有するだけでは、新しい発想は出てこない』(ミッコ・コソネン戦略情報システム上級副社長)」(『日経情報ストラテジー』一九九九年九月号)。

なぜ、キャフェテリアが大切なのか。

その理由は、人々が簡単に集える場所、ということである。自由に集まれるだけのスペースと座る椅子がある。食事の「ついでに」話し合える。あるいは、食事に誘うといういい口実が作れる。対話したい人を自然体で誘えるのである。正式な会議に招集するのとは、誘いをかけるのも、その場の会話も、気楽さが違う。その自由さが、多様な情報交換と刺激を生む。そこから、共通の理解、面白い発想、情報蓄積が生まれるのである。

イントラネットの情報共有では、そもそも交換できる情報が電子媒体に載るものに限られるし、相互のやり取りのダイナミックさも刺激もない。やはり、人間にとってのフェイスツーフェイスのコミュニケーションは大切なのである。

なぜ、キャフェテリアが通路にもなっているのか。

それは、仕事のために本社棟の一つから別の棟へ行く必要のある人たちが、ついでにキャフェテリアの議論を見ることができる。何が起きているのか、誰が集まっているのか、ついでに観察できる。さらに、気楽に通行している人もまた声をかけて議論に加わることがあるかも知れない。大きな建物の中の密閉された会議室では起きないことが、起こりうるのである。

こうしたことが起きることを、ノキアは意図的に狙って本社ビルのデザインをしている。二〇〇四年秋、私はノキアの副社長たちにこの点をたしかめたことがある。彼らはにっこり笑って、こう答えた。「その通り。我々はそういうことを大切にしたいのです」。彼らの顔は、多少誇らしげに見えた。

おそらく、趣旨は全く同じであろう。日本の林原（食品・医薬品素材メーカー）の林原健社長も社員食堂での議論の意義について、こう語る。

「独自性とは独り善がりではない。仲間とアイデアを交わし、時代の先を見すえたテーマを探すことが不可欠だ。とはいえ『帰りに一杯』では若手が嫌がる。社員同士が顔を合わす時間も限られる。

そこで、社員食堂を使って積極的に意見交換することを奨励。社内で昼食を取りながら気軽に議論できるようにした。座席は1人だけで座れない配置にしてあり、おのずと周りの人と話すようになる」（『日経情報ストラテジー』二〇〇三年一月号）。

本社ビルの設計、社員食堂の座席の配置、それに社長自身の意図が働いている。決して、小さなことではなく、経営トップの関心事なのである。

コーヒーポットと喫煙室

キャフェテリアあるいは社員食堂という大きな空間の準備が、人々の間の情報交換を促進するだけではない。もっと小さな空間が機能することも多い。たとえば、人々が仕事の合間にコーヒーを飲みに集まる空間、たばこを吸いに来る空間。そんな空間で対話が起き、情報交換が起きる。仕事の場そのものとは雰囲気の違う、気楽な空間である。

ボストンコンサルティンググループの御立尚資はある講演でこう語った。

「以前、(ボストンコンサルティンググループの)ドイツ支社でナレッジ・マネジメントに成功した企業の特徴を調べたところ、『成功企業に共通する道具はコーヒーポットである』という結果が出た。共用スペースにコーヒーメーカーを置き、社員が仕事に行き詰まった時などにコーヒーを飲みながら意見を交換し合う。すると実に様々なアイデアが生まれ、いかなる道具よりもナレッジ・マネジメントを促進するという」(『日経情報ストラテジー』二〇〇一年一月号)。

ナレッジ・マネジメントなどという格好のいい言葉で表現する必要はないのかも知れない。人々の間の気楽なコミュニケーションと刺激の場を用意する、ということがエッセンスなのであろう。日本ではまだ喫煙者も多いので、喫煙室がコーヒーポットの代役になるところも多いようだ。たとえば、ある電子部品メーカーの若手設計技術者が開発部門での知識の共有についての匿名座談会で、こう語っている。

「ウチも喫煙室が情報交換の場です。普段机に座っていては聞きにくいことを、ああいう場だとけっこう聞けるんですよね。自分でも、気づいていないけれど人に役に立つような話をしているかも知れない」(『日経情報ストラテジー』二〇〇一年三月号)。

別な座談会で、あるソフトウェア企業の若手技術者がやはり喫煙室の効用をこう語る
「社内で同じこと言う人は多いですね。たばこを吸えないのに、1日に1時間程度は喫煙ルームにこもっていて、情報収集している人に会いました」(『日経情報ストラテジー』二〇〇二年二月号)。

コーヒーポットあるいは喫煙室がもたらすものは、少なくとも二つある。第一に、何気ないコミュニケーションである。聞こうという意図もなく、伝達しようとする意図もない会話にたまたま参加する。あるいは、ついでに聞いてしまうことの意義は案外、大きい。なぜなら、人間の情報探索活動は、意図的である限り、自分の意図あるいは既存の知識の範囲という限界をもっている。何気なく耳にすることは、その限界を飛び越えて、入ってくる。そこから、刺激が起きる。いわば、ゆらぎが起きやすい。枠組みがない、あるいはゆるい、ということの効用である。

コーヒーポットあるいは喫煙室の第二の効用は、フランクにものを聞ける雰囲気である。仕事のフォーマルな場であると、権限関係などの上下関係がある。大勢の人の目がある。しかし、喫煙室には、小人数の気楽さと平等な関係がある。それが、フランクな雰囲気をつくっている。

役員の毎朝会議——キヤノン

自由な雰囲気で語り合うのは、何も喫煙室ばかりでなくていい。キヤノンでは、役員たちが毎朝集まる朝会議がある。八時から九時まで、とくに議題を決めずに、事前のお膳立てもなく、背広を脱いでワイシャツ姿で、経済情勢、社会情勢、自社についての報道、さまざまなことについて自然にディスカッションが始まる。就業開始の八時半に現場に戻らなければならない者は三〇分で引き揚げて、残れる人だけで話を続け、仮に討論が途中でも九時には解散する。

御手洗冨士夫社長はこう語る。

「毎朝のことですから、一、二年もすれば、森羅万象、世の中で起こるたいていの事象についてみなで話し合っていることになります。こういう問題についてあの人はこう考え、この人はああ発想するのかと、自然にわかってきます。こうして毎日の雑談や討論を通じてお互いを知り合い、共通の価値観が生まれるのです。（中略）

役員は毎朝の会議でお互いに考え方を調整し、キヤノン流の価値観や文化を共有していますから、世界中を飛び歩いて自分一人その場で決断を下しても、みなの意見と食い違うようなことはまずありません」（『プレジデント』二〇〇三年八月四日号）。

なぜ、毎日なのか。それは、時々、定期的に開催すると、参加者が意識する。構える危険があって、真の「意義ある雑談」にならない。

なぜ、雑談風で、議題を決めない（お膳立てをしない）のか。それは、枠にはまった議論しかしなくなることを防ぐためであろう。議題を決めてしまうと、議論に意外性がなくなるのである。もちろん、役員たちなのだから、会社の大事にかかわりそうなこと、という大きなアジェンダ（主題）はあるだろう。その大枠だけはあるのだから、細かな枠組みを壊している。さらに、議題があると、決定責任がその場に生まれたり、権限関係にもとづく情報交換になってしまう危険がある。自由な立場を参加者が維持できるように、あえて議題を決めないのであろう。

この間の消息は、フランクな情報交換と権力関係の微妙な関係を物語っている。そもそも、この場には社長がいるのである。言わなくても、権力関係はそこに存在してしまっている。しかし、会議の場では皆あえて背広を脱ぐ。その象徴的行為が、権力関係の影響を薄める意図をもっている。こうして、フランクな情報交換と権力関係の微妙さにどのように配慮できるかが、鍵なのである。

この雑談風朝会議から生まれるものは、もちろん、何らかの決定や指示であることもあるだろう。しかし、御手洗社長が語るように、共通の価値観、判断基準が、「そこはかとなく」生まれてくることが、最も大切である。その共有が、役員の一人ひとりが持ち場持ち場で行う個々の意思決定の間に整合性をもたらすのだろう。さらに、「こと」に関する共通理解だけでなく、「人」についての共通理解が、たんに発言内容からだけでなく、しゃべり方などボディランゲージの部分からも生まれる。そして、「こと」と「人」についての共通理解や情報共有が生まれるためには、議論の対象に多様性があったほうがいい。そのためには、さまざまなこと、森羅万象についての議論をする必要があるのである。

この朝会議は、いわば高級井戸端会議と言ってもいいかもしれない。これと似た話を、イギリスとオランダにまたがって両方の国に本社があるユニリーバという多国籍企業の二人のCEO（両本社に一人ずつ）の話として聞いたことがある。彼らが、「どのようにして意思統一や価値観の共有をするのか」と問われたときの答えである。「年に数十日は、文字通り共同生活のようなことをする」と答えたのである。

こうした雑談風会議だけが、キヤノンの会議ではない。もっとフォーマルな会議もキヤノンではしばしば開かれている。キヤノンは会議を大切にする会社なのである。

一五〇〇人が毎週会議、七〇人で毎日会議――セブン-イレブン、トリンプ

会議を大切にするもっと強烈な例は、セブン-イレブン・ジャパンだろう。

毎週火曜日、セブン-イレブンの東京の本社では一五〇〇人が参加する会議が開かれている。同社の設立以来、欠かすことなく続けられてきた会議で、同社の鈴木敏文会長が、「自分が経営に責任をもっている限り、中止するつもりはない」と言い切る会議である。

この会議の主役は、オペレーションフィールドカウンセラー（OFC）と呼ばれる人々である。一人で七〜八店舗ほどを担当し、コンビニ・フランチャイズのオーナーたちにつねに新しい情報を提供し続けていく。二〇〇二年時点で、約一二〇〇人が全国に散らばって配置されている。その彼らが毎週一度、東京のセブン-イレブン本部にOFC会議のために集まるのである。

鈴木会長は、この会議についてこう語る。

「店舗経営はもちろんオーナーの資質にもよるが、総じて、その店が伸びるかどうかは、じつ

はＯＦＣの力によって大きく左右される。（中略）
強いＯＦＣはどのようにすれば育つのか。ここにも一つの秘密がある。週一回、東京・芝公園の本部（著者注――現在は本部は四谷にある）は、早朝から騒然とした雰囲気に包まれる。北は北海道から南は九州まで、一二〇〇人ものＯＦＣが毎週欠かさず、一堂に会して会議を開いているからだ。その場で私はＯＦＣたちにさまざまな情報をインプットする。経営に対する考え方から、商品情報、話題の本、オーナーに対する言葉遣いに至るまで多岐にわたる。この会議のために、年間何十億円もの多額の費用が注ぎ込まれる。
単にＯＦＣに情報を与えるだけならばインターネットもある。オーナーに話を伝えるなら、ＯＦＣを介するより、ビデオでも使った方が情報量的には多く伝わるかもしれない。東京への行き来で、膨大な人員が無駄な時間とお金を使うよりも、もっと現場で仕事をした方が合理的ではないかという批判があるのも知っている。それでも、私がＯＦＣ会議にこだわるのはダイレクトコミュニケーションを何より重視しているからだ」（『プレジデント』二〇〇二年四月二九日号）。
ダイレクトコミュニケーションは、単に鈴木個人からＯＦＣたちに対して起きるだけではない。会議に参加するのは、ＯＦＣたちを統括するゾーンマネジャーたちでもあり、本社のスタッフたちでもある（だから、会議参加人数が一五〇〇人にもなる）。そして、午前中はＯＦＣ全員の参加する全体会議が開かれるが、午後からはゾーンミーティング、ディストリクトミーティングと、次第に規模は小さくなるが会議が連続して開かれる。まさに、一日仕事なのである。最後のディストリクトミーティングは、一〇人程度の規模の会議で、OFCたちが相互に自分の成功例などを発表し合ったりする（詳細は、勝見明『鈴木敏文の「統計心理学」』プレジデント社、より）。

つまり、鈴木からOFCへのタテのダイレクトコミュニケーションばかりでなく、OFC相互のヨコのダイレクトコミュニケーションと相互刺激もまた、この一日の会議日の中でさまざまに起きるのである。それも、デジタル的にコミュニケーションするのではなく、アナログ的に。

会議のメリットとして鈴木が言うのは、

① 同一の情報を同時に共有できることによる社内の意思統一を図ること
② 全国レベルでの多様な情報に基づいてOFCと加盟店の間に情報格差を作りだし、比較的経験の浅いOFCの指導・コンサルティング業務を容易にすること
③ OFCやDMなどのOJT（現場研修）の機会となること

などである。だが、より本質的な理由は「POSはデータを生むが情報は生まない」からであるという。POSシステムの導入により単品ごとの売れ行きの把握はリアルタイムで可能になったとしても、その「データ」を評価し「情報」として活用するためのノウハウの取得（これを鈴木は仮説検証のノウハウと言う）は、現実の対面的コミュニケーションを通じて「くせ」になるほど繰り返し伝達するしかないからである、と鈴木は言う。

それにしても、なぜ一五〇〇人なのか。その理由は、たんにダイレクトコミュニケーションだけではなさそうだ。それだけの人間が集まれば、熱気が出るだろう。鈴木自身の言葉では、「騒然とした雰囲気に包まれる」という表現になる。その熱気が、参加する一五〇〇人にエネルギーを注入

しているのではないか。

なぜ、全体会議に続いて、次々と細分化されて会議が続くのか。もちろん、組織の指揮命令系統に従って、順次具体的な細かな議題がそれぞれの会議で議論されるということもあるだろう。しかし、一つの狙いは、あまりに大人数の全体会議で、しかも鈴木自身からの一方通行的な話の場では果たせない、OFCたち同士の情報交換や相互刺激が生まれるように、ということではないか。これだけの人間が集まれば、そしてうまく彼らの間のヨコの相互作用が起きるように工夫すれば、その相互作用から人々が受ける情報的刺激や心理的刺激は、かなりのものになるのである。

規模はセブン-イレブンには遠く及ばないが、頻度としては毎朝、社長以下七〇人を超える社員が参加する会議の場を経営の中心に置いているのが、下着メーカーのトリンプ・インターナショナル・ジャパンである。この会議、毎朝八時半から約一時間で、参加は自由。議題は、誰がもらだしてもいい。一日当たり約四〇件の議題に即断即決で結論を出して、対応策の必要な件については、担当者が決まり、対策期限も決められる。吉越浩一郎社長はこう語る。

「会議というのは、これを言うと問題になるからといって本音を言わなくなりがちです。そうではなくて物事をオープンにして、全部その場で打ち合わせて、何でこんな結論になったかが分からないとまずいことになります。(中略)

会議に参加していれば他の人の実力は、みんなが全部分かっています。私一人が『あいつは何だ』と言っているのではなく、全員がそう思うわけですから、その人自身もどうしなくてはいけないかが分かるはずです。

（この会議は）ＯＪＴ（職場内訓練）だとよく言われますね。一緒にいたことによる参画意識がありますし、決定のプロセスも分かります。今後、同じような状況に直面したときに、こうした決断をすれば良いのだと理解できるわけです」（『日経情報ストラテジー』二〇〇四年二月号）。

毎朝一時間という密度の濃い会議、しかも経営者が司会を務める会議というと、上意下達の重苦しい雰囲気を想像しがちになるが、しかし、そうではないようだ。吉越社長は、「時々、ジョークを飛ばすこと。厳しいだけでは会議は長続きしない」と気をつけているという。そして、会議の意義についてこう語る。

「よく会議はできるだけ減らした方がよいというでしょう。しかし、私に言わせれば、その発言はレベルが低い。要はやり方次第だと思う。私にとっては、会議は経営そのものです」（以上、『日経ビジネス』二〇〇三年八月一八日号より引用）。

キヤノンの例で述べたことと、トリンプの会議の本質は似ているようである。会議という場は、そこに参加する人々が「こと」に関する情報と「人」に関する情報を、参加観察によって自然に入手していることになっている。しかも、「判断の仕方」という情報もまた、吉越が参加者に学んで欲しいと思っている情報なのである。

感動の共有——アサヒビール

空間は情報に満ちている、と題して、人々の集まりの空間で、情報がじつに多様な形で交換され、共有され、それが経営にインパクトを与えているエピソードを見てきた。しかし、人間は単純な情報機械ではない。人間には、感情があり、心がある。空間には、その人間たちの感情もまた、満ちているというべきであろう。その点をとらえて、感動の共有こそがマネジメントの原点と強調するのが、アサヒビールの元社長、瀬戸雄三である。瀬戸は、神戸支店販売一課長の時代に、高い業績目標をメンバーに示し、メンバーと共にその実行のための作戦を練った。

「そこで私は、全員参加による作戦会議を開くことにした。私一人で決めて命令を下していたのでは、部下のモチベーションは上がらないし、第一みなが燃えない。作戦を成功に導くためにも、全員の情報や意見を集める必要があった。

この会議は、まだ土曜日の勤務が午前中だけの半ドンだった当時、午後から、会社の会議室に全員が集まって開かれた。（中略）ワイワイガヤガヤと議論を戦わせた。（中略）結局、この会議は三〜四回ほど開いたが、いずれも白熱し、気がつけば日曜日の朝になっていた。（中略）こうした本音の対話を繰り返すことで、課内に一体感が生まれた。命令された仕事ではなく、自分たちが作戦を練り、自分たちで実践するのだから、自然と仲間意識が芽生えてくる。

この年の年末の光景を、私は今でもはっきりと覚えている。現在のようにコンピュータではなく、電話によって卸店からの注文を受けていた受注係から、支店内に刻々と状況が報告される。（中略）そして、この年の業務終了まであとわずか三時間という段階になって「（目標を）達成しました」の声。その瞬間、全員が立ち上がり、一斉に拍手した。『やった』、『よかった！』という声がフロアいっぱいに響く。

この拍手は、観客が主役に送る一方通行のものではない。互いに同僚の努力を讃え合い、また自分自身を讃えるものでもあった。つまり、全員が主役であり、観客でもあったわけだ。これが、私が後年にマネジメントの原点と考える『よい舞台をつくる』ということであり、『感動の共有』である」(瀬戸雄三『逆境はこわくない』東洋経済新報社)。

こうした舞台があるからこそ、人々はお互いに情報交換をする。その結果、相互刺激が生まれる。そして、皆で共同に行う活動が成功すれば、互いに心から賞賛し合える。こうして、よい舞台という空間の中での皆との協働から、情報の共有のみならず、感動の共有も生まれうる。

しかも、そうした感動の共有が起きるのは、皆で同じことを経験し、皆で情報をさかんに交換し共有した結果としてなのである。成果が上がることは必要だが、しかし成果だけが感動を共有させているのではない。成果を生みだすプロセスでさまざまな接触があり、刺激がある。その中から、感動の共有につながる心理的な動きが醸成されている。情報の相互刺激と共有のプロセスなしでは、感動の共有は起きえない。「目標を達成しました」という受注係の声を皆で同時に、現場で聞くからこそ、その瞬間に感動の共有が起きるのである。年が明けてから文書で目標達成を静かに伝達するのでは、こうした感動は起きないだろう。

瀬戸は、リーダーの役割は、演出家に徹することであると喝破し、次のようにも言う。

「マネジメントとは、『管理すること』と考えている人が意外に多い。これは間違いである。ましてや、命令したり、怒ったり、褒めたりすることだけがマネジメントではない。肝心なのは、部下が働きやすいような〝よい舞台〟をいかにつくるか、気力を沸き立たせるような環境をいかに整えるかということである。

言い方を変えるなら、もともと一人ひとりの人間の能力に大きな差はないと思う。人が能力を発揮するか否かは、ひとえに演出家であるリーダーの手腕にかかっているのである」(同書)。

第I部

場の論理とメカニズム

第1章 場の論理

序章で挙げた事例には、開発プロジェクトの責任者から社長まで、組織の中のさまざまなレベルの人が登場した。しかしレベルに関係なく、彼らは共通の問題意識をもっている。「仕事の現場で、仕事をするプロセス自体の中で、人々の間で情報が自然に交換・共有され、人々が相互に心理的な刺激を与え合うように、どのようにしたらできるか」。

アサヒビールの瀬戸が喝破しているように、マネジメントとは「管理すること」ではない。人々の間の情報と心理の相互刺激の舞台づくりをすること、なのである。その舞台を、この本では「場」という概念で呼ぼうとする。そして、場そのものを生みだし、活性化させるマネジメント、場のよさを生かしたマネジメント、それをこの本では考えようとする。

ではなぜ、「場」という舞台がつくられるとさまざまな活性化効果が起きるのか。その論理を「場の論理」と呼ぶとすれば、それを序章の事例を出発点に考えてみよう。そして、この章が終わるときには、その同じ論理が経営組織の中だけではなく、生物の生命組織の中にも、音楽のオーケストラやジャズバンドの中にも、そしてスポーツチームでも、本質的に似たような形で機能していることが明らかにされる。

1　ヨコの相互作用から生まれるもの——事例の共通項

事例の共通項　⑴何が起きているのか

製品開発から店舗オペレーション管理のマネジメント、さらにはエグゼクティブの間の風通しのマネジメントまで、序章の事例は分野や組織のレベル、実際の活動内容は違っても、そこで起きている現象には多くの共通項があるように見える。その共通項の本質を、次の三点から帰納的に考えてみよう。

⑴　何が起きているのか
⑵　それがどのように起きているのか
⑶　そこから何が生まれてくるのか

まず、何が起きているのか。

各事例の中で起きていることの中核的部分と思われるのは、その仕事の現場（会議、開発の現場などなど）に参加している人々の間の情報の交換と刺激、心理的な刺激である。しかも、多くの組織にありがちなように、ボスが部下と情報交換や指示をするという情報のやり取りだけではなく、参加している同じレベルの人々の間で、相互に情報交換や心理的刺激が起きている。ソニーの開発室のエンジニアたち、キヤノンの朝会議の役員たち、ノキアのキャフェテリアで集う人たち、などなど。

もちろん、その場にボスが居合わせることもあるし、そのときにはボスと部下との間のいわばタテ方向（組織の階層の上から下へ）の情報のやり取りも大切な一部ではあろう。セブン-イレブンやトリンプの会議の例ではたしかにそうである。しかし、共通項として最も大切なのは、部下たち相互の間の、権限関係などないいわば平等な人たちの間のヨコ方向の情報のやり取りと心理的刺激だと思われる。ボスの存在とは関係なく参加者相互の間で起きる相互作用が、すべての事例に共通するものなのである。

さらに言えば、キヤノンやアサヒビールの事例に色濃く見られるように、ボスがその場に居合わせる場合でも、あえてボスがタテの関係（つまり権力関係）を消そうとし、できるだけヨコの関係に近い関係をボスと部下との間につくろうと努力している節がある。ボスすらも、ヨコの存在になろうとしているのである。

こう考えると、事例で「起きていること」の共通項は、

「ヨコの情報交換と心理的刺激」

とまとめられるだろう。いわば、ヨコの情報的相互作用と心理的相互作用が、起きていることの本質なのである。

事例の共通項　⑵どのように起きているのか

つぎに、そのヨコの相互作用がどのようにして起きているのか。そのプロセスの共通の特徴は何か。

各事例で、情報交換と心理的刺激が「どのように」起きているかを描く言葉として出てきた言葉を、事例に出てきた順序で拾ってみると、つぎのようなものである。

「ついでに」「すぐに」「いつでも」「自然と」「熱い議論」「気軽に」「おのずと」「何気なく」「つい」「フランクに」「騒然とした雰囲気」「ダイレクトコミュニケーション」「オープンに」「ワイワイガヤガヤ」「本音の」「白熱し」「讃え合う」。

これらの言葉は、大別して三つのタイプにグルーピングできると思われる。それは、

(1)　自然で自由な情報発信と受信
(2)　密度の濃い、本音のコミュニケーション
(3)　感情の交流、心理的な刺激

である。

「自然で自由な」という特徴に当てはまる言葉は、「ついでに」「すぐに」「いつでも」「自然と」「気軽に」「おのずと」「何気なく」「つい」などであろう。

つまり、仕事をしているとついでに自然に情報交換ができている。気楽に聞ける。すぐ話せる。

構えないでコミュニケーションできている。意図しないような情報が聞ける、発信してしまう。権力と無関係に、枠組みから解放されて自由な情報交換が起きている。だから、フォーマルな会議などでは伝わりにくい情報も伝わるし、同時にその仕事の場にいる多くの人に自然に情報発信ができている。

しかし、全くの自然発生、意図のかけらもどこにもない、ということではない。ソニーの河野の本立ての指示やノキアのキャフェテリアの設計の例を見てもわかるように、そうしたプロセスが起きやすいような状況づくりを、ボスたちは意図している。会話の内容そのものをボスが細かに意図をもって指示しているわけではないが、大きな範囲の中で自然なコミュニケーションが発生しやすいような状況づくりには、ボスの意図があるのである。

プロセスの第二の特徴、「密度濃く、本音で」に該当する言葉は、「熱い議論」「フランクに」「ダイレクトコミュニケーション」「オープンに」「本音の」「ワイワイガヤガヤ」などであろう。

たんに雑談しているだけではなく、参加者の双方向の議論が起きる。つまり、やり取りのキャッチボールが起きる。それも、ダイレクトに伝わる。だから、ワイワイガヤガヤとなり、熱い議論になるのである。そこから、やっと本音が出てくる。

しかも、同じ空間を共有しながらのこうしたプロセスで、一人の人が発する情報発信は、その会話の直接の相手ばかりか、同時に多方向へ発信していることになっている。皆が観察しているからである。そして、アナログ的にフェイスツーフェイスであることから、相手の態度や表情、声の調子に真剣さも出るだろう。その真剣さを感じる受け手は、情報の深読み、深い心への刻み、などをするようになる。

こうして、多様な意味で密度の濃いコミュニケーションが、本音をかなり伝えられる形で生まれているのである。

こうした密度の濃さがおそらく生むのであろう、「感情の交流、心理的な刺激」というプロセスの第三の特徴が出てくる。これに該当する言葉は、「熱い議論」「騒然とした雰囲気」「白熱し」「讃え合う」などであろう。

たんに、情報交換が起きているだけではなく、感情の交流や心理的刺激を伴っているプロセスなのである。人間という感情の動物が情報を交換すれば、そこにはふつう自然に感情が流れてしまうのである。議論を戦わせたが誰も興奮も何もしない、ということはふつうないのである。興奮を表面に出さないようにするということはありうるが。

おそらく、情報の交換と感情の交流の間の関係は、双方向関係である。情報から感情へのインパクトとしては、情報交換が密になるから、そこから感情の交流も生まれる。相手の真剣さに感じ入る。相手が同感してくれることで、嬉しくなる。逆に、感情から情報へのインパクトもありそうだ。たとえば、仲良くなって心理的に気楽になったり、高揚したりすると、情報をつい伝えたくなる。相手の言うことを真剣に聞くようになる。皆が何をしているか、観察したくなる。

以上に述べたような事例のプロセスとしての共通項が三つすべて当てはまる事例もあれば、必ずしもそうでもないものもある。しかし、事例の多くがこうした特徴をかなり共通にもっていることは、たしかであろう。

こうしたプロセスの三つの共通特徴はすべて、「空間の共有」から生まれていると言っていいだろう。一つの空間の中に人々が身を置き、その空間の中でダイレクトにコミュニケーションし、互いに観察し合っているから、一瞬にして多量の情報が流れ、また心理的刺激が伝わる。空間の共有による密度の濃い交換、なのである。そして心理的刺激もまた生まれ、それが情報交換の効率をよくすることも多い。

だからこそ序章で、「空間は情報に満ちている」と言ったのである。

事例の共通項　(3)何が生まれてくるのか

こうしたプロセスを経て、人々の間に生まれてくるものは何だろうか。

事例を振り返ると、情報的なものと心理的なものに生まれてくるものを大別できると思われる。

情報的に生まれてくるものとしては、

情報共有、新しいアイデア、判断基準の共有、他のメンバーの人となりの理解、意思統一、価値観の共有、共有された計画、個人の能力アップ

などが事例の中で挙がっていた。そして、心理的な産物としては、

心理的高揚感、騒然とした雰囲気、仲間意識、感動

などである。

つまり情報的には、さまざまな意味での「個人の間の共通理解」が生まれ、かつ「個人の情報蓄積」が生まれてくる。また、心理的には、「心理的エネルギー」が人々の間に生まれてくる、とまとめていいだろう。

一つの情報を誰かが皆に発信して、それが共有されるというのは最も単純な形の共通理解である。さらに、たんに発信された情報を共有するだけでなく、ノキアの例で具体的に指摘されているように、皆の議論の中から「新しいアイデア」が生まれてくることもある。そして、そのアイデアが皆に共有される。これもまた、何かの「こと」についての共通理解の一つの形であろう。共通の価値観、共通の判断基準の共有化は、「考え方の共通理解」と解釈できるものである。

そうした共通理解は「こと」や「考え方」についてのものだけが生まれてくるのではなく、「人」あるいは「人となり」についての共通理解もまた、事例にあるヨコの相互作用から生まれている。たとえば、キヤノンの例で、「こういう問題についてあの人はこう考え、この人はああ発想するのかと、自然にわかってきます。こうして毎日の雑談や討論を通じてお互いを知り合い……」とあるのは、まさに人についての共通理解の例である。また、トリンプ・インターナショナルの例でも、「会議に参加していれば他の人の実力は、みんなが全部分かっています」というくだりがあった。人の実力についての情報の共通理解を、会議が生みだしているのである。

そうして、そうした共通理解をもった人々は、個人個人でも学習をし、情報蓄積を深めているだろう。ノキアの社員が製品についての情報蓄積を刺激を受けて行い、キヤノンの役員たちが自社の他部門の業務の情報蓄積を行い、かつ他の役員についての情報蓄積をしている。また、会議がじつは現場研修になっているというセブン-イレブンのケースは、まさに個人の情報蓄積という能力アップのために会議が役に立っていることを意味している。

心理的に生まれてくるものとして挙がっている例はすべて、そうしたものが生まれることによって人々の心理的エネルギーが高まる、という例である。心理的高揚感が高まるから個人の心理的エネルギーが高まる、騒然とした雰囲気の中で心理的エネルギーが刺激される、仲間意識や感動が心理的エネルギーを生む、といった具合である。

こうして共通理解と情報蓄積や心理的エネルギーが人々の間に生まれてくるプロセスは、「自己組織的」というべきであろう。最終的に誰かの指示、命令によって共通理解が生まれたり、命令によって情報蓄積を個人がしているのではなく、人々の間の相互作用の結果として、自然に生まれてくる。心理的エネルギーは相互刺激の結果であって、たんにリーダー一人の演技から生まれる奮い立ちではない。そして、共通理解というのは一種の秩序が人々の間に組織化されたものであり、心理的エネルギーもまた多くの人々が共有するに至るという意味で、「共有という組織化」になっている。

だから、共通理解・情報蓄積と心理的エネルギーが生みだされてくる過程を、「外部からの指令なしに自分で組織化している」という意味で、「自己組織的」というのである。この「生みだしの自己組織化プロセス」を起動させ、機能させるために、前項で述べたようなコミュニケーションと相互刺激のプロセスが必要なのである。もちろん、自己組織的といっても完全自己組織ではない。

リーダーの存在の意味が全くない、というのではない。リーダーはこうした自己組織化のプロセスをいわば遠巻きに統御する必要があるのである。

以上のように、各事例で起きていること、起きているプロセス、生まれてくるもの、を考えてみると、事例で起きている現象の共通項は次のようなまとめになるであろう。

「人々の間のヨコの情報的相互作用と心理的相互作用が自然にかつ密度濃く起きる結果、自己組織的に共通理解や情報蓄積、そして心理的エネルギーが生まれてくる」。

2　ヨコの相互作用の大切さ

タテの影響、ヨコの相互作用——組織のマネジメントの全体像

前節で浮き彫りにされたのは、ヨコの相互作用を考えることの大切さである。その大切さは、これまでの組織マネジメントのパラダイムでは、かならずしも重視されてこなかった部分である。なぜなら、従来のマネジメントの理論が、「タテの影響」を中心に考えられてきたからである。

経営とは、経営する立場の上司（経営者であれ、管理者であれ）が経営によって統御される側の人々、つまり組織で働く人々の行動を、望ましい方向へと導いていく仕事である。その本質は、Doing things through others つまり、「他人を通して何ごとかを行う」とよく言われる。自分一人が行動するのを制御するのではない。「他人に任せた仕事の統御」、が経営ということなのである。

ここで私は「統御」という言葉を使った。「管理」「統制」「制御」という言葉を使わないのは、

「上が下をコントロールする」という「支配」的なイメージをもたないような中立的な言葉を使いたいからである。統御という言葉は「かじ取り」という言葉に置き換えてもいい。もちろん、ときには統御あるいはかじ取りのための行動が「命令」を必要とすることもあるだろうが、それが中心でもすべてでもないのである。中央集権の統制が経営の本質でもなく、他人の行動を管理することが経営でもない。

しかし、いかにより中立的な言葉を使うとはいえ、経営とはやはり組織で働く人々の行動を何らかの意味で動かしていく作業である。そして、その「動かしていく」ために行われる働きかけの重要な部分が、上司から部下へのタテの方向での働きかけであることは間違いない。戦略を示す、部下の権限を決める、部下のインセンティブの仕組みを決める、ときには直接的にどんな行動をとるべきかを指示する、などなどさまざまな仕方で、経営する側は組織の人々に「上から」働きかけている。こうした上からの直接的働きかけは、「タテの影響」とでも呼ぶべきものである。組織の階層の、上から下へと、タテの関係に沿って上の人が下の人々の行動に影響を与えようとしているのである。

つまり、「タテの影響」という概念が組織のマネジメントの中心概念なのである。影響という言葉は、管理でもなければ、統制でもない。下の人たちが望ましい方向の行動をとってくれるように「影響を与える」努力するのが、上の人間にできることなのである。仮に命令を直接したところで、その命令通りに本当に行動するかは、じつは行動する本人の自由裁量の余地が十分あるのである。つまり、命令ですらきわめて強い形の「影響」行為でしかない。

影響という言葉でマネジメントの本質を表現しようとしているということは、マネジメントが「直接制御」とは違うことを意味している。影響という言葉は、自由な意思をもつ人々に働きかけるという意味をもっている。人々を無理矢理に動かすことではない。

ここで言うタテの影響という現象は、基本的に組織の階層の上から下へのプロセスである。しかし、組織の中で人々が自分たちなりに行動を決めようとしているときに考えるのは、決してタテからの影響の要因だけではない。組織の他のメンバーの行動を彼らは互いに見ている。互いにコミュニケーションをしている。いわば、ヨコの相互作用も組織の中ではつねに起きている。そして、その相互作用のインパクトによって、人々の行動や努力、あるいはものごとの理解や心理的エネルギーも左右される部分がある。

つまり組織のメンバー同士の間でヨコに情報的相互作用や心理的相互作用が起きている。しかも、その相互作用の結果、誰にとくに指示されるのでもなく、自然発生的に共通理解や心理的エネルギーが生まれてくることがしばしばある。それが、序章の事例が示していることである。その発生プロセスは、自己組織的あるいは創発的と表現してもいいものであろう。

しかし、そのヨコの相互作用とそこから共通理解や心理的エネルギーが生まれてくるプロセスは、決して単純に一〇〇%自然発生なのではなくて、そうしたプロセスが起きる土台あるいは土壌（枠組みあるいは舞台と言ってもいい）のかなりの部分は、経営者や管理者の働きかけの結果としてつくられる部分がかなりある。たとえば、キヤノンでの役員の間のヨコの相互作用は、そもそも社長がそうした会議を背広を脱いで毎朝やろうと呼びかけるから起きている。ノキアのキャフェテリアで起きる議論は、巨大なキャフェテリアをその場所に置いたからこそ起きている。

つまり、ヨコの相互作用自体は働く人々の間に相互に起きるプロセスなのだが、そのプロセスが起きる枠組みは、経営する側の働きかけの結果として生まれている部分があるのである。もちろん、そうした枠組み自体が自然発生する場合もあるだろう。だが、経営の意図的な働きかけもまた、存在することがしばしばなのである。

したがって、経営するということ、組織の経営において経営の働きかけをすることは、たんにタテの影響だけを狙っての働きかけばかりでなく、ヨコの相互作用を起こすための状況づくりを狙った働きかけも含むものなのである。

その働きかけを、私は「場のマネジメント」という概念で、この本で語りたいと思う。場とは、後により厳密に定義するが、こうしたヨコの相互作用の容れもの、あるいは舞台のことである。それは、従来の経営理論では不当に小さく扱われてきた部分である。しかし、現場の経営をしている人たちは、大切にしてきたマネジメントのあり方だと思う。

実際に、多くの経営者、管理者が、「場を生むこと」「場を活発にすること」を経営のあり方の中心に据えるような発言をしている。たとえば、

「部下が仕事をしやすい状況をつくるのが経営者の役割」

「風通しのいい組織にするのが経営者の役割」

「コミュニケーションができれば、経営の大半は終わる」

といった日本の経営者がよく口にする表現。そこには「ヨコの相互作用」という言葉も「場」とい

う言葉も使われていないが、人々の間のヨコの関係あるいはネットワークの容れものができて、ヨコの相互作用がきちんと起きるようにするのが経営で、そうした状況をつくってやれば人々が相互作用の中でしかるべく自分で判断してくれて経営の実務は動いていく、という考え方がそのベースにあるようである。

そうした状況がうまくできると、いちいち指示を出したり、強引に引っ張っていくことなしに、自然に集団の方向づけと動機づけがかなりできたりする。指示・命令・報告型のマネジメントとは違う、しかし日本の組織にはよく見られそうなマネジメントがたしかにあるのである。序章の事例は、そうした事例である。しかもそれは、日本に限ったことではない。フィンランドのノキアでも、アメリカのスチールケースでも同じような経営の姿勢が見られる。

もちろん事例の中には、タテの相互作用がかなり大きな部分を占めるものもあった。たとえば、トリンプの毎朝会議は、社長がその場で指示を出すことが大きな部分であることはたしかである。それは、「タテの影響」のプロセスばかりの会議、極端に言えば社長の独裁的な状況と解釈されてしまうかも知れない。しかし、それは間違いであろう。この事例でも、会議に参加している人たちの間で相互作用が起きている。彼らは他の参加者の発言を聞いている。その結果、会社のさまざまな部署についての情報蓄積と情報共有が進んでいる。また彼らは、どんな判断が下されるか、その判断基準は何か、それを観察してもいる。誰がどんな考え方の発言をしているかも見ている。判断のあり方、人々のものの考え方と資質などについての情報の相互作用の場としても、毎朝会議は機能しているのである。

こうした「ヨコの相互作用」とそれを活性化させる容れものとしての「場」というもの（かならずしも物理的な容れもののことではない）に光を当てたい。それが、本書の目的である。

「タテの影響」プロセスは、影響を受ける側の組織のメンバーからすれば、「他律」的なにおいの強い現象であろう。タテの系統の中での上からの働きかけで、それなりの意図があることが自明だからである。したがって、「動かされている」という他律的感覚が生まれる。それに対して「ヨコの相互作用」は、メンバーが自由度をかなりもって自己組織的に動くプロセスである。それは、かなり「自律」のにおいを感じさせる現象である。だから、魅力がある。

組織のマネジメント全体を、「制御」という言葉に象徴されるような、管理者による徹底的な「他律」の活動、ととらえるのは正しくない。と同時に、組織のマネジメントを組織のメンバーの自己組織的活動が中心ととらえるのも正しくないだろう。組織の経営が動いていくプロセスには、他律的部分もあれば、自律的部分もある。その両方を含んだ、統御なのである。「自律と他律の併存」という、一見矛盾しそうなところに組織のマネジメントの本質がある。

タテも大切、ヨコも大切。その両方の働きかけを共に行うのが、経営の働きかけなのである。組織のマネジメントとは、他律と自律のミックスからなるものなのである。

仕事の現場には、情報と感情が流れている

しかし、経営についての理論や考え方として従来の教科書や理論書に載っているものは、タテの影響を中心に組み立てられてきた、と言っていいだろう。その一方で経営実務の現場では、たしか

にヨコの相互作用の大切さを考えた実践が行われてきた。

なぜ、ヨコの相互作用のマネジメントが理論の世界で不当に軽視されてきたのだろうか。

第一に、経営とはタテのプロセス、という思い込みがあったのであろう。軍隊のイメージの影響であろうか、上司が部下に命令し、統制するというイメージが強すぎるために、ヨコの相互作用まで十分に思いが回らない。

第二には、仕事の現場に何が流れているかの思考不足があるように思われる。仕事の現場は、人々が労働サービスをカネと引き換えに提供している場だという考えがどうも基礎にある。そして、カネを受け取る代償に命令を聞く、服従をする、というイメージがある。そのイメージでは、仕事の現場に流れるのは、命令であり、労働サービスであり、カネである。

しかし、仕事をしている生身の人間はたんにカネと引き換えに労働サービスを提供するだけの、「物質的存在」ではない。人々には、感覚器官があり、頭脳があり、心がある。彼らは皆、情報的存在でもあり、心理的存在でもある。人は、他人とコミュニケーションをしながら仕事をしていく。他人と情報交換や情報共有している。そして人は、仕事の中で喜んだり、落ち込んだり、仲間と共感をもったりする。

つまり、人々の間には、仕事のプロセスの中で、情報が流れ、感情が流れている。カネとモノ(サービス)、そして命令だけが流れているのではないのである。しかも、企業の中の仕事の現場で人々が働いていると、その仕事の場ではふつう、カネ、情報、感情が「あらゆる仕事に伴っていやおうなしに」流れている。

まず第一に、企業の中の仕事の現場とは、企業という経済組織体が製品市場に製品を送りだしたその対価としての販売収入をカネという形で受け取るための仕事の場である。顧客への売り込みがあり、技術開発があり、生産活動があり、本社での総務業務もある。さらに、仕事の現場で働く個々の人から見れば、仕事の現場は自分の労働サービスを提供して対価として賃金をもらう場になっている。その意味でも、仕事の現場ではカネが流れている。

しかし、それだけではない。第二に、仕事の現場では情報も流れている。人間は学習する存在、情報処理をする存在であるから、仕事をしながらも情報がついでにかならず流れている。あるいは、研究開発や市場調査の仕事をしている場合には、それは意図的に情報の流れを起こすための仕事になっている。いずれの場合も、仕事と共に人々は情報を獲得している。そして、誰かが獲得した情報を別なヒトに伝達しようとするコミュニケーションも起きている。さまざまな形で、組織に情報が流れ込み、組織の中で情報の伝達・交換が行われている。つまり、仕事の現場には情報が流れているのである。

そうした仕事をしている人々は、必ず感情をもち、心理的な動きを自分の中に抱えた存在である。であれば、仕事をしながらそれが夢のあることであればやりがいを感じることもある。つまらないと思うこともある。あるいは仕事上のトラブルでやけになることもある。さらには、仕事がうまくいけば、別にすぐに自分の給料が上がるかどうかとは関係なく、達成の喜びも感じるだろう。逆に、失敗すれば、意気消沈する。

そうして一人ひとりの個人の感情の動きだけでなく、多くの人々が協働している組織という人間集団の中では、個々のヒトの間に感情の相互作用が起きることも多い。たとえば、多くの気の合う仲間と一緒に仕事をしていると、高揚感を感じる。元気のいい人たちと仕事していると、自分までウキウキしてくる。逆に、仲間内にチームワークを乱す自分勝手な行動をとるヒトが何人かいると、そこから白けた雰囲気が伝染することもある。

つまり、仕事をするという活動と共に一人ひとりの人間の心に何らかの感情の動きが生まれる。さらに一人の感情の動きが他の人々の間に伝染・影響といった相互作用をもたらしたりもする。そうした心理的な相互作用の結果、「仕事の場には感情が流れている」とでも表現すべき心理的現象が起きるのである。

こうして感情が流れるから、人々の間の心理的共振という現象が発生する。心理的共振とは、心理的な周波数の共有というイメージでとらえればよい。祭りの輪の中で人々が生き生きとするのはこの共振のわかりやすい例である。共感性の少ない上司のもとでエネルギー水準が下がるのは、マイナスの共振である。心理的反発と表現してもいい。

さらに、情報の流れと感情の流れの間には、相互影響があると思われる。たとえば、人は自分が周囲に理解されたと感じるとき、心理的エネルギー水準が高くなる傾向がある。受け入れられたという喜びであろう。あるいは、心理的エネルギー水準が高くなると、もっと人とコミュニケーションしたくなることもあるだろう。

こうして、仕事の現場には、仕事をすることそのものに伴って人々の間に自然発生的にさまざまな情報が流れ、多様に感情の流れが起きる。だから前節で言ったように「ヨコの相互作用」とは情報的相互作用と心理的相互作用なのである。

仕事の現場に三つのもの（カネ、情報、感情）が自然に流れるという事実は、こう考えてみると自明のことに見える。しかし、企業の現場をカネの流れと命令の流れを中心に見てしまうと、人々の間の情報の流れと感情の流れに十分な注意が向かなくなる。自明であるはずのことが、自明でなくなる。とくに、仕事の現場の現象から抽象をして理論的分析をしようとすると、ついつい、目につきやすいカネの流れと命令の流れに注意が向いてしまうのであろう。

しかし、仕事の現場には、情報も感情も流れているという自明のことを、あらためて深く認識する必要がある。そして、あくまでも経営とはDoing things through othersであることを認識し、その「他人たち」が「ヨコの相互作用」を活発に起こしてくれるようにするにはどうしたらいいのかを考える必要がある。それが、序章の事例が語っているメッセージである。

3　場の概念と基本論理

場とは何か――情報的相互作用と心理的相互作用の容れもの

「ヨコの相互作用のマネジメント」がうまくいくためには、まず第一に仕事の現場に流れる情報と感情の流れを濃密なものにする必要がある。そうした状況づくりを、マネジメントする側は考える必要がある。濃密に情報と感情が流れるとき、人々の間に凝集性が生まれ、その相互作用から自己組織的に何かが起こる。

情報と感情の濃密な流れが起きるためには、その流れの「容れもの」あるいは舞台が必要となるだろう。たんに情報や感情がいったん流れ始めても、それがどこかで停滞する、あるいはどこかへ消えてしまうこともあるだろう。濃密に流れ、互いの間のキャッチボールが生まれるためには、互いに反射し合うような容れものが必要なのである。

その容れものが、「場」という概念で本書で呼ぼうとするものである。つまり、場の定義をすれば、次のようになる。

「場とは、人々がそこに参加し、意識・無意識のうちに相互に観察し、コミュニケーションを行い、相互に理解し、相互に働きかけ合い、相互に心理的刺激をする、その状況の枠組みのことである」。

その枠組みは、人々の間の情報的相互作用と心理的相互作用との容れもの、と言ってもいいだろう。その容れものの中で、人々がさまざまな様式やチャネルを通じて情報を交換し合い、刺激し合う。

人間の間の情報交換の様式は、じつにさまざまである。たんに言葉での会話や文書での連絡に限定する必要はなく、顔の表情や仕草、声のトーンなどでの情報交換もあるし、ボディランゲージもある。さらには人間には観察能力があるので、一連の出来事を見せること、それを観察することが情報交換になったりもする。人間は五感をもったじつに高性能の情報受発信装置なのである。それゆえに、語られぬ言葉、見えざる仕草、暗黙の了解、といった微妙な情報交換の手段すら可能になる。それらを含めて、「さまざまな様式」なのである。

しかも、その情報交換の一つの行動自体がそのまま、心理的相互作用のための行動にもなることが多い。たとえば、顔をしかめながら「イエス」と言う。喜びで顔に笑みを浮かべながら「よくやった」と認めてやる。プイと横を向いて無言のままでいる。興奮した声で「受注目標を達成できた」と皆に叫ぶ。プロジェクトを成功させるために他人が徹夜で頑張っていると、その姿を見た側も緊張感が高まる。

すべて、情報と心理的刺激が同時に伝わる行動の例である。だから、仕事の現場には情報と感情が流れている、と言いたいのである。

情報の流れは、組織として人々が仕事をするためには、不可欠のものである。組織に働く人々は、仕事をしている。その仕事の内容は、今日の業務を実行する業務活動であったり、将来のための情報収集のような学習であったり、さまざまである。そして、そうした行動や学習として何を選択するか、という意思決定を人々はしている。その意思決定のために、情報が流れる必要があるのである。

つまり組織の中で人々は、情報を受け取り、処理し、あるいは、情報処理のプロセスの中から情報の意味を発見し、新しい情報の創造を行う。しかもそれは、個人として独立的に行われるだけでなく、人々は情報を交換し合い、相互に影響を与えながら、集団として行っていく。この情報プロセスの総体が、組織の中の情報的相互作用（より正確には情報の処理、創造、交換、蓄積のための人々の間の相互作用）とこれから呼ぼうとするものである。

そして、その情報的相互作用に付随して、心理的相互作用がしばしば起きる。もちろん、全く感情の流れを伴わないデジタル情報のパソコンによる伝達、という情報的相互作用もあるだろう。しかし、生身の人間同士が情報的相互作用をする場合には、ふつうは心理的相互作用がどうしても付随してしまうことが多いのである。

こうした情報的相互作用と心理的相互作用は、べつに「場」というような容れものがなくても、起きることはあるだろう。単発的な、密度の薄い相互作用なら場がなくとも起きる。しかし、それが継続してかつ濃密に起き、そこから何かが自己組織的に動き始めるためには、情報的相互作用が何らかの焦点、何らかの集中をもって行われる必要がある。焦点も集中もない相互作用は、散漫になり、拡散してしまう危険があるからである。場という容れものによって境界が区切られて初めて、継続的で密度の濃い相互作用が起きる。

それは、やかんに入れた水を熱すると、やかんに入っている水だからこそ熱対流という動きが起きることと、似ている。

やかんを熱すると、やかんの壁を通して中の水に熱が加わる。そして、水の分子の間に熱エネルギーゆえの相互作用が起きて、やかんの壁の形に沿って対流という現象が生まれる。熱い水が上へと動き、冷たい水は下へと動いて、全体が流れをつくる。その流れは、やかんの壁という容れものがあるからこそ生まれる流れで、しかもその流れの形はやかんという容れものの形に応じて決まってくる。海の水のように境界で区切られていない水にいくら熱を加えても、熱は拡散してしまい、水の間の相互作用は一つの焦点をもつには至らない。きれいな対流は起きないのである。やかんという容れものがあって初めて、水の分子の相互作用は相互作用らしくなって、焦点をもち、何らかの結果を生むことができるのである。

その結果が水の対流である。対流という、水の分子の間に「動く秩序」が生まれてくるのである。そうした秩序が生まれるためには、たんに外部から熱が加えられるだけでなく、水がやかんという容れものの中に入っている必要がある。やかんという仕切りがある必要がある。

組織の中の人々の間の情報的相互作用や心理的相互作用もまた、同じである。つまり焦点や集中があれば、人々の間の相互影響が強まる。そのためには、情報的相互作用がある種の「容れもの」の中で起きる必要がある。散漫な、拡散して自分に戻ってこない、他者と関係をもてないような情報的行為でなく、互いに影響をし合い、その結果としてお互いが変わっていけるような情報的相互作用になるためには、お互いの作用が行き交う通路、発信された情報が反射し合う壁、そしてレンズが太陽光を集めるように、収束を促す装置が必要になる。つまり、情報的相互作用の通路、反射壁、そして収束装置として機能するような、「情報的相互作用の容れもの」とでもいうべきものが必要になる。

その容れものが、「場」である。

場は何を生みだすか

場という容れものの中でこうした情報的相互作用が濃密に起きると、三つのことがいわば自然発生的にあるいは自己組織的に起きる。一つは、人々の間の共通理解が増すことである。第二は、人々がそれぞれに個人としての情報蓄積を深めることである。第三には、人々の間の心理的共振が起きることである。

共通理解とは、周囲の人々と同じ見解をもつに至る、という意味と、あるいはある集団の人々とは自分は現実の理解が異なるということをお互いに理解する、という意味と、二つの意味での「理解」がありうるが、そのどちらでもいい。とにかく、共通理解が情報的相互作用から生まれうる。

共通理解は、組織の中の協働のためには、非常に必要なことである。

組織に働く人々は、さまざまな意思決定や学習をしているのだが、たんに個々バラバラに行っているのではだめで、そうした個々人の決定や学習や実行が組織として一つのまとまりをもつ必要がある。それが「協働」ということである。

その協働のためには、人々の行動が相互に整合的なものである必要がある。たとえば、ソニーのVTR開発では、エレクトロニクス部分の開発とメカ部分の開発との整合性がとれていないと、二つの部分の接続がうまくいかなくて開発されたVTRは正常に作動しないだろう。

そうした整合性をもった協働のためには、情報的相互作用の結果として生まれる共通理解が大きな意味をもつ。共通理解があるから、個々に行われる意思決定がバラバラにならず、整合性のあるものになる。共通の理解があるから、関係者の間の調整をしようとしても、調整がスムーズに進みやすくなる。

組織の中の情報的相互作用から生まれる第二の効果は、個人の情報蓄積である。

人間が情報的相互作用を行えば、自然に学習する。その学習の成果の一つの部分が個人間で共通理解が生まれるということであるが、そもそも各個人がその学習活動から学ぶこと自体も大切な成果である。それが、個人の情報蓄積の深まりである。

情報的相互作用の第三の効果は、心理的共振である。

心理的共振とは、心理的な周波数の共有というイメージでとらえればよい。祭りの輪の中で人々が生き生きとするのはこの共振のわかりやすい例である。あるいは、自分が周囲に理解されたと感じるとき、人の心理的エネルギー水準が高くなるのもまた共振の例である。共感性の少ない上司のもとではエネルギー水準が下がるのは、マイナスの共振の例である。さらには、大きな設備投資をすると火事場騒ぎのように工場のあちこちで多くの活動が始まり、それが工場に活気をもたらすことがある。それも共振によって心理的エネルギーが高まっている例である。

場の中の濃密な情報的相互作用からこうした人々の心理的共振が生まれてくるのは、二つ理由がある。一つは、そうした情報的相互作用がそもそも心理的刺激をいや応なしに付随することが多いからである。つまり、「情報の伝わり方」が心理的刺激を直接的に生むのである。その心理的刺激が、心理的共振につながる。

もう一つの理由は、共通理解が情報的相互作用から生まれることによって、その共通理解か心理的共振を生みだすことがある。人が他者との関係の中でものを考える、感じる存在で、周囲に自分と類似の見方、類似の感じ方をする人々を見つけたとき、心理的共振をするからである。

こうした心理的共振の結果、人々の間に心理的な連帯感が生まれることがある。つまり共感である。また、相互刺激によって人々の心理的エネルギーの水準が高まることも予想される。いわば、他者からの心理的エネルギーの注入である。共感に至らなくとも、元気のいい人の近くにいると自分もつい元気が出てくる。そんな現象である。

共通理解も情報蓄積も心理的共振も、すべて情報的相互作用から生まれてくる。共通理解は情報の共有のことでもあるから、情報的相互作用から共通理解が生まれるのは、人間が情報的存在（つまり情報処理の装置）であることの当然の帰結である。情報蓄積もまた、情報処理の装置としての人間が行う当然のことである。人間はしかし、情報的存在であると同時に心理的存在でもある。その心理的存在としての部分は情報的存在の部分に少なからぬ影響を受けている。だからこそ、情報的相互作用から直接的な心理的刺激が生まれたり、情報面での共通理解が連帯感につながったりして心理的エネルギーが生まれる（あるいは逆の場合には減衰する）のである。

場の機能の基本図

以上に述べた場の論理をまとめて図示すると、図1-1のようになるだろう。場を起点として、組織内の協働的な行動と組織的な情報蓄積を終点とする論理のルートの図である。

まず、組織内の協働的な行動につながる論理のルートが、二つある（図の真ん中から右にかけての部分）。場というものが組織の中の「ヨコの相互作用」を左右する重要な要因として貢献する二つのルートである。

この図の真ん中のルートは、情報ルートと呼ぶべきルートである。場というものがあることによって、人々の間の情報的相互作用が活性化され、濃密になる。その結果、第一に人々の間に共通理解が生まれる。その場のメンバー全体を覆う、マクロな共通理解あるいは情報共有である。たとえ

図1-1　場の機能の基本図

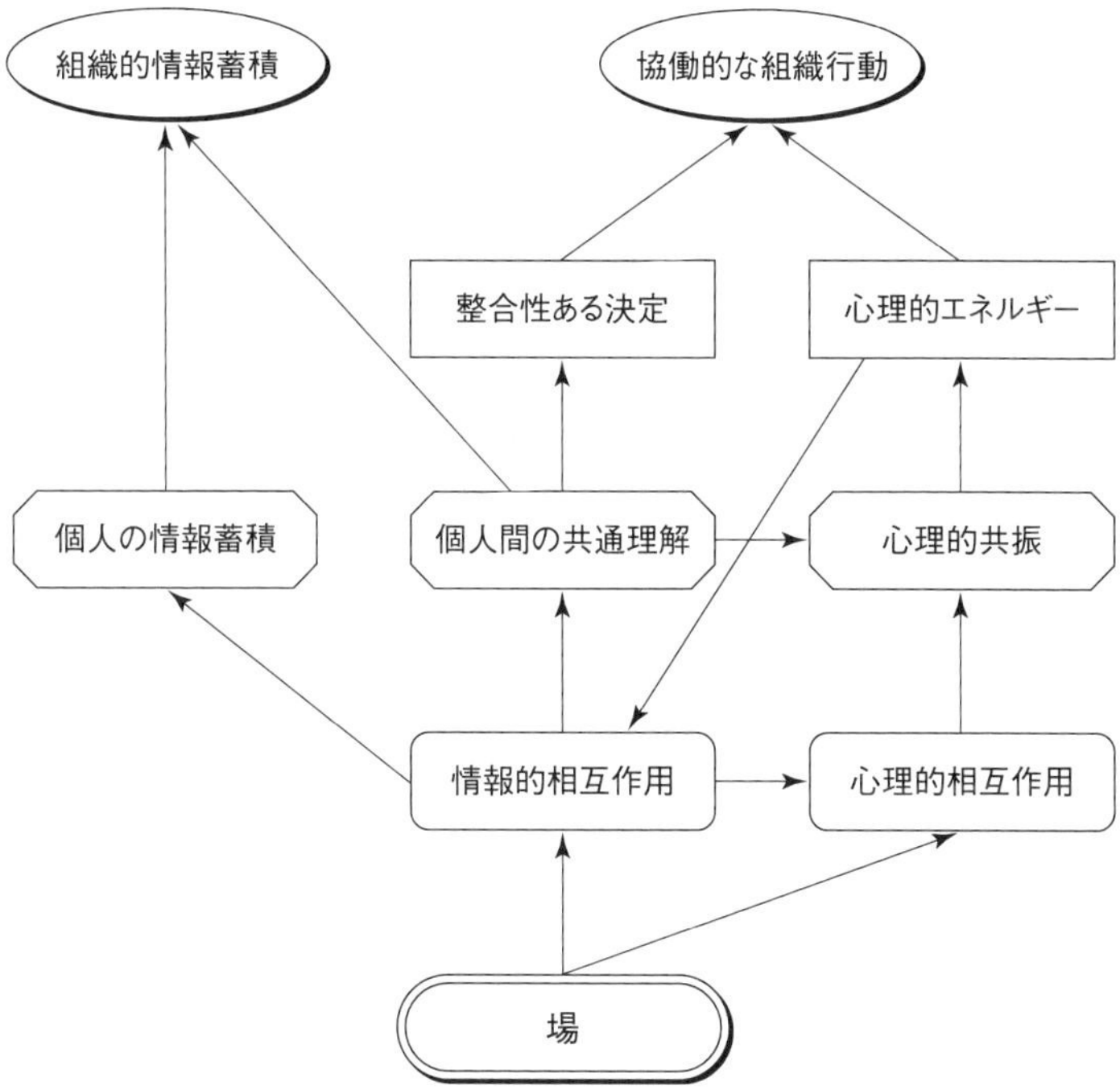

ば、組織の置かれた環境の実態についての共通理解、進むべき方向についての共通理解、などである。

その共有された共通理解をもって、人々は個々に決定する。そうした決定は、仮にかなり独立的・自律的に行われたとしても、共通理解があるがゆえに、互いに整合性のとれたものになる可能性が強い。だから協働的な組織行動につながるのである。

一方、図の右端のルートは、心理ルートとでも呼ぶべきもので、人々が場の中で心理的相互作用を行い、それが心理的共振を生みだし、その結果、人々のエネルギー水準を高めることを示す。心理的エネルギーが高ければ、行動への決断ができるだろうし、その行動を懸命にとる努力にもつながるだろう。心理的エネルギーは、行動の決断と努力の高さにつながるのである。決定と行動の間に横たわる深い溝の上をジャンプさせ、かつ行動の努力強度を確保するために必要となる心理的エネルギーの意義の大きさは、十分強調される必要がある。

組織としての業務のために協働的な組織行動がとられる必要があり、そのために場が情報ルートと心理ルートの二つのルートを通してインパクトをもつことを説明してきたが、場が生みだすものとしてもう一つ大事なのは、組織的情報蓄積である。いわば、場の中での学習行動の結果として、組織として学び、創造する情報や知識の蓄積である。それが組織の競争能力、実行能力の源泉となる。

この組織的情報蓄積への場の影響の論理が、図の左端に示されている。場の中の情報的相互作用から人々が学習して、個人としての情報蓄積がさまざまな形で起きる。いわば、自学が起きるのである。そして場はもちろん、真ん中のルートが示すように、共通理解を生みだす。人々の個人的情報蓄積を個人だけのものにせずに、共有し合ったり互いの蓄積を理解する共通の基盤ができていることが、「共通理解」があるということである。その共通理解と個人的な蓄積の掛け算として、組織としての情報蓄積が決まってくる。個人の情報蓄積が平均的に大きい組織は組織的情報蓄積も大きくなるが、しかし共通理解の程度次第で、個人蓄積は大きくとも組織蓄積はそれほどでもない、といった事態が生じたりするだろう。

さて、この場の基本機能図で特徴的なのは、情報ルートと心理ルートの間にいくつもの相互影響プロセスがあることが示されていることである。

まず第一に、情報的相互作用そのものが直接的に心理的刺激を伴ってしまうことがしばしば起きる。それが、情報的相互作用から心理的相互作用への矢印である。第二に、共通理解が生まれることによって心理的共振が高まる、という作用もありうる。それが共通理解から心理的共振への矢印である。そして第三に、心理的エネルギーが高い人々はより多くの情報的相互作用をするという傾向をもつだろう。心理的エネルギーから情報的相互作用への矢印である。つまり、情報ルートから心理ルートへ二つ、逆に心理ルートから情報ルートへ一つ、合計三つの相互影響があるのである。

こうした相互影響の結果、組織の中の情報的相互作用と心理的相互作用の間にはいくつものダイナミックな関係が生まれていることになる。情報の流れと感情の流れは、複雑にかつダイナミックに、絡み合っているのである。

場はこうして、情報的秩序形成（つまり共通理解と情報蓄積）の場として機能するばかりでなく、共振の場として心理的エネルギーの供給の作用をも果たしうる。その二重の機能ゆえに、場は大切なのである。ヨコの相互作用が大切、情報的相互作用と心理的相互作用のダイナミックスが大切、と前節で述べた意味は、この一つの図に集約されている。

場という言葉は、組織の中の動きを説明するのにしばしば日常的に使われる言葉である。ここでより厳密な定義をしたような意図をもたずに、働く人々の多くが日常的に使っている。たとえば、「場がうまくできたおかげで、皆が生き生きと動くようになった」

「その場の雰囲気の中では、あの決定をのむのが当然と思った」

「場がうまくできなくて、意思統一が難しい」

そして、経営をする側からも、場を生みだすことを経営の要諦と考えているような日常的な発言を我々はしばしば耳にする。前節で紹介した、「雰囲気やコミュニケーションを大切にする」というような発言がその例だし、序章での瀬戸の「舞台を作るのが経営者の仕事」という発言の意味のかなりの部分は、ここで言う「場」の重要性であろう。

そうした現場の経営者たちの発言の意味をより厳密に考えてみると、その背後には図1-1のような場の論理が暗黙のうちに想定されていると思われるのである。

場の論理の鍵

以上のような「場の論理」の中核をなすものをあえてまとめれば、次の三つの鍵になるだろう。

(1) ヨコの相互作用の論理
(2) 情報と感情の相互影響の論理
(3) 自己組織化の論理

場の論理はまず第一に、ヨコの相互作用の論理である。タテの命令の論理ではない。そのヨコの相互作用の枠組みを作るところから、場の論理をスタートする。

そして第二に、場の論理は情報の流れと感情の流れが相互影響をもつという論理である。情報が流れるだけでもなく、感情が高まるだけでもない。その二つが相互にプラスのフィードバックをもつという論理が、大切なのである。それゆえに、場で事が起き始めると、じつに効率的になる。

さらに第三に、その「場で事が起きる」とは強制でも誘導ばかりでもなく、自己組織的なプロセスの中から、共通理解や情報蓄積そして心理的共振が一種自然発生的に生まれてくる。そうして自己組織化の論理が基本にある。

こうした論理のプロセスが場のプロセスであるからこそ、そのプロセスはじつは多くの人々の本源的な欲求にかなうことになりやすいのであろう。ここで本源的欲求としてイメージしているのは、自由への欲求、他者との信頼への欲求、他者との情報共有の欲求である。

人は、自由で、自律的であることを欲する。もちろん、それだけではなく、服従への欲求を密かにもつ人もあるかも知れない。しかし、多くの人は、自由であることによって心理的エネルギーが高まることが多い。その欲求に、「自由で自己組織的なヨコの相互作用」という場の論理が応えている。

しかし、その自由は、たんに誰とも関係なく勝手気ままにしたいという自由とは違うようである。他者と信頼関係をもち、他者とつながっていたいという欲求を多くの人は本源的にもっているように思われる。その欲求に、ヨコの相互作用を中心として他者とつながり、そのつながりの結果として心理的共振が自己組織的に生まれてくるという場の論理が応えている。

さらに、人は他者と情報共有をしたいという欲求をも、多くの場合本源的にもっている。自分一人で秘密にしておいたほうが「得になる」情報ももちろんあるだろう。しかし、コミュニケーションする動物としての人間は、そのコミュニケーションの結果として情報共有を欲する部分がかなり本源的にあると思われる。情報共有の結果として、共通理解が生まれると自分の位置がたしかめられて安心できるからという場合もあるだろうし、他者との信頼が情報共有から生まれるからでもあるだろう。そうした欲求に、ヨコの相互作用の結果としての共通理解の誕生という場の論理が応えている。

4 生命組織と音楽組織の中で

細胞の相互作用から生まれる秩序

個体が相互作用し合って、その中から共通理解や心理的共振という個々の個体を覆う全体の秩序が生まれ、個体の集まりとしての全体がうまく機能していく。しかも、その全体の統合がとれるためのプロセスに司令塔のようなヒエラルキーをイメージさせる存在がない。それが本章でイメージ的に描いてきた組織の中の情報的相互作用と場の働きだが、それは決して経営組織だけに見られる現象ではない。もっと普遍的な現象である。

ほんのいくつかの例を挙げれば、生命組織にも、オーケストラやジャズバンドのような音楽組織にも、そしてスポーツにも見られる現象である。その普遍的な現象の原理を組織のマネジメントに応用しようとするのが、場のマネジメントのパラダイムの本質である。

たとえば、人間の肉体という一つの生命組織を考えてみよう。

人間の体にはおよそ六〇兆個の細胞があり、それぞれが自分の役割を適切に果たしながら、我々の肉体を維持し、整然と体の機能を保っていく。大変な秩序形成である。その六〇兆個の細胞を、中央で指令している存在など、ありはしない。これだけ多くの細胞が、相互に何らかの作用をし合って、お互いにつじつまの合う行動をとってくれている。だからこそ、我々の体は維持されて、成長し、そしてときが経てば老いていく。驚くほどの複雑さにも思えることが、我々自身の体内で事もなげに行われている。

個々の細胞の役割の割り当てや調整のためのきわめて複雑なはずの情報処理が驚くべき容易さで行われていく。一体そんなことがどのようにして可能になるのか。たとえば、個々の細胞にそれぞれの役割を割り振る情報はどのようにしてつくられていくのか。

それぞれの細胞はすべて同じDNAをもち、そのDNA中の情報の中である特定の状況に必要なものだけが読みだされて、個々の細胞はそれぞれの役割を果たしていく。自分の果たすべき役割をDNAの中から読み取る作業は、とくに外部からの指令によって行われるのではなく、その細胞が位置している状況、あるいは場の情報がその読み取り作業を決めている。

たとえば、血管のネットワークは、静脈、動脈などきわめて複雑なネットワークなのだが、それを構成している細胞は遺伝子的にすべて同じである。つまり、すべての細胞は同じ遺伝子をもち、血管網のどの部分の細胞にもなれる多様性を潜在的にもっている。しかし、個々の細胞は何らかの「プロセス」で自分が果たす役割を潜在的な多様性の中から選択していく。血管の一部が破損したとき、その近隣の細胞は自律的に相互作用を起こし、その部分に置き換わっていく。細胞は分割し、群れを作り、たとえば管の部分ができていく。分割の速度も、群れの作り方も、自律的にしかし適切にコントロールされていく。どこかに司令塔の細胞がいるわけではない。個々の細胞は、自分がどこに位置するかの位置情報を受け取って、それをベースに自分の役割を自ら決めている。

一つの細胞という個体が自律的に動きながら、その相互作用のプロセスから個体の集まりの間に秩序が出てくる。その秩序の中で、各々の個体が自分の「位置」を見極め、その位置に見合った役割をとっていく。

同じようなことが、脳の中でも起きている。我々の脳は一五〇億個のニューロンが二〇〇種類に分かれて、つながり合っている。そのつながり方の複雑さはすさまじく、一つのニューロンは数千のニューロンとつながり、その連結部分の長さは一ミリ立方の範囲の脳の部分だけでも総延長一五キロメートルにもなるという。それだけ複雑なシステムが機能し、なおかつ新しい情報を生みだしている。我々の記憶や認識をつくりだしているのである。しかも、脳全体を司る司令塔があるわけではない。脳は自分で自分の構造を決め、自分で自分の認識を作りだす。そのすべてが無数の細胞の相互作用の結果として起きている。

オーケストラでも、ジャズバンドでも

そうした現象は、別に生命組織の中の細胞たちがやっているだけではない。個体としての人間の集まりにも、あふれるほど例がある。経営組織はその一つにすぎない。

たとえば、オーケストラでもそうである。

オーケストラにはふつう、指揮者という一人の中央の指示者がいるが、指揮者のいないオーケストラもある。個々の奏者が上と特定の司令塔からの指示がなくても周りを見渡し、周囲の動きを感じながら、一つの音楽を作っていく。相互作用のプロセスの中から、美しい音楽に至る秩序が生まれてくる。

ラ・プティット・バンドという、有名な古楽器のオーケストラがある。オランダとベルギー両国を本拠とするこのオーケストラは、コンサートマスターはいるが、指揮者なしで演奏をする。このオーケストラのCDの説明文が、まさにこの章で言おうとしている「情報的相互作用によって自律的に秩序が生まれる」という現象の典型例になっている。一部を引用してみよう。

「ラ・プティット・バンドの演奏の第一の魅力は――指揮者なしで演奏している第一級の楽団にはよく見られることだが――個々の演奏者の自発性が、演奏の隅々まで行き渡っていることであろう。(中略)作品自体の祝典的性格にもよるのだが、聴いていて先ず楽しいのである。それは、演奏者個人個人の自発的な音楽の歓びが自ずから伝わって来るためであろう。一人一人の奏者が余裕をもって合奏を楽しんでいることも間違いのないところだ。しかも、楽団全体としては一貫として確固とした意志と主張をもち、細部に至るまで入念な神経が行き届いている。

(中略)言ってみれば一人一人がひと癖もふた癖もある練達の名手であり、しかも相互に共鳴し尊重し合える『共通項』を多く持っている。だから、この「管弦楽組曲」の演奏は、一つ一つの音が自信と説得力に満ち溢れている」(渡邊順正、バッハ管弦楽組曲ライナーノート、ドイツ・ハルモニア・ムンディ)。

「個人の自発性の歓び」「しかし同時に全体としての意志」「細部への神経」「一人一人の癖や主張」「相互に共鳴」「共通項」。そしてそうしたものから生まれる、「自信と説得力に溢れた音楽」。

この章で述べてきた相互作用とそこからの共通理解や情報蓄積という秩序や心理的共振から生まれるエネルギーの出現と同じようなことが、音楽の言葉でここでも語られている。個々の奏者たちは互いに感じ合い、自分の位置を見極めながら、自分の音を出していく。その音の全体が、美しい音楽という一つの秩序となっている。オーケストラが一つの場となったのである。

そうした現象がもっと端的に出るのが、ジャズの演奏であろう。ジャズの本領は、一つのメロディーという大枠を共有して、奏者が繰り広げる即興演奏である。ピアノからサックスへ、サックスからドラムへ、そしてベースへ。ある程度の基本的な共通の枠組みを共有しながら、相手の演奏を見ながら、相手の音を聞きながら、各奏者は自分は次はどうしようかと考えている。しかし、相手との相互作用を考えての即興だから、べつにただの気ままではない。しかも、自由なそのときの発想のほとばしりが、素晴らしい演奏を生みだし、それがつながり合って全体として流れるようなアンサンブルになるのが、ジャズの名演である。そこにはもちろん、熱気が生まれる。心理的共振があるのである。それはまさに、ジャズバンドが一つの場になっているといえるような状況である。

クラシック音楽のオーケストラでは、右に述べたラ・プティット・バンドのようなケースはまだ珍しいかも知れない。指揮者が、全体のヒエラルキーの統御者として厳然として存在し、楽譜が各人の演奏すべき基本メロディーをきちんと指示しているからである。しかし、ラ・プティット・バンドが例外だというわけでもない。アメリカのオルフェウス室内管弦楽団も指揮者なしのオーケストラとして有名で、このオーケストラの演奏とマネジメントについて『オルフェウスプロセス』(Seifter and Economy [2001]) という本が書かれているほどである。

しかし、こうした例はあるものの、ジャズの世界のほうが場のプロセスとの類似点が多いだろう。こうしたオーケストラとジャズの違いを、自社のマネジメントスタイルの違いのアナロジーに使っている企業がある。序章で述べたノキアである。彼らは、伝統的なマネジメントを、オーケストラのマネジメントにたとえ、自分たちのマネジメントスタイルをジャズにたとえていた(一九九八年六月、ノキア幹部のベルリン・フンボルト大学国際シンポジュウムでのプレゼンテーションより)。

同じようなことは、スポーツチームにも言えそうだ。スポーツの種類によって、ゲームマネジメントのスタイルが違うのである。アメリカンフットボールとサッカーの違いが典型だろう。

アメリカンフットボールでは、オフェンス(攻撃)とディフェンス(守備)のチームがべつにあり、またそれぞれのチームの中でも、ボールを投げる人、ボールを受け取って走る人、ただただ相手にぶつかって道を作る人、などと分業が徹底され、スペシャリストが育成される。そのスペシャリストがクォーターバックの指令のもとに、くわしく作られたプランに従って行動する。ゲームはたびたび中断し、そのたびに新しいプランの行動が企画される。動と静のリズムをもって、全体が時計仕掛けのようにシステマティックに動いていく。中央集権的な経営に似ている。

それと比べると、サッカーでは分業もアメリカンフットボールほどではなく、一人がいくつもの役回りをせざるをえないようにゲームが進んでいく。ときにはバックスがオーバーラップして攻撃に参加し、ボランチは下がって防御をする。皆が全体の構図を見ながら、自分の判断で動く。ときに固まってボールを奪い合い、そしてときに展開し、幾人もの足をボールが次々に渡って、波のようにゲームが進んでいく。中央集権的な司令塔もそれほどの意味をもたない。即興も多い。しかし、自己組織的にゴールを目指してチーム全体が秩序をもって動いている。

ジャズはサッカーに似ている。アメリカンフットボールはクラシックのオーケストラに似ている。そして、サッカーのゲームで起きていることは、本章で説明してきた「ヨコの相互作用」であり、その結果としての「組織としての協働作業」としてゴールを目指す全体の動きがある。場のプロセスそのものがサッカーにはある。

場のプロセスは、経営組織にも、生命組織にも、音楽組織にも、スポーツチームにも、あちこちに見られるのである。

第2章 経営組織の中の場

前章では、序章の事例から帰納的に考えるという形で、「場」という概念とそこで起きること、そこから生まれるものについて考えた。いわば、本書の概念的な導入の章であった。そして、場の論理のようなものが経営組織の中で機能しているばかりでなく、生命組織にも音楽組織にも通用することが示唆された。

それを受けてこの章では、さらに経営組織の中で場というものがどのように実際に機能しているか、具体的な事例を交えながら議論する。あるいは、場という概念のレンズを通してみると、経営組織の中で起きているさまざまな経営現象がどのように理解できるかを考えてみる、と言ってもいい。大小さまざまな場が、場という言葉でこれまで語られることは少なかったものの、じつは経営組織の中で機能しているのである。

1　小さな場、大きな場

社長塾という場――ファミリーマート

ファミリーマートの社長上田準二は、二〇〇二年三月に社長に就任するとすぐに社長塾という試みを始めた。全国各エリアに上田自身が自ら出向いて、現場店舗で経営指導にあたるスーパーバイザーたちを一〇名ほど集め、議論している。居酒屋での第二ラウンドもしばしばだという。

「管理職は抜き。事前の段取りも、一枚の資料も用意しない。私も社員も手ぶらで参加し、垣根を取っ払って本音で語り合う。（中略）

私が社長塾を始めたのは、『戦う組織』をつくり上げるため、意識改革を徹底しようと考えたからだった。（中略）社員は右肩上がり時代の意識を残しており、世の中の変化についていっていない。また、組織が拡大した結果、個人個人は『自分は一生懸命やっている』と言うが、組織となると活性度が落ちる傾向も表れている。そのうえ、現場の社員の間に誤解や情報の目詰まりがあるようでは、戦う組織をつくり上げていくことはできず、やがて競争から脱落せざるをえない。

この状況を打ち破っていくには、単に、『既存の概念を打破し新しい仕事の仕方をしよう』などと唱えるだけでは不十分だ。やはり経営トップと前線で業務をこなす人間とがコミュニケーションを積み重ねながら、同じ意識を互いに胸に響き合うほどに、腹にしみ込むほどに共有

できるかが勝負だ。社長塾はそのためのものなのだ。（中略）

社長塾で上がった声をもとに、すぐにリアクションを起こしていった。社長塾に参加した人たちのモチベーションははっきり変わってきた。こうした動きの中で私が狙っているのは、モチベーションアップした人たちがまわりに対してもっといい風を吹かせるようになり、それが会社の至るところで起きて、あるとき全社的に大きなうねりになっていくことだ」（『プレジデント』二〇〇三年六月一六日号）。

上田は、この社長塾を明示的に「場」という言葉を使って表現する。そして、その場が生みだすモチベーションという場のダイナミズムを語るのである。

「トップと社員が胸襟を開いて向かい合い、対話する社長塾は、互いに意識を共有する『場』にほかならない。モチベーションは自己完結的に高まるというより、相手との関係性の中から立ち上がってくるものであり、それには場が必要だ。大切なのは、組織の中にこうした場をどんどんつくることだ。（中略）

私はまわりの人が幸せで楽しくなれば、自分も楽しくなれる。（中略）自分から楽しさを投じれば、楽しさが膨らんで自分に返ってくる。相手を元気づければ、跳ね返って自分が元気づけられる。それが場の持つダイナミズムだ。（中略）

部下との間に場をつくり、対話を繰り返していくと、その場から元気や勇気、さらには夢が立ち上がり、自分のモチベーションが高まっている。モチベーションは相手に与えることで自分も得ていくものだ」（同上）。

ここで語られているのは、まさに前章で述べたヨコの相互作用による情報の流れと感情の流れである。この場合には、社長もまたヨコの相互作用の一員であり、情報と感情の流れの起爆剤になっているのである。社長塾は、一つひとつをとればそれぞれに小さな場である。そうした小さな場が組織の中であちこちにできれば、それが大きなうねりとなって組織全体を変えていく可能性が、ここでは語られている。小さな場を、ばかにしてはいけない。小さい場だからこそ、起きる何ごとかがある。

社長塾の本質は、フェースツーフェイスで、膝をつき合わせて本音で語るところにある。そして、組織の壁を飛び越えて、情報と感情が社長と現場の人間との間で流れるところにある。それと類似の出来事は、じつは経営組織の中で多く起きている。

たとえば、プロジェクトチームで合宿して泊まり込みの議論をする。あるいは、オフサイトミーティングといって、幹部たちが会社を離れて長時間缶詰めになって議論をする。いずれも、「濃密な情報的相互作用の容れもの」としての場が、こうした仕掛けによって生まれている例である。

大設備投資の決断がつくる大きな場——本田技研工業

前項の例は、社長自らが直接的に場をつくり、場に参加し、場をリードする例であった。情報と感情の流れの場が生まれることがじつに直截的にわかりやすい「小さな場」の例であった。

しかし、ミーティングを自らが設定するというような経営行動ではなく、大きな戦略的決断一つが、企業全体にさまざまな場をつくり上げてしまうような例もある。一つの戦略行動が生む、大きな場の例である。序章で挙げたアサヒビールの瀬戸の言葉を借りれば、一つの決断が企業全体に人々が活躍する舞台をつくるのである。

個々の小さな職場の人間集団の舞台だけが、経営者というリーダーが考えるべき舞台ではない。企業の空間は、じつはあちこちに広がっている。工場があり、開発センターがあり、営業部がある。工場の現場にも、販売の最前線にも、「情報と感情の満ちた」空間があちこちに生まれうる。あるいは、放っておけば、あちこちで空間が死に絶える可能性がある。

その全体を統御する役割をもつトップマネジメントの立場からすれば、たんに特定の一つの空間が情報に満ちたもの、感動と刺激に満ちたものになるだけでは、全体経営にはならない。大きな組織全体を動かし、組織のあちこちの情報と感情の満ちた空間をつくるように采配を振るう必要がある。瀬戸の言葉をふたたび借りれば、企業全体という舞台をきちんとつくる演出家の役割が、トップマネジメントの役割なのである。

ときに、たった一つの大きな戦略的決断によって企業全体の大きな舞台が準備され、その舞台のあちこちでさまざまな人間集団が半ば自発的に動いていくことがある。その一つの例として、古い例ではあるが、本田技研工業（ホンダ）が我が国自動車産業の最後発企業として四輪車に参入したときの大設備投資の例を紹介しよう。一九六五年のことである。それは、不況期には常識はずれの規模の、しかも新規参入者による大設備投資だった。決断をしたのは、藤沢武夫。

戦後の日本企業の中でも目覚ましい成長を遂げたホンダを本田宗一郎と共に率いた男である。本田は社長、藤沢は副社長であったが、実質的な経営者は藤沢だった。藤沢自身が、こう語る。

「本田技研は昭和三十八年秋、軽トラックとＳ５００乗用車を発売という形で四輪を始めたんですが、なかなかうまくいかないでモタモタしているうちに、昭和四十年、松下電器の松下会長が営業本部長になった、例の鍋底景気になってしまった。私は当時、狭山の四輪工場を見に行ったんだが、暗い沈んだ感じ。待ちに待って始まった四輪なのに（中略）という空気が全社的にもあって、四輪の先行きに不安があるように見えたんです。なんとか手を打って、この意気阻喪を吹き飛ばさなければと思って、私は考えました。

そういうときに、やはり一番効果があるのは新規設備投資だと思いました。当時は、トヨタ、日産も新規投資を控えていた情勢でしたけれども。そこで、『ウチでは四輪をやるとき設備はしないでほしいと申し入れたが、やはり大型プレスだの鋳造機械だのは、将来のことを思うと必要なんだろう。この際、どこのメーカーも発注していないようだから、安くできるだろう。思い切った大設備をするようにさせてはどうだろう』と提案したんです。重役は驚いたね。『この売れない現在、何をつくるんだ』ってわけです。

私は士気をあげるためとはいえなかった。当てずっぽうのことですからね。で、『将来は必要なんでしょう。いいじゃないですか』などと妙な理屈をいって押し切っちまった。

製作所の連中も、研究所の連中も、初めはびっくりしたようだったが、意欲的に機械の検討を始めました。『従来の回転数のプレスなどではだめだ。生産が倍にも三倍にもなるよう、回転数をあげて注文しなさい』と本田がいったのは、さすがでしたね。

翌四十一年は景気よく二輪車輸出で始まったんですが、前にお話したアメリカでのスーパーカブの売行き不振がこの年で、秋からは二輪車の大幅減産。利益のもとでの二輪車がこんなふうのところへ、四輪部門の損失はますますひどく、翌四十二年春の決算はみじめなものでした。ところが、幸いなことに、発注してあった大増設の機械の据付けが景気よく始まっていた。これがなければ、あの時期の社内は暗いもんだったでしょうね。軽四輪のN360が間もなくこの製作所から生産されるその準備と合わせて、狭山製作所は活気にあふれていました。

そのころ他社でつくっていた軽四乗用車の売行きは火の消えたようなもので、再び盛況がくるとは思えない状態でした。軽四輪はだめなものと世間が思ったばかりでなく、業界もそう思っていた。そこに、考えられないくらいのゆとりの四人乗り、三十馬力、最高速度百キロ、少ない燃料消費、低価格と、どれもが意表をついたN360の登場です。これが一大ブームを起こしてしまった」(藤沢［一九八六］)。

ここでとられた基本的な経営行動は、大きな設備投資という一つの決断である。その、たった一つの決定が、組織の中にさまざまなことを巻き起こしていくことになる。

大きな設備投資は巨額のカネのコミットメントである。そのために、その使途である経営の方向性ははっきりと具体的に指し示している。この場合は、不況期の大投資によって、四輪への参入の不退転の決意を組織全体に示したことになっている。

その設備投資を具体化し、実行しているプロセスで、大小さまざまな出来事が組織の中に群がり起こる。たとえば、設備購入のための思考・会議・検討、導入すべき技術の検討、工場の操業のためのシステムの検討、新しい職場の作業慣行の検討、購入のための外部との打ち合わせ、工場と研究所との打ち合わせ、機械を使いこなすための学習・準備、操業後の需要の検討と販売計画の作成。こうした出来事が、さまざまな分野の多くの人々を巻き込みながら行われていく。それも、工場建設と機械の搬入というデッドラインがあり、多くのモノがまぎれもなく動くという物理的状況で行われていく。火事場のような騒ぎを人々の間に起こし、組織をひっかき回しながら大型の設備投資の準備が進められていく。

それは、あたかも藤沢が大きな場をつくって、その中で組織のメンバーがさまざまな情報的相互作用をせざるをえない状況をつくりだしたと解釈してもいいだろう。その結果、組織の中に小さな場がつぎつぎと生まれてきた。上で挙げた具体的な現場ごとに挙げていけば、設備購入の場、技術検討の場、生産システム開発の場、製品開発の場、生産準備の場、マーケティングの場、などである。それぞれの場は、その場の関係メンバーが仕事の枠が決まったために自然に協力せざるをえない状況となって集まってつくった場である。さまざまなグループがそれぞれのローカルな場をつくり、情報的相互作用を始めたのである。

こうして情報的相互作用のかたまりがあちこちで生まれ、それがローカルな場となっていくのは、大設備投資プロジェクトが「きっかけ」と「枠組み」を与えたからである。それは、設備投資がいや応なしに多くの人々が協力せざるをえない状況をつくり、彼らの仕事の内容を変え、仕事上の接触のあり方を変えるからである。設備投資がなければ巻き込まれないような人々も含んだ情報的相互作用の輪が広がっていく。つまり、組織のあちこちで、いや応なしに大小さまざまな場が生まれるようになってしまうのである。

こうしたローカルな場の中で起きることにとって、この設備投資が人々の常識はずれの規模と時期に行われていることの意味は大きかったろう。それは、チャレンジングな目標を自分たちも設定せざるをえないと、多くの人が何も言わなくても了解してしまうからである。

たとえば、設備購入の場では、「三倍論」という形で具体的な目標が本田宗一郎から提示され、それを技術者たちが受け入れるようになる。機械設備の準備の段階での技術者の間の情報的相互作用のより具体的な方向が、そういう挑戦的なレベルで決まるのである。あるいは、製品開発の場でも、「何としてもあっと驚くような製品開発を」という目標設定になっていった。それが、N360の開発につながった。すべて、「こんな大投資をこんな時期にやるんだから、このくらいのことを考えないといけない」、ということである。

さらにこの設備投資に伴う作業がさまざまな意味で情報を伝える役割を果たしている。たとえば、大きな最新鋭の機械が近くに搬入されれば、それは何よりも雄弁にこれからの生産技術の方向を人々に物語る。またその据え付けに忙しく働く人々を見て、周りの人々もまた刺激される。その場合は、忙しく行動しているということそのものが情報を伝えることになっている。

人間という、自分で観察能力をもった受信機がコミュニケーションの受け手であればこそ、そして機械が設置される工場、人々が忙しく立ち働く職場、そうした空間を人々が共有しているためにとくに努力しなくても自然に観察してしまうからこそ、「もの言わぬ機械」「もの言わぬ行動」がそのまま情報を伝えるのである。

しかも、四輪への参入が本田宗一郎の悲願であったこともまた、組織の中でよく知られた事実であった。そしてすでに四輪車のF2レースに参戦して大きな成功を収めていた時期でもあった。そうした状況での、「不況期の大投資」なのである。その決定が、組織としての求心力をいやが上にも高め、人々の連帯感の共有にも大きくプラスに機能したであろうと思われる。

このように、この大設備投資は、まぎれのない即物的な「場」を大小さまざまに組織内に発生させる、大きな波をつくりだしたのである。瀬戸流に言えば、「感動の舞台」が製作所でも研究所（開発センター）でもあちこちでつくられていく起爆剤になった。その舞台から、大ヒット商品が生まれることになる。その結果、日本の自動車産業の最後発参入者だったホンダは、みごとに参入に成功し、それがその後の同社の世界的な発展へとつながっていく。

藤沢は、各種のミーティングの場の設定を直接的に指示したわけではない。大きな戦略的決断を下しただけである。その後の具体的行動は現場の人たちの裁量に任されている。しかし、その決断の示す方向性の明確さ、その決断がもたらす危機感の大きさと夢の大きさ、それらが相まって、さまざまな場が組織のあちこちで自然発生的に生まれてきたのである。それは、企業の経営全体の底の部分で、ホンダという舞台をぐっと転轍機を回すような効果をもった。

一つの戦略的決断が、その中に数々の小さな場をもった大きな場をつくりだすことがあるのである。

2 組織構造と場

前節の例は、会合のもち方・進め方によって小さな場が生まれる例と、戦略的決断によって大きな場が生まれる例であった。つまり、人々が集うその仕方に対する小さな配慮が小さな場を生み、大きな戦略が大きな場を生む、という例であった。しかし、経営組織の中でもっとも場の生成に関係する経営の手段は、おそらく組織構造の決定であろう。

組織構造とは、組織の中の分業と調整の体系であり、権限と報告の関係の体系のことである。たとえば、どの部署にはどんな仕事を割り振り、どの部署を同じ管理者のもとに置いて、一元的に管理させるか。

そうした組織の骨格の構造の作り方は、人々の仕事の仕方の基本を決めている以上、それは当然に人々の間のヨコの相互作用のあり方に影響を与える。つまり、場を生むか生まないかに大きな影響を与えるのである。この節では、組織構造から場への影響を網羅的に議論するわけではないが、その典型的なものを考えて、経営組織の中でどのように場が生まれたり生まれなかったりするか、考えてみよう。

物理的配置が場を生む（Colocation）——三井化学、三共、楽天、ヒロセ電機

場というものは、しばしば物理的に同じ空間を多くの人が共有するからこそ生まれてくることが多い。したがって、人々の仕事の場所の物理的配置とそこでの組織的関係のつくり方を、場を生みやすくなることを意図して工夫している例が、現実の経営組織には数多く見られる。同じ場所に複数の部署をわざわざ同居させるように配置するコロケーション（Colocation）がその例である。

たとえば、三井化学は一二〇〇名を超す研究開発担当者を千葉県にある袖ヶ浦開発センターに集結させている。三井化学全体の研究開発陣の中で、工場の生産技術開発担当者が一部は各工場に分散しているものの、基本的にはほとんどのメンバーが袖ヶ浦センターにいる。機能樹脂研究所、機能材料研究所、機能化学品研究所、マテリアルサイエンス研究所、触媒科学研究所、生産技術研究所、そして基礎化学品を担当するプライムポリマー（別会社）の研究所と、大別して七つの研究所に組織的には分かれながらも、しかし一つの敷地で一二〇〇名の毎日の研究開発活動が行われている。

ここへの集結が始まったのは一九九八年から。三井化学という企業が三井石油化学と三井東圧化学の合併で誕生した翌年だった。二つの企業の合併時には、研究開発陣は一〇カ所の研究所に分散して配置されていた。工場の近くという立地も多かった。当時、三井化学では過去の事業拡張の不調の結果ではあったが、幸い袖ヶ浦地区に巨大な土地が空いていた。そこへ研究開発機能をすべて集結させようと、当時のトップマネジメントが決断したのだ。その決断の意図を、山口彰宏専務（研究開発担当）はこう語る。

「同じ場所に、さまざまな分野の研究者がすべて集まると、きわめて情報交流の密度が高まる。一つの製品開発に必要な情報をもったさまざまな研究開発者を、すぐに集められる。それも、複数の別のプロジェクトに同時に参加させる形でもできる。分野横断的な技術連絡会が頻繁に、簡単に行える。一つの場所にいるからこそ、それが可能になる」(二〇〇五年八月　著者インタビュー)。

公式の会議ばかりが意味があるのではない。同じ敷地にいれば、何気ない接触が生まれやすい。たとえば、このセンターの中の喫煙室で異なった分野の研究者が何気ない会話を交わすことから新しいイノベーションの種が生まれてきた例もあるそうである。日本の化学企業では異例ともいえる、巨大なColocationが袖ヶ浦で起きている。そこに、巨大な場が生まれているのである。

工場と開発のColocationによってコストダウンのための場をつくることを狙う企業もある。ダイハツディーゼルは二〇〇一年一〇月に主力の滋賀・守山工場に技術センターを建設して、それまで本社にいた技術開発陣約一五〇名をそこに異動させた。その結果、全技術者の約九割が守山工場内に配置されることになる。

「コストダウンを実現するには、設計技術者が設計要求を正確に製造現場に伝えたり、逆に製造現場で得られたコストダウンのアイデアを設計部門にフィードバックするといった密接な情報共有が不可欠だ。

『それには、やはり製品そのものを目の前にしながら技術者と技能者が話をしないとダメだ』(石橋徳憲常務)というのが、技術センターを設置する理由だ」(『日経情報ストラテジー』二〇〇一年三月号)。

つまり、場の言葉で表現すれば、技術者と技能者の間に場が生まれて共通理解が生まれることがきわめて大切で、そのためには物理的に同じ場所で仕事をするほうが望ましく、さらにその場所で同じ製品という具体的な情報交換の媒体が共有されていることが望ましいのである。

こうしたColcationはさまざまな産業、さまざまな分野でしばしばその重要性が語られるものである。たとえば、医薬品産業で「研究」部隊と「開発」部隊の間についつい生まれやすい組織の壁を破壊するために、二つの部隊の仕事の場を地理的に融合したのが、三共(現 第一三共)である。

製薬会社で「研究」とは、化合物の段階から新薬の種探しをすることを指し、開発とは、臨床試験などを通してその新薬の種の効能と安全性を確認して医薬品としての認可にまでもっていく作業である。この二つの作業を担当する部隊はそれぞれに文化が違い、両者の間には溝ができやすい。三共ではとくにその溝が深かったという。

三共では、開発部隊のオフィスは東京・銀座に、研究部隊のオフィスは品川にあった。電車の駅にしてたった三つか四つの駅が間にある程度の物理的距離なのだが、その溝が浅くなかったのである。そこで三共は二〇〇二年八月に開発部隊を品川の研究開発センターに移転させた。Colocationである。その結果、「以前なら(品川と銀座の間の)新橋あたりで分断されていた情報がスムーズにやり取りできるようになった」と研究開発統括本部長の杉村征夫副社長は語っている(『日経ビジネス』二〇〇三年一一月二四日号)。

たかがオフィスの場所とバカにしてはいけないのである。そしてこうした配慮は、何も古い産業の旧世代経営者がするばかりではなく、今をときめくITベンチャーの雄である楽天の三木谷浩史会長兼社長も同じようなことを言っている。楽天が社員を六〇〇人近く抱えるような組織になったとき、社長の理念やビジョンを共有するための具体的仕組みを聞かれて、彼はこう答えている。

「一番大きなポイントが、この六本木ヒルズへの（オフィスの）の移転です。今までは6つのロケーションに分かれていたのですが、基本的には1つになり、しかもワンフロアということで非常にやりやすくなりました。当然、コミュニケーション戦略やビジョンの共有も一生懸命やっていますが、ワンフロアになったオフィスに境目がなくなったことには大きな意味があると思っています」（『日経情報ストラテジー』二〇〇四年一月号）。

もちろん、どのようなColocationが望ましいかは、その企業の戦略的ポイントがどこにあるかによって異なるだろう。誰と誰との間で場が生まれるのが望ましいかは、戦略が決めるのである。上記のダイハツディーゼルの場合は、コストダウンが戦略的ポイントだったから、技術と生産の間に場が生まれることが優先されている。しかし、顧客のニーズに素早く対応する製品開発を最大の戦略的ポイントとする、コネクター（電子部品）メーカーの超優良企業ヒロセ電機の酒井秀樹社長は、開発部隊を営業と同じ場所に置いている理由を、次のように語る。

「付加価値の高いコネクターを開発した人間に対して拍手喝采を贈りたいのです。拍手は一番の原動力になります。

もちろん、情報も大事です。製品を開発する部隊を工場にではなく営業の側に置くのはそのためです。客先の情報や下請けの情報、あるいは競合の情報などに触れさせます。『契約を取った』『取られた』という営業マンの声も聞かせます」（『日経情報ストラテジー』二〇〇四年五月号）。

開発部隊は、営業部隊のそばにあるために市場の情報が入り、かつ市場の拍手が直接伝わるのである。それは、情報の流れと感情の流れが市場から開発部隊へと直接に流れるような工夫、そのために営業と開発の間に場を生みだしヨコの相互作用が起きやすくする構造的工夫、と理解できるだろう。

部門のくくり方が場を生む——ヤマハ発動機

物理的配置ではなく、どの人たちを一つのグループと位置づけ、どのように仕事をしてもらうかという「部門のくくり方」という組織構造の決定が、組織の中のセクショナリズムの壁を壊すのに意義深いこともある。それは、従来はセクション間の壁が生まれていた二つの集団を一つの組織単位とくくり直して、そこに場を生んでヨコの相互作用を活発にさせようとする試みである。

たとえば、ヤマハ発動機は二〇〇一年一〇月に部品の設計・製造・調達体制を一新して、基本ユニット部品ごとに設計・製造・調達の三つの機能を一括してもつ「システムサプライヤー」と呼ぶ新体制に再編した。従来は、三つの機能ごとに部門を形成して、製造部門はさまざまな部品の製造機能を担当するという機能別組織だったのである（以下の情報は、『日経情報ストラテジー』二〇〇三年一一月号に依拠している）。

従来の体制では、たとえば製造工程の手間を深く考慮せずに設計部門がデザインを決定するというケースが多かったために、部品点数が多くなったり複雑な形状で組み立てたり、とコストアップ要因が多かった。そして、設計部門から製造部門への情報伝達の主なルートは、製造部門が金型を作るために使う「製品図」と呼ばれる図面を設計部門が作って渡すことによって行われていた。しかし、製品図を渡されてからでは、製造部門がコスト削減を検討する余地は限られていた。

システムサプライヤー体制の下では、シリンダー・クランクケースなどの基本部品ユニットごとに設計・製造・調達の三つの機能を担当する人間たちが集められている。設計担当者と製造担当者は三次元CADをベースに互いに情報を共有しながら仕事を進め、その様子を見ながら調達担当者が費用をはじきだす。CADデータをもとに光造形品と呼ばれる樹脂試作品を作り、それを前にして製造担当者と議論をして、どこを変えればよりコストダウンしやすいか議論が進む。

「設計図を基に話し合うよりも、実物を前にしたほうが議論しやすい」と担当者は言っているという。こうした改革で、たとえばクランクケースでは開発期間を三カ月間短縮できた。

この改革を断行した長谷川至社長はこう語る。

「(従来の体制では)設計図に不具合があって設計変更を依頼すると、書類を書いて部長のところまで行って、現場に下りてきて『これはダメだというから書き直してくれ』となる。ここで、書き直しが一度発生すると1ヶ月や2ヶ月はすぐにたってしまう。(中略)

組織間に壁があると、設計は図面を書けば仕事が終わりで、調達はその図面で値切るだけ。値切るのなんて、たがしれてますよね。作るほうも、その設計図通りに作るだけ。(中略)

部門の壁を破ったことで、現場の担当者の間で、問題や疑問が生まれたら、ちょっと集まって、『そこまでやると仕様が変わるけど、ここまでならできる。これでどう?』といった具合に話し合うようになります。『それで行こうか』となったら、5分で決まってしまう。開発期間が飛躍的に短くできます。

それと、設計担当者と製造担当者の両方が納得して作っているから、安くて良いものができるようになった」（『日経情報ストラテジー』二〇〇一年一一月号）。

この改革では、三つのことが起きているようである。第一に、部門のくくり方が変わって、部品ごとに三つの機能が協力して仕事をするようになり、そして部長を介さずに自分たちで決められるようになった。第二に、三つの機能がつねに同じ場所で仕事をするようになった。横で他の機能の担当者が何をしているか、見えるのである。第三に、CADが情報を共有する焦点のツールとして使われるようになった。

この三つの改革で、各部品ごとにそれぞれ場が生まれたのである。その場の中にいる三つの機能の担当者たちの間に、容易に情報が流れるようになった。共通理解が生まれるようになった。それが、仕事のムダを省く新しい改善の知恵を生みやすくなり、かつそのアイデアを実行しやすくなる。それが、コストダウンや開発期間の短縮という業務効率の向上につながったのである。

プロジェクトチームが場を生む――キヤノン

前項までに議論してきた人々の物理的配置や部門のくくり方の変更は、かなり恒常的な組織構造の変更である。一時的に人々が集うのではない。その構造変更によって場が組織の中で生まれる基盤が大きく変わるのが、前項までのさまざまな事例であった。

しかし、そうした恒常的な構造変更だけでなく、一種の臨時的・短期的措置ともいえる組織構造上の工夫が場を生むためになされている例は多い。

その典型的なケースが、多くの異なった部門から選ばれた人間が短期的に一つの課題の解決のためにチームをつくる、プロジェクトチームである。多くの企業で新製品開発や経営革新のために使われている手法である。たとえば、日産自動車の「ゴーン改革」で有名になったクロスファンクショナルチーム（CFT）というのは、営業や生産、開発といった異なった部門の人々が集まって、全社的な経営課題ごとに担当する一つのプロジェクトチームを作り、その与えられた課題の経営革新計画を作った、という事例である。CFTは数多く作られ、それぞれの経営革新計画を集めて総合したものが、全社的な経営革新計画となっていったのである。

部門ごとの専門家が短期的に集まってプロジェクトチームを結成し、そこで課題が解決されていくというのは、新製品開発の場合がもっともわかりやすい。たとえばキヤノンの新製品開発は基本的にプロジェクト体制で行われる。デジタルカメラ開発グループの例をとれば、このグループは組織構造的にはレンズ、メカ、ソフトウェアなどの部門ごとに部長、課長、主任がいる。そして、新製品開発の実際の業務は、各部門から部員を集めて構成される、メンバー十数人の横断的なプロジェクトチームが、二〇〇三年当時には一〇以上動いていた。部員は、所属組織はあっても、プロジェクトチームがメインの仕事である（以下の情報も含め、キヤノンの事例は『プレジデント』二〇〇三年八月四日号に依拠している）。

プロジェクトは具体的な仕事の場、しかしメンバーはプロジェクト期間中も機能別の部門組織に属している。その使い分けについて、デジタルカメラ開発グループの責任者である真栄田雅也所長はこう語る。

「プロジェクトが戦場だとすれば、戦争が終わって帰るところが自分の部署になります。プロジェクトは設計担当、メカ担当、電気担当、広告担当などの専門家が集まった混成部隊が、共通の目標のためにそれぞれの技を発揮し合う場です。一方、日々の戦いを終えて部署に帰れば、同じ専門の会話もできるし、たとえば『戦場』でトラブルが発生したようなときでも、問題解決のために同じ分野の専門家である、部署の同僚たちの知恵を借りることができます」(『プレジデント』二〇〇三年八月四日号)。

プロジェクトを作って開発をすることのメリットの基本は、前項のヤマハ発動機のシステムサプライヤー体制のメリットと変わらない。異なった部門で協力がそもそも必須である人たちの間に場が生まれることによって、情報共有や相互協力が促進されるのである。しかし、恒常的に組織構造としてくるわけではなく、短期的な集まりであるだけに、その集団が場として機能してヨコの相互作用がきちんと起きるようにするためには、それなりの仕掛けが必要となる。たとえばキヤノンの場合、プロジェクトの初期段階で「技術ばらし会議」がプロジェクトメンバーの全員参加で行われる。新製品開発に必要な技術の内容、課題を細かくばらして分析し、またプロジェクトの懸念点を徹底的に議論する。その会議のために、平日の通常業務として一泊二日の合宿会議をすることもあるという。

キヤノンの小型モバイルプリンタとしてヒットした商品の開発チームリーダーであった井上博行は、何回かの会議の様子、そしてそこから何が生まれてくるかを、次のように語っている。

「ばらし会議で出てきた課題をいろいろと並べ替えていくと、我々は『作戦ストーリー』と呼んでいますが、何かプロジェクトを進めていくうえでのストーリーみたいなものが見えてくるんです。やるべき手順は何か、そのためにはどんなセクションを巻き込んでいかなければならないか、といったことが浮かび上がってくる。（中略）

議論が白熱してどうなることかと思いました。サイズをどうするかが最大の焦点でしたが、たとえば、本体を設計するメカ屋と、プログラムを設計するソフト屋ではサイズに対する意識が違う。メカ屋から見ればミニマムでも、『私はもっと小さくしたい。こんなサイズだったらやりたくない』って言い出すソフト屋もいましたから。でも、品質やコストなど全体の最適バランスを取る議論をしていく中で、皆納得してくれた。最終的にはアウトプットイメージを固めることができました」（同上）。

ばらし会議で出てきた課題をすべて粘着メモ紙に書き込んで、大きな模造紙に貼りつける。それを時系列的に並べ替えれば、それがプロジェクトの詳細な日程表になる。その模造紙は社内に掲示して、メンバーがいつでも自由に見られ、また必要に応じて修正のメモ紙を貼りつけられるようにした。

つまり、この紙が、全員が参照する作業日程調整のための焦点の役割を果たしたのである。一目でどこに負荷がかかっているか全員がわかるから、調整に応じる気持ちになりやすいのである。

異なった分野の意見がぶつかり合い、その中から全体の納得性のある構想が生まれてくる。そして、そうしたヨコの情報的相互作用のためには、会議の工夫、模造紙の工夫とじつに細かい工夫が、プロジェクトリーダーの属人的リーダーシップ以外に、さまざまに行われているのである。それがなければ、プロジェクトが真の「場」として機能することはないのである。

3 場を生むさまざまな工夫

組織の経営の中で、じつにさまざまな「ヨコの相互作用」を作りだすための工夫が行われていることは、前二節の多くの事例から明らかになったであろう。それらはすべて、この本の言葉で言えば、「場」を組織の中にさまざまに生みだすことによって経営をスムーズにしようとする努力、と理解できる。

前節ではそうした工夫・努力として、組織構造というきわめて基礎的な要因に関するものをまとめて解説した。この節では、さらに多様な「場を生む工夫」が実際に経営組織の中でどのように行われているのか、現実を見てみよう。

空間の設計――花王、デル、スルガ銀行

すでに序章でも触れたが、人々が仕事をする空間を物理的にどのように設計するかは、人々がどのような接触のパターンをとるかを決める、最重要の基礎要因の一つである。ノキアの本社ビルという空間、林原の社員食堂という空間、スチールケースの役員室の空間、三井化学の研究開発センターの空間、それぞれの設計に各企業が工夫を凝らしている。

空間は情報に満ちているからこそ、その設計のよしあしで人々の相互作用と情報の流れのパターンが変わってしまう。そうした例を、この項ではさらに見てみよう。

日本の企業には、ホワイトカラーの仕事の場所を大部屋とするところが圧倒的に多い。欧米の個室方式とかなり違う。それは、大部屋という空間をわざわざ設けることによって情報の流れをよくしようとする工夫、そこに場を生みだそうとする工夫と考えていい。事務系のホワイトカラーの執務場所だけでなく、研究所まで大部屋方式にしている企業もかなりある。花王もその一つである。

「マーケティング調査、ＰＯＳデータといった情報を分析・活用する面では、花王はＩＴ化先進企業と言える。しかし、日常に様々な仕掛けを埋め込んで社員同士の対話を促すコミュニケーション文化があってこそ、ＩＴも生きてくる。

『大部屋制度』と丸田（芳郎）・元社長が名づけたように、二〇年以上も前から花王の研究所のフロアには仕切がない。テーマ別に一四の研究所があるが、所属に関係なく、プロジェクトごとにメンバーが集まる。知恵を抱え込まずに融合することでヒットが生まれる。

本社の役員フロアも同様だ。社長室や他の役員室はパーティションで区切られてはいるものの、ドアがついた個室ではない。役員が集まってちょっとした打ち合わせをする場もオープンスペースとなっている」（『日経ビジネス』二〇〇三年七月二一日号）。

役員室まで大部屋にしている企業は、少ないだろう。花王の意図は、役員の間に自然に場が生まれることを期待している空間の設計、と表現できるだろう。

同じような配慮を、アメリカでもしている企業がある。パソコンなどのトップメーカー、デルである。CEO（最高経営責任者）とCOO（最高執行責任者）が相部屋で執務しているのである。

「本社1階の受付の前に立って上を見ると、2階のガラス張りの部屋が目に入る。実はここが創業者である（マイケル・）デルCEOの執務室。しかも、ケビン・ロリンズ社長兼COO（最高執行責任者）との相部屋だ。デルCEOが昨年、わざわざロリンズCOOの部屋に『引っ越してきた』（デルCEO）という。

本社の玄関のもっとも近い部屋にCEOとCOOが同居するのは、『顧客に近いところにいる』というメッセージ。またデルCEOとロリンズCOOが『共同経営』していることを示すものでもある」（『日経ビジネス』二〇〇三年四月七日号）。

日本の地方銀行でユニークな健全経営で知られるスルガ銀行も、役員室に面白い空間の設計の工夫をしている。

「静岡県長泉町の小高い丘の上にあるスルガ銀の本部。もともとはデータセンター用に作ったその建物の4階に上がると、ガラス張りの部屋が連なり、黄色や赤の現代的な家具が並ぶオフィスフロアが目の前に広がる。社長室をはじめ役員室もガラス張りで、何をしているか一目で分かってしまう。（中略）

役員室はフロアの中央付近に円を描くように並んでおり、円の中心は共用スペースになっている。真っ白な机が置かれているこのスペースは会議室だ。誰かが声をかければ、即座に経営陣が集まり会議を始めることができる仕組みになっている」（『日経ビジネス』二〇〇三年一〇月二〇日号）。

もちろん、空間の設計だけで場が生まれるものでもない。リーダーシップも必要だろうし、さまざまな情報の共有のベースが必要だろう。しかし、人間はやはり限界のある感覚器官をもった動物であり、また性善なれども弱し、というところもある。「わざわざ」何かをしなければならないのなら、ついつい怠りがちになることも多い。何かのついでに、簡単に、何かができるようにすることが大切である。空間の設計は、その点を突いた経営上の工夫なのである。前項で挙げた三井化学の研究所集結は、そうした空間の設計の〝激しい〟事例と言っていいだろう。

接触のきっかけづくり——キヤノン、花王

つまり、「自然に」人々の接触が始まるように仕向けるのが、空間の設計の大きなポイントである。だからこそ、場が生まれやすくなる。しかし、空間の設計以外にも、人々の接触のきっかけづくりの工夫はある。その多くは、小さなことに見える。しかし、やはり神は細部に宿っている。

たとえば、フレックスタイムの制限あるいは廃止である。フレックスタイム勤務をすると、自然に人々が直接接触・対面接触する機会が減ってしまう。会議も開きにくくなる。だから、フレックスタイムを廃止する動きが出てきた。キヤノンがその一つの例である。

キヤノンは二〇〇三年四月から全社でフレックス勤務を中止した。これまで午前一〇時から午後二時半までをコアタイムとして、その時間帯に出社していればいつ出勤・帰宅してもかまわないという制度だったものを、定時（午前八時半から午後五時まで）勤務に戻したのである。

「それは（理由は）、電子メールやイントラネットが普及したことが、かえって社員間で意思

疎通をはかりにくくなるという弊害を生んでいることだ。（中略）フレックス勤務では、社員が集まれる時間が限られる。同じ部署内でも午前一〇時にならないとなかなか全員が集まらない。どの部署でもコアタイムに会議が集中し、全員がそろっても会議室が満室で話し合う場所を見つけるのに苦労するという状態だった。その結果、会議が先延ばしになり意思決定が遅くなることもあったという。（中略）

もちろん、夕方や夜遅い時間に社員を集めて会議することはできた。それでも定時勤務にこだわったのは、思い立ったときにすぐ皆が集まれる体制を敷くためである」（『日経情報ストラテジー』二〇〇三年六月号）。

このエピソードは、対面コミュニケーションの大切さと、「思い立ったときにすぐ」情報交流が起こせることの大切さを物語っているのであろう。まさに、場が生まれて、機能することの大切さである。それを、物理的に皆が一緒にいる時間を多くするという手配りが支えている。

もう一つの面白い接触のきっかけづくりの例を挙げよう。花王では、後藤卓也会長をはじめ、「まじめな雑談をどんどんやれ」と言う。広く深い自由闊達な議論、というのがまじめな雑談という言葉の意味である。まじめな雑談をいろんな分野の人としていると、新しい企画や発想が生まれてくる、というのである。たしかにそうであろう。しかし、花王がユニークなのは、その奨励のためのおカネの面の小さな気配りである。

「（花王は）コストには厳しいが、社員の『まじめな雑談は大歓迎』（後藤社長、当時）と、会議が飲み会に発展したときは1次会まで経費で落とすことを認めている。そこで新たな発想が生まれたり、所属部署にこだわらない社内の交流が深まったりする効果を期待しているからだ。『同じ社内だが顔しか知らない人にでも、気軽に仕事の相談をもちかけられる』とある幹部が話すのはそのせいだろう」（『日経ビジネス』二〇〇三年七月二一日号）。

こうした配慮を、「小さいことだ」とバカにしてはいけない。社員食堂の机の配置に気を配る林原の林原社長（序章で紹介）の言葉もまた、自然な接触のきっかけづくりの重要件を語っているものであった。こういう小さいが大切なことにまで気を配っているからこそ、大きなことが起きるのである。

ITによる情報の流れの効率化――アマダ、大林組

場というものの貢献の核心が、人々の間のヨコの情報的相互作用を活発にするところにあるとすれば、ITという情報技術を使って、「サイバー場」とでもいうべき仮想的な非対面型の場をつくろうとする動きがあってもおかしくない。従来では技術的に不可能であったような情報交流が可能になるポテンシャルがあるからである。

その一つの例が、工作機械メーカーのアマダである（この事例の情報は、『日経情報ストラテジー』二〇〇二年六月号の記事に依拠している）。同社は二〇〇〇年より製品主体の営業から、組織的に顧客のニーズを吸い上げ、四五カ所の支社に配置された営業や保守サービスの人々が支社単位でチームとして営業するという体制をとった。この体制の成功の鍵は、顧客のニーズ情報をチームのメンバーがきちんと吸い上げ、さらにその共有が効果的にできるか、である。アマダは顧客との

折衝履歴を蓄積する顧客情報システムを導入し、社内のポータルから手軽に利用できるようにした。さらに、こうした情報と過去六年分の取引情報を一体にしてデータ・ウェアハウスを構築。各支社では顧客の購入歴や地域特性、製品に応じての仮説にもとづいて検索が容易にできるシステムにした。二人のアマダの関係者が、こう語っている。

「今や当社のチーム営業は、システムなしには成り立たない。(中略）日報で一人ひとりの活動を管理すると誰も積極的に利用しないと考え、チームで戦うために顧客とのコンタクト履歴を集めれば、自分たちの業績も上がるということを強調することで、質の高い情報が集まるようになった」(竹内雄司副社長)。

「阪神支社で、1年半で3台しか売れなかった製品を、ある仮説を基に抽出した顧客に売り込んだところ、42社中19社から受注するという成果を上げた。他支社でもこのヒット仮説になって、同様の効果があった」(大貫正明部長)。

この顧客情報システムは、支社のメンバーの間の情報交流のシステムとなり、その交流効率のよさが、どんどん情報蓄積を膨らませる努力へとつながり、結果として彼らの間のサイバー場が機能していったのである。人的な情報蓄積だけに頼っていたのではとても不可能な情報交流であるだろう。

大林組では、橋梁工事の各地の現場でそれぞれに蓄積してきた経験を全社的に共有するための情報システム「BridgeポータルQ&A」を二〇〇二年春から導入した。インターネットにつながっていれば、世界のどこの現場からでも電子掲示板に質問を載せると、全国の現場に散らばる技術者から答えが返ってくる。現場対現場、技術者対技術者の「多対多」の情報の流れがこのシステムのおかげでずいぶんと可能になっているのである。土木工事のノウハウは、現場によって地形や自然環境が異なって、千差万別である。したがって、経験でしか学べないと思われていたのだが、その経験の共有の一つの手段をITが提供し始めたのである。

「業界特有の上下関係の厳しさもあり、以前は下の者が目上の者に電話で質問するのがはばかられる雰囲気もあった。それが今は、『まずメールで聞いて、分からなければ電話で聞く。知らない相手だと聞きにくいが、メールでのやり取りがあれば電話もしやすい』（向井氏）と様変わりした。『定年前にできるだけ多くの人に自分のノウハウを伝えておきたい』と考えるベテラン技術者と、『どうやって仕事を進めていくべきか今すぐ知りたい』という若い技術者の間をうまく取り持つことができたのである」（『日経ビジネス』二〇〇二年一二月九日号）。

このシステムは、これまでばらばらに存在していた全国のベテランと若手技術者の間に、仮想の場をつくっている、と表現していいだろう。おそらく本当の情報伝達はメールではできずに、電話あるいは現地訪問でしかできないものが多いだろうが、こうした初期情報の流れを効率化するツールがあることで、結局は必要となるだろう非電子系の情報交換のきっかけをつくっている。いわば、前項で述べた「接触のきっかけづくり」の役割をITが果たしているのである。

しかし、場を生まない工夫も——静かな独裁者

これまで、場が生まれる工夫を述べてきた。しかし、場が生まれないような工夫を経営者がする

場合が、ないわけではない。あるいは、意図的でなくても、ある種の行動をとると場が生まれなくなり、その結果として組織の大事な機能が死んでいくこともある。場が生まれるようにするにはどうしたらいいのかを考える反面教師として、そんな事例を考えてみよう。匿名にするが、実例である。

ある大企業で、社長が交代してしばらくして、会長になった前社長も体調を崩して前面に出てこなくなってきた時期に、組織の雰囲気が微妙に変わり始めた。その企業の人々はそれを「役員室フロアの、あるいは役員会の雰囲気が変わった」と表現した。フロアあるいは会議の場という空間的な象徴がそこにある。その場での人々の相互作用のあり方がいわく言いがたい変化をする。その結果、トップが独裁的な雰囲気をいつの間にかもち始めたのである。

社長は、会議の場できつい、しかも細かい質問を役員たちに浴びせかけた。それに答える役員は、すべての答えにさらに理詰めで具体的に迫ってくる社長の前で、次第に声を失っていった。答えられないと、冷たい笑いが追い打ちをかけた。もちろん、役員相互の議論はなくなっていった。

さらに、社長は個々の役員の分担の内容を細分化して割り当てた。大きく広い仕事をカバーする人間はつくらなかった。自分一人だけを信用しているかのごとくだった。それでも、たしかに社長は有能ではあったし業績もよかったので、誰も表立って文句を言える状況ではなくなっていった。

社長は叫びもしなければ、怒りもしない。表立った恐怖政治をするわけでもない。しかし、社長による分断統治が着々と進む。役員たちは、人事権を握られている社長には単独では誰も逆らおうとしなくなっていく。こうして、静かな独裁者が生まれるのである。

そしてこの静かな独裁者は、かなり長期の独裁的君臨に成功する。しかし、企業全体の活力は、本来あるべきポテンシャルよりも確実に下がっていき、彼自身も幸福な結末を迎えることはできなかった。最後には、自分の子飼いと思っていた人物を中心とした反乱を起こされ、退任を余儀なくされた。

場を生まないように操作すると、それに反発して別のダークな場が水面下密かに生まれてくるのかも知れない。

4 組織の経営の全体像と場

本章では、経営組織の中で場がどのように生まれ、どのように機能しているか、そのイメージを描きやすいような事例を数多く解説してきた。いわば、場の理論を読者に理解していただくための現実の事例の体系的紹介、が本章の基本的役割であった。あるいは、場という概念のレンズをもったうえで現実の経営現象を見てみると、どのような現象が「場的」でかつ重要か、を事例に則して考えてみた、と言ってもよい。

では、こうした場の概念とその貢献は、組織の経営の全体像の中では、どのように位置づけられるのであろうか。経営の手段としては、通常は、戦略や組織構造が挙げられる。あるいは、インセンティブシステムなどの経営システムの設計も経営の手段である。すでに本章第3節までにそれらは何らかの形で登場しているが、「空間の設計」といった通常の経営学では登場しないような変数もまた、この章の議論では登場した。

では、こうした経営の手段の全体、組織の経営の全体像の中で、場という概念はどのような位置づけになるものなのか。それを体系的にまとめて、経営組織の中の場の実際を紹介するということの章を終えることにしよう。つまり、

「場を経営全体の中にどう位置づけるか」。

組織の経営の全体像

やや回りくどいように見えるかも知れないが、経営とは何か、組織の経営の中で何が起きているのか、をまず考えてみよう。図2-1はそのための図である。

この図を、上のほうから見ていただきたい。組織の目的としての業績が議論の出発点である。組織の経営は、その目的という観点から言えば、組織の業績を良好な水準に保つために行われるものである。業績とは、企業の場合、利益、成長、雇用の維持、社会的貢献、と具体的な内容はさまざまでありうるし、複数でもいいのだが、ともかく業績への目的志向を「経営する」という行為はもっている。それは、組織の存在目的でもある。

業績を直接的に決めているのは、しかし、経営そのものではない。経営の結果として導きだされる、組織に働く人々の事業行動である。その事業行動の協働ぶりである。エンジニアが開発し、工場の人々が生産し、営業が販売し、財務は資金調達をする。そうした事業行動の総体が業績を決める。図2-1で、業績へ直接的に流れ込む矢印が「人々の事業行動」から出ているのは、そういう

図2-1　組織の経営全体と場

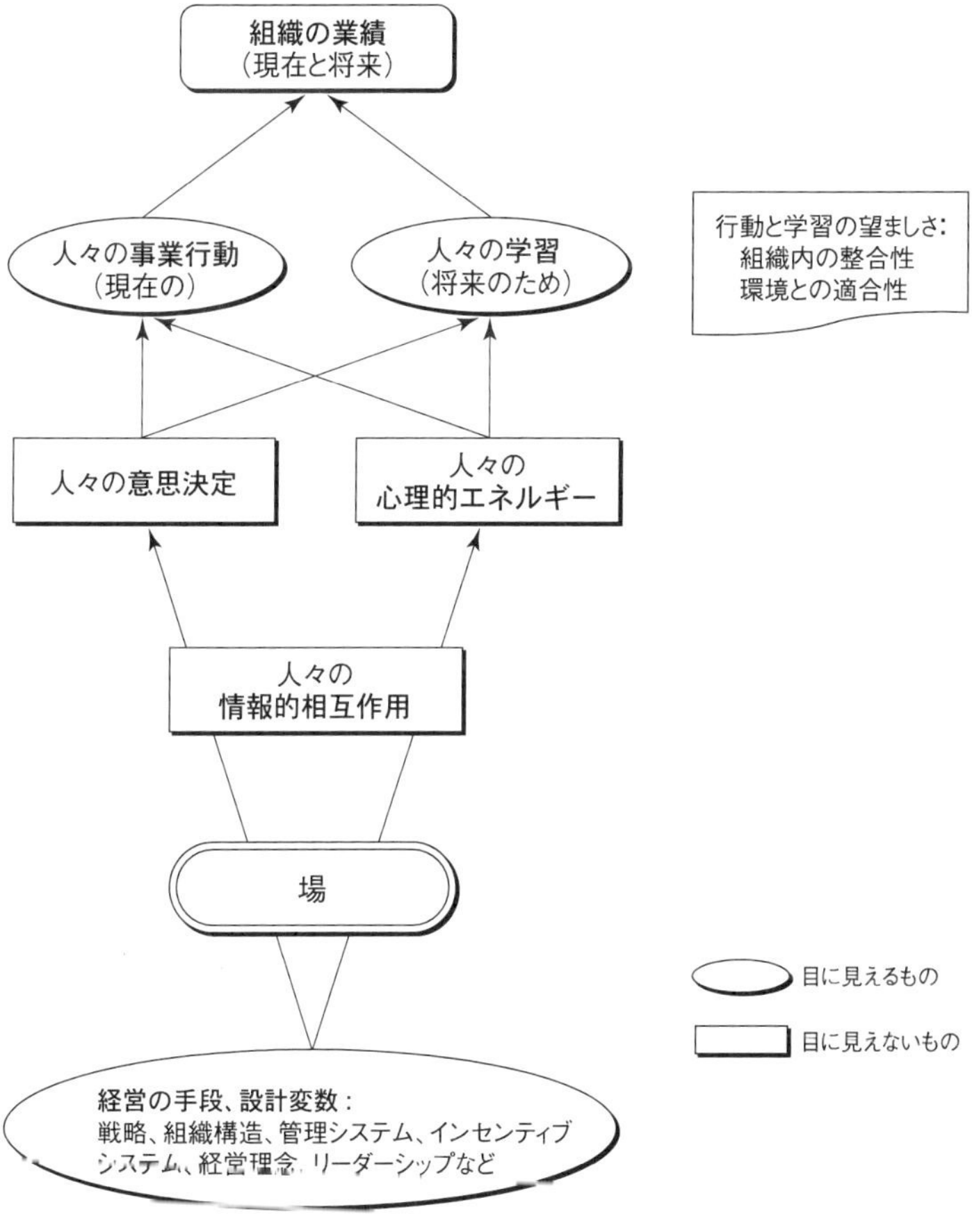
組織の業績
(現在と将来)
人々の事業行動
(現在の)
人々の学習
(将来のため)
行動と学習の望ましさ:
組織内の整合性
環境との適合性
人々の意思決定
人々の
心理的エネルギー
人々の
情報的相互作用
場
目に見えるもの
目に見えないもの
経営の手段、設計変数:
戦略、組織構造、管理システム、インセンティブ
システム、経営理念、リーダーシップなど

意味である。当たり前のことである。すべての実際の仕事は、組織に働く第一線の人々によって行われる。彼らの行動が、外部の環境条件と絡み合って、組織の業績を決める。

したがって、経営する人間はあくまで間接的にしか業績への影響をもてない。それゆえに、経営に関するボックスが、この図では下半分にあるのである。ただし、経営する人間が直接的に事業行動そのものを行う場合には、その人が業績へ直接的な影響をもつ。それは「人々の事業行動」の一部を経営者もまた行っている場合である。たとえば、トップセールス。

さて、組織に働く人々が組織のために現在行っているのは、現在の業績を直接的に決める「(現在の)事業行動」ばかりでなく、将来のための「学習活動」もある。この図でも、学習という活動も人々が組織の中で行う、と想定されている。組織に働く人々は現在の時点でさまざまな学習を将来の事業行動のために行うのである。その学習は、直ちには現在の組織の業績にはつながらないが、学習の成果としての情報蓄積が将来の事業行動をより適切なものにする可能性が大きく、それゆえに将来の組織の業績を決める大きな要因になるのである。学習は、それ自体が独立した活動として行われる場合もあるし、現在の事業活動を実行するプロセスで副次的に学習がなされることもある。どちらの場合でも、学習活動が起き、そこから個人と組織の情報蓄積が生まれていることに変わりはない。

こうして、「現在の事業行動」と「将来のための学習活動」が、組織の中で人々が行っていることである。その二つの活動の内容として具体的にどのようなことを行うのかは、人々の選択の結果として決まっている。もちろん、自由気ままな選択ではない。経営する人間の側からの働きかけとしての経営行動が作りだす枠組みの中で、人々が組織の目的を考えて行う選択である。しかし同時に、その選択は自分の個人としての動機や事情も考えてのものになるはずで、経営者の側が完全に指定あるいは誘導できるような性質のものではない。いわば、人々の選択は「半自律的」なのである。完全に自律的でもない、しかし完全に他律的でもない、という意味での「半自律的」である。

その選択とは、人々が行う事業に関する意思決定と学習に関するの意思決定である。図2-1で、「人々の意思決定」から「事業行動」と「学習」に矢が伸びているのが、それである。この決定は、どのような事業行動の内容をとるべきかの「意思」の決定であり、どのような学習をすべきかの「意思」の決定である。

組織のメンバーは大小さまざまな意思決定を行う。事業行動に限っても、生産の意思決定、工場建設の意思決定、製品のデザインの意思決定、部品の調達の意思決定、機械の修理の意思決定、新事業開発の意思決定、新製品の価格の決定などさまざまな意思決定が綾をおりなし、組織全体の決定の細部が、大枠が、つくられている。そうした無数の意思決定は、組織のあちこちで分散して行われていく。勝手に行われるというのではないが、分担せざるをえないほど、組織全体の意思決定の総体は複雑である。

複雑な上にさらに厄介なのは、人々が自分の担当分野の意思決定をしたからといって、それがすぐに十分な事業行動や学習につながるとは限らない、という現実である。意思を決めたあとでもそれを実行するのをためらう人・遅らせる人がたくさんいる。生半可に実行する人も多い。そして、決定の内容をどの程度実行するか、どのくらい一生懸命に行うかによって、実際にとられる事業行動や学習の濃さと程度は変わってくる。組織の業績を決めるのは、こうして「現実に実行された」事業行動である。意思決定そのものではない。

この点は、当たり前のことながら、強調する必要がある。決定することと実行することは同じではない。意思決定という観点だけで経営を考えると大きくつまずくのは、決定と実行をイコールに考えてしまうからである。

つまり、意思の決定とその実行の間には、かなり深い溝がある。それは、事業行動でも学習でも同じである。その溝の上を人々がジャンプして初めて、実際の行動が起きる。そのジャンプを人々にさせるのが、心理的エネルギーなのである。さらに、ジャンプしたあとで、実行し始めた行動を「大きな強度で」実行するにも、心理的エネルギーがいる。「大きな強度」とは、徹底的に、というイメージでとらえればいい。この二つの点を明確にするために、この図で事業行動へも学習へも心理的エネルギーから因果の矢が出ている。

比喩的な言い方をすれば、事業行動と学習は人々の「身体」が行うこと、意思決定と心理的エネルギーは人々の「頭」と「心」の中で起きること、と仕分けができるだろう。「身体」が行うことは外から見えるが、「頭」と「心」の中は外からは見えない。

こうして、行動、学習、意思決定、心理的エネルギー、この四つが人々が組織の中で行っていること、発生させているものであるが、その全体が、人々の協働の総体である。その総体を経営は何らかの形で統御しようとする。

しかし、統御のために経営が直接的に働きかけられるのは、人々の意思決定と心理的エネルギーという「外からは見えない」部分だけである。彼らの事業行動と学習は、最終的には彼らに任されざるをえない。彼らが実行者だからである。したがって、この二つには直接的には働きかけられず、意思決定と心理的エネルギーを通して間接的にのみ働きかけられる。

意思決定と心理的エネルギーは、さまざまな源泉からの影響が絡み合って生まれてくるものであろう。人々の個人としての性格や状況が、決定とエネルギーの源泉になることは十分予想される。前章で説明したような、経営の働きかけも当然に影響する。上司からのタテの働きかけが、大きく人々の決定や心理的エネルギーを左右することもあるだろう。しかし、人間は社会的な生き物である。自分の周りの人々との関係性の中で生きている人が大半であろう。したがって、前章で説明した通り、ヨコの相互作用が人々の行動、つまりは意思決定と心理的エネルギーを決める大きな要因となっている。じつは、上司からのタテの働きかけも、人々の間の社会的関係の中で濾過されたあとで、真の影響力をもつものであろう。

その意味では、組織の中で働く人々の意思決定と心理的エネルギーは、もっとも基本的には人々の間のヨコの相互作用、情報的相互作用から生まれてくる、と言ってもいい。前章で説明した図1-1は、そうした内容をもつ図であった。したがって、図2-1でも、意思決定と心理的エネルギーへと情報的相互作用から矢印が伸びている。

そして、その情報的相互作用のあり方を左右する容れものとして、場がある。図1-1の説明の通りである。だからこそ、場は重要なのである。人々の意思決定と心理的エネルギーを結局は決めている情報的相互作用が、どのように起きるか、機能するか。それを決めているのが、場のありようなのである。

では、場のありようは何によって決まってくるのか。経営という観点から見れば、さまざまな経営の手段が場の生成や機能に影響するであろう。その経営の手段の代表的な例が、図2-1の最下段に書いてある。戦略の設計、組織構造の設計、管理システムの設計と運用、インセンティブシステムの設計と運用など、さまざまな手段を用いようとする。その多くが、経営者・管理者による設計行動である。さらに細かいことを言えば、人事配置や研修プログラム、オフィスや研究所の部屋のレイアウトなどから、会議の招集、そのフォーマットなど、じつに細かい手段も多くある。そうした大小さまざまな手段が、経営者から管理者まで組織のさまざまな管理階層でとられて、組織の経営の全体が行われている。

こうした経営のための手段は、事業行動と学習に関する人々の意思決定と心理的エネルギーに働きかけようとするものであるが、その働きかけは、あくまで人々の間の情報的相互作用に影響を与えることによって可能になっている。それが、この図で「経営の手段、設計変数」と「人々の意思決定」「人々の心理的エネルギー」の間に、「人々の情報的相互作用」と「場」の二つの中間項がはさまっている理由である。場という容れものが人々の情報的相互作用のあり方を決め、その情報的相互作用が人々の意思決定と心理的エネルギーに影響を与えていくのである。

したがって、図の下部にある多様な経営の手段は、人々の間の情報的相互作用の容れものとしての場を適切につくりだせるかどうか、そしてその場をうまく生かしていけるかどうかでその有効性が決まってくる。そういう見方が、この図の背後にある基本的な見方である。

つまり、経営の具体的手段と人々の意思決定や心理的エネルギーをつなぐリンク。それが、組織の経営の全体像の中での、場の位置づけである。

構造からプロセス、そして「場」へ——ミッシングリンク

経営の働きかけは、具体的に目に見える形では、図2-1でいうところの「経営の手段」を通じて行われる（図では、「（外から）目に見える」と指摘しておいた「人々の事業行動」や「人々の学習」と同じように、楕円で表示してある）。しかし、こうした目に見える経営の手段が目に見えない「意思決定」や「心理的エネルギー」に対して、どのような形で働きかけるのか。それはこれまで経営の理論の中で、詳しく議論されることの少なかった問題である。

これまでの経営の理論は、経営組織や経営システムの「構造」に関する議論が多かった。たとえば、組織の権限体系としての組織構造、人事管理システムの設計、などである。だから、それらの理論を理解したとしても、「経営現象についてものが見えた気がしない」ということになる。構造の議論だけでは経営現象の理解には不十分なのである。

「経営の手段」と「決定」や「エネルギー」の間には、膨大な現象が起きている。この二つのレベルの現象の間には、個人の自律性と現場の自己組織が大量に存在するために、論理的にも距離がかなりある。たとえば、ある組織構造を設計すると、どのような論理経路で人々の意思決定や心理的エネルギーに影響が及ぶのか。かなり複雑な論理経路が想像され、それはわかりにくい。

ここに、リンクされるべきなのに欠けているものがあったのである。つまり、ミッシングリンク

（失われた環）がある。経営の手段と決定・エネルギーの間の間隔が広すぎるのである。この間に少なくとももう一つの概念段階を挿入しないと、経営現象は現実的に理解できそうにない。具体の手触り感覚と適度の抽象性を同時にもった説明がうまくできないのである。

この部分は、経営の「プロセス」に関する議論である。こうした経営のプロセスに関する議論は、経営現象の全体像の中での重要性にもかかわらず、それに見合った位置づけをされてこなかった。経営の全体を理解するこれまでの概念枠組みの中に、ミッシングリンクがあるのである。だから、これまでは全体像がうまくつながっていなかった。

経営の実務に携わる方々からすれば、構造についての選択は「重要ではあるが時々するもの」でしかないであろう。しかし、経営のプロセスについての選択は、毎日のように行われている。経営者や管理者の日常的な主な仕事は、プロセスへの対応である。つまり、実務の世界では、重要性の中心は構造にはなく、プロセスにある。

もちろん、プロセスについての議論がこれまでになかったわけではない。経営の理論的な分野に限っても、「非公式組織」「グループダイナミックス」「リーダーシップ」という観点からの議論はあった。しかし、プロセスはどこか二番手の扱いなのである。構造の議論のあとにつけ足すもの、サブの扱いになるもの、という傾向が強かったと思う。

ミッシングリンクが放置されてきた理由の一つは、構造からプロセスへとつながる長い連鎖を論じるのに適した概念的枠組み、あるいはものの見方があまり存在しなかったことであろう。その、従来は欠けていた基本的概念枠組みに入り口をつけられると私が考えているのが、「場の理論」の枠組みなのである。

経営管理者が直接的に工夫し、設計できるのは、経営の手段変数だけである。その設計可能変数から人々の意思決定と心理的エネルギーという二つの実質的に経営を左右している変数との間に、人々の相互作用というプロセスがあり、その相互作用の容れものとして場という概念が位置している。

場が容れものとなっている情報的相互作用は、「プロセス」が直接に関与するものである。人々がお互いにかかわり合い、お互いにコミュニケートし合い、お互いに影響し合う。そのプロセスから共通理解が生まれ、心理的エネルギーが湧いてくる、というのが場の議論の骨子である。その意味で、場の理論は経営のプロセスの議論の入り口として意味のある位置づけになりうる。しかも、図2-1のような位置づけで考えれば、構造が場を生みだすという意味で、構造からプロセスへとつながる連結概念としての役割を、場という概念が果たしうる位置にある。

構造はある意味で目に見える。しかし、プロセスの多くは目に見えない。目に見える構造から目に見えないプロセスへ。それをつなぐ理論的道具立てがいる。それが経営の理論を進化させるであろう。

場の概念と場の理論は、そのミッシングリンクを埋めるものとなりうるのである。

第3章　場のメカニズム

この本の章構成は、一種のスパイラル構造になっている。事例と概念、具体と抽象を章として交互にスパイラルに登場させている。具体的なわかりやすい現実をまず示したあとで、その現実の背後の概念や論理についての抽象的議論をする、という構造である。

序章は、全くの具体的例だけであった。そこに何かある、と読者に感じて欲しかった。それを受けて第1章では、序章の事例に共通するものは何かを帰納という形で考え、場という概念を導入し、その論理の骨格を考えた。第2章では、その場という概念、場の機能の考え方をベースに、現実の経営組織の中で「場」というものが動いている事例を、あらためていくつか紹介してみた。場というレンズで見てみると、現実はどのように理解できるか、という具体的議論であった。

この章は、前章の具体的議論を受けて、そこでの場の機能の背後にあるメカニズムを抽象的に考えてみようとする章である。場のメカニズムを概念的に詰める章、と言ってもよい。そのために、あらためて、場とは何かを概念的に定義し、場を構成する基本要素を考えることから、この章の議論を出発させよう。

1　場の定義と基本要素

場の「構成的」定義

第1章で、場を次のように定義した。

「場とは、人々がそこに参加し、意識・無意識のうちに相互に観察し、コミュニケーションを行い、相互に理解し、相互に働きかけ合い、相互に心理的刺激をする、その状況の枠組みのことである」。

この定義は、場という容れものの中で何が起きるか、を述べた定義である。その場というものを構成する要素は何かには触れていない定義であった。しかし、場が生まれるメカニズム、あるいは場が秩序やエネルギーを生みだすメカニズムを議論するためには、「何が起きているのか」という「現象的」定義あるいは「機能的」定義だけでは不十分で、場はどのような要素によって構成されているか、を考える「構成的」定義もまた必要である。

場を構成するものは何かという、構成要素の面から厳密に考えると、場はつぎのように定義される。

場とは、そこに参加するメンバーがつぎの四つの「場の基本要素」をある程度以上に共有することによって、さまざまな様式による密度の高い情報的相互作用が継続的に生まれるような状況的枠組みのことをいう。

A　アジェンダ（情報は何に関するものか）

B　解釈コード（情報はどう解釈すべきか）

C　情報のキャリアー（情報を伝えている媒体）

D　連帯欲求

場という容れものの成立のためにこうした「場の基本要素」の共有が必要なのは、この共有がなければ情報的相互作用が「密度高くまた継続して」行われることは期待しがたいからである。人間は、さまざまな状況の中でさまざまな情報的相互作用を行っている。その中には、行きずりの人間同士の意味のないおしゃべりのようなものから、企業の中の戦略会議、さらには戦場で敵味方に分かれてお互いに死にたくないと思っている前線の兵士たちが、大砲の撃ち方でお互いにコミニュケーションを始めてしまうといった情報的相互作用まで、じつにさまざまなものがある。そうした多様な情報的相互作用の中から、場という容れものの中で起きる密度と継続性のあるものだけをここでは対象にしたいのである。

場の基本要素

では、場の四つの基本要素とは、どんなものか。その簡単な説明をしておこう。

「アジェンダ（主題）」は、会議の議題がその典型例で、情報的相互作用が何に関するものかを指定しているものである。指定は、ごく詳細なものでも、あるいは一種の「方向性」のようなおおまかなものでもかまわない。「我々は何についてのコミュニケーションをしたいのか」を示すものである。これがメンバーの間に共有されていないと、いったい何に関する情報的相互作用をしているのか、わけがわからない。しかし、組織の中の会議でも、じつは本当のアジェンダが不明確なために会議で言葉が飛び交うばかりで人々の間のコミュニケーションはほとんど成立しない、といったようなことがしばしばある。そうしたとき、その会議は場としては成立しなかったと理解すべきであろう。

「解釈コード」とは、情報的相互作用に参加するメンバーが発信するさまざまなシグナルがどのような意味であるかを解釈するルールのことである。このルールを共有していないと、コミュニケーションは成立しない。ある特定の状況での特定の発言、表情、仕草などがどのような意味をもつかは、発信者の社会の慣習や、その状況に至るまでの歴史的組織的経過を了解していないと、正確な解釈ができないことが多い。このとき、解釈コードの共有とは、場の参加者がこうした理解や了解をかなり共通にもっていることである。

「情報のキャリアー（運び手、媒体）」は、会話される言葉であったり、コンピュータの画面の言葉やグラフであったりする。そうした当たり前のキャリアー以外に、もっと微妙なキャリアーも存在するのがふつうである。たとえば、会議という場の場合、そのメンバーの表情、口調などのボディランゲージも情報をキャリーするし、あるいは会議に参加すべきある部署の人間が欠席しているという事実そのものがすでに情報のキャリアーになることもある。さらには、もの言わぬ機械の存在や人々が忙しく立ち働いている行動そのものが、情報のキャリアーであったりする。

言語がキャリアーである場合、その言語を共通に理解していないと、コミュニケーションは成立しない。日本語で行われる会議に日本語を理解しない外国人が参加しても、言語でのコミュニケーションはできない。ただし、会議の雰囲気を感じるとか、特定の人の声のトーンや仕草から何かを読み取るということはできる。その場合には、声が聞こえる、人の仕草を見ることができる、というのが情報のキャリアーの共有の条件である。

このように、会議に参加していることに代表される「物理的空間の共有」は、しばしば自動的にさまざまな情報のキャリアーの共有を可能にしている。人間が五感をもち、観察能力があるからである。人と人とのコミュニケーションで、フェイスツーフェイスの重要性がよく言われる。それは、対面によって二人の人間が物理的空間を共有していることによる情報のキャリアーの飛躍的増大（たとえば電子メールでの対話と比べて）の意義を言っているのである。空間は情報のキャリアーに満ちているのである。

「連帯欲求」とは、自分以外の人々と何らかのつながりをもちたいという欲求である。ヒトは一人で生きていくものでなく、社会的な存在であるということの根源にある欲求である。他者との連関、他者との共感、そうしたものの背後にあるものである。こうした連帯欲求を共有していて初めて、情報的相互作用が心理的共振につながる。連帯欲求を人々が程度の違いこそあれ共有しているということは、他者との共通部分をもちたがっていることである。したがって、情報的相互作用で交わされる情報や相互作用の結果としてもつ状況理解について他者との共通部分を発見すると、共振が始まるのである。他人との関係をもちたがらない人間同士では、なかなか共振は起こらない。

連帯欲求には、文化的背景とかそれまでのいきさつとか、さまざまな理由でメンバーの間に高低の差がある。だから、この欲求の共有度が低ければ、同じような情報的相互作用をしていても、アジェンダや解釈コードや情報のキャリアーを共有していても、場としての機能の程度が低くなることが十分ありうる。

場が生まれるとは

このような場の四つの基本要素の言葉で考えてみると、人々の間に場が生まれるということは、場の四つの基本要素の共有が進んで、人々の集まりが場として機能できるようになることなのである。つまり、場が生まれるとは基本要素の共有がかなりの程度進む、ということなのである。

それを、これまで挙げてきた経営組織の実例に当てはめると、どうなるか。前章までの事例で場の四つの基本要素がそれぞれどのような具体的姿をとっているか、読者各人で考えていただくことを期待するが、ここでは二つの例を取り上げて、その具体的姿を例示しておこう。場が生まれるケースと場が生まれてこないケースを、一つずつ取り上げる。

序章で紹介したセブン-イレブンのオペレーションフィールドカウンセラー（ＯＦＣ）会議は、この会議を場として成立させ、場として機能させるべく、場の生成と機能に経営者が心血を注いでいると解釈できるいい例である。

この場の基本要素の第一であるアジェンダは、顧客のニーズの変化を先取りするような経営の具体的実践は何か、ということになろう。このアジェンダの共有は、会議を主宰する鈴木敏文からの講話という形で行われていることになる。

そして、セブン-イレブンの例でもっとも特徴的なのは、解釈コードの共有に鈴木が力を注いでいることである。解釈コードの一つの例は、実際の顧客の購買行動をどう理解すべきか、という解釈の文法である。鈴木はそれを「仮説検証を繰り返す」と表現し、仮説の作り方と検証のノウハウの教育をこの会議の主な目的にしている。つまり、OFCの教育活動ともいえる。「しつけになるマネジメントで繰り返し説く」という鈴木自身の言葉が教育活動の側面を象徴している。そして、教育とはとりも直さず、解釈コードの教育であり、その教育の成果が「解釈コードの共有」なのである。

また、解釈コードのもう一つの例は、誰かがある言葉を使ったら、その意味はこれこれの解釈をするのが正しい、というような発言の理解方法という解釈コードである。この会議の場合は、「鈴木がXという発言をした場合、その意味や意図はこれこれだ」という理解の仕方も一つの重要な解釈コードであろう。鈴木の講話の意義の一つは、その解釈コードを多数の人に理解させるためのしつけでもある。

この会議の情報のキャリアーの主体は、もちろん、鈴木の言葉であり、会議で配られる資料である。しかしそれに加えて、全国のカウンセラーの成功事例の発表者の態度がもたらすボディランゲージもまた、大きな刺激をもつ情報のキャリアーであろう。

そして、毎週彼らが全国から物理的に集結するということ自体が、連帯欲求の共有に大きな効果をもっていると思われる。さらには、鈴木の講話と存在そのものを通して、鈴木の心理的エネルギーが会議の参加者に伝わり、それが連帯欲求を高めるという側面もあるだろう。あるいは、OFCたちの鈴木への尊敬の念が、彼らの鈴木との連帯欲求のベースになっているという側面もあると思われる。

こうして、場の基本要素の言葉で考えてみると、この会議が巨大な場として機能するように、アジェンダにはじまる場の基本要素の共有を促進するための地道で徹底的な作業が、セブン-イレブンの経営の根幹となっていることが理解できる。

この例が場がうまく生まれて機能しているポジティブな例だとすれば、それとは逆に場が生まれない、あるいは場が生まれないようにしてしまっている経営行動のケースもまた存在する。場のネガティブな例である。前章で述べた静かな独裁者の例は、その一例である。

この例は、部下の間に場をつくらせないトップの例、と理解できる。この例には、この特定の社長ばかりでなく、組織の雰囲気を硬くし、独裁的になりがちなトップの多くに共通する点がいくつもある。

たとえば、トップからの役員の評価が具体的かつ厳しいこと。役員の仕事を細分化して、彼らの仕事を広くカバーする役割や機能をあまりつくらないこと。会議などで実務的な細かいことに口を出すことが多く、したがって該当する役員にはわかるが他の役員にはあまりよくわからないことが議論の対象になることが多いこと、などである。

いずれのトップの行動やそこから生まれる現象も、役員全体をメンバーとする場の中でのメンバーの間の情報的相互作用を少なくする方向に働くことばかりである。場の基本要素の言葉で表現すれば、アジェンダの分断、情報のキャリアーの矮小化、解釈コードの細分化、といえるであろう。情報的相互作用は少なくなり、すべて社長との直結の回路以外はないようになるのである。役員たちの集まりが、場としては機能しなくなる。したがって、そこからはヨコの共通理解も心理的エネルギーも生まれなくなる。共通理解の源泉があるとすれば、社長一人になってしまうのである。そして、タテの影響ばかりが大きくなる経営となり、ヨコの相互作用が死に、結果として組織全体の活力は低下していく。

2 場が生まれ、機能する——戦略が場を機能させる具体例から

前節の最後で、場の基本要素の共有とは、現実例ではどのようなことになるのかを、二つの例で簡単に考えてみた。この節では、一つの事例に絞って、詳しく、そうした基本要素の共有のための経営の手段とはどのようなものかを考える。さらに、そうした場の基本要素の共有がうまくいって「場が生まれた」あとで、どのようなプロセスで場の中に（あるいは場に参加している人々の間で）共通理解や心理的エネルギーが生まれてくるのか、つまり、場から共通理解やエネルギーが生まれるメカニズムはどのようなものか、それらを具体的に考えてみよう。次節で場のメカニズムをより抽象的に議論するが、その理解を助けるための具体例の詳論である。

事例として取り上げるのは、前章で紹介した本田技研工業（ホンダ）の大設備投資の例である。この決断をした藤沢武夫という希代の名経営者の経営は、「場による経営」とでも名づけたくな

るほど、場のメカニズムをうまく使った経営である。藤沢自身が「場」という言葉を中心的な言葉として多用しているわけではないが、彼の経営は「場による経営」であると、私には思える。たとえば、藤沢はホンダの役員室を大部屋にして、空間の設計による場の生成を狙った経営者である。あるいは、前章で紹介した不況期の大設備投資という戦略の決断と実行も、場の生成とその中での共通理解とエネルギーの発生の、いい例になっている。

投資の断行というたった一つの大きな決断が、どのような意味で「場」の基本要素の共有を生みだし、その場の中でどのように共通理解が生まれ、人々の心理的エネルギーが生みだされていったのか。この具体例の中で考えてみよう。

その理解のステップは、この決定によって場が生成されるステップと、その場の中で共通理解とエネルギーが生まれてくるステップに分けて考えると考えやすい（ここでもう一度、前章のホンダの事例のくだりを読み直されると、以下の説明がよりわかりやすくなるだろう）。

不況期の大設備投資からの、場の生成

まず、場が生成される、つまり場の基本要素が共有されていくステップについて。

大設備投資はカネのコミットメントである。そのために、その使途である経営の方向性ははっきりと具体的に指し示されている。この場合は、不況期の大投資によって、四輪車への参入の不退転の決意を組織全体に示したことになっている。それは、「場」の言葉で言えば、組織の人々に何が大切な「アジェンダ」であるかをわかりやすく、かつまぎれのない形で示したことになっている。

この場合、場のメンバーは、ホンダの全社員、とくに狭山製作所と研究所の人々で、彼らに対して、四輪車への参入とそのための設備投資の成功が人々の間の相互作用の最大のテーマであることを示したのである。そのまぎれのなさとわかりやすさのために、アジェンダの共有の可能性が高まっている。アジェンダが共有されることが、場の生成の第一歩である。

その設備投資を具体化し、実行しているプロセスでは、大小さまざまな出来事が組織の中に群がり起こる。たとえば、設備購入のための思考・会議・検討、導入すべき技術の検討、新工場の操業システムの検討、新しい職場の作業慣行の検討、購入のための外部との打ち合わせ、工場と研究所との打ち合わせ、機械を使いこなすための学習・準備、操業後の需要の検討と販売計画の作成。こうした出来事が、さまざまな分野の多くの人々を巻き込みながら行われていく。

それは、藤沢による大きな場の設定をきっかけとして、組織の中に小さな場がつぎつぎと生まれてきたことを意味している。上で挙げた具体的な現場ごとに挙げていけば、設備購入の場、技術検討の場、生産システム開発の場、製品開発の場、生産準備の場、マーケティングの場、などである。それぞれの場は、その場の関係メンバーが仕事の枠が決まったために自然に協力せざるをえない状況となって集まってつくった場である。さまざまなグループがそれぞれのローカルな場をつくり、情報的相互作用を始めたのである。

こうしたローカルな場で、アジェンダ設定がそれぞれに行われる。そのローカルアジェンダにとって、この設備投資が人々の常識はずれの規模と時期に行われていることの意味は大きかったろう。それは、チャレンジングな目標（つまりアジェンダ）を設定せざるをえないと多くの人に納得させたのである。
たとえば、設備購入の場では、「三倍論」という形で具体的なアジェンダが本田宗一郎から提示され、それを技術者たちが受け入れるようになる。機械設備の準備段階での技術者の間の情報的相互作用のより具体的なアジェンダが、そういう挑戦的なレベルで決まるのである。あるいは、製品開発の場でも、「何としてもあっと驚くような製品開発を」というアジェンダ設定が行われるようになる。それが、N360の開発につながった。

場の基本要素の一つである情報のキャリアーという点で言うと、この設備投資に伴う作業がさまざまな情報のキャリアーをつくりだしている。たとえば、大きな最新鋭の機械が近くに搬入されれば、それ自体が情報のキャリアーになっている。またその据え付けに忙しく働く人々を見て、周りの人々もまた刺激される。その場合は、忙しく行動しているということそのものが情報のキャリアーになっている。

人間という高度な情報処理装置だからこそ、「もの言わぬ機械」「もの言わぬ行動」がそのまま「情報のキャリアー」となりうるのである。

そうした情報のキャリアーが伝えるのは、あくまで「信号」である。それが共通性のある解釈をされてこそ、人々の間の共通理解が深まり、それが心理的共振を生んだりしていく。その解釈のための「解釈コード」は、ホンダに長く働いている人々で、しかも本田・藤沢の薫陶を受けた人々が設備投資プロジェクトの中心的役割をもった人々の間に多かっただけに、きちんと共有されていたのであろう。

以上で、アジェンダ、情報のキャリアー、解釈コード、という場の基本要素の共有という点でこの大設備投資プロジェクトがどのような影響をもったかを考えてみたが、連帯欲求については、どうだろうか。

この点でも、この時期までのホンダの成長と本田宗一郎と藤沢武夫という二人の創業経営者の大きな影響を考えると、そもそも連帯欲求の強い人々が多かったと思われる。ホンダはこの設備投資の時点でまだ創業一五年程度であったが、その間すさまじい成長をしてきた。その成長がこの二人の経営者の類いまれなリーダーシップに負うところが多いことは周知の事実である。この二人の言うことなら、と一緒についていこうとする気持がすでに強いのである。

しかも、四輪車への参入が本田宗一郎の悲願であったこともまた、組織の中でよく知られた事実であった。そしてすでに四輪車のF2レースに参戦して大きな成功を収めていた時期でもあった。そうした状況での、「不況期の大投資」なのである。だからこそ、人々の連帯欲求の共有にも大きくプラスに機能したであろうと思われる。

このように、この大設備投資は、まぎれのない即物的な「場」を大小さまざまに組織内に発生させる、大きな波を作りだしたのである。

ただし、それが可能になったのは、たんに大設備投資の決定をしたからだけではないのは以上の叙述から明らかであろう。場の基本要素の共有のための基礎条件が、この時期のホンダにはかなり整っていたのである。藤沢武夫と本田宗一郎がこの設備投資の決定の時点までに行ってきたホンダの経営は、そうした場の基本要素共有の基礎条件を整える作業にもなっていたのである。そうした作業は、いわば場のインフラ整備とでもいうべき作業である。それは、次章で述べるように、場のマネジメントのきわめて重要な部分である。

投資プロジェクトでの、「共通理解」と「エネルギー」の発生

さて、こうして組織の中でさまざまな場が生まれるステップは理解できたとして、それらの場の中でどのように共通理解という情報的秩序が生まれ、心理的共振という心理的エネルギーが生まれてくるのだろうか。

たとえば、機械設備購入に関係した人々の間で生まれた「場」の中で、どのようなことが起きるか、例示的に考えてみよう。

機械設備の購入に関係した人々とは、決して機械設備メーカーと購入交渉をする人々だけではない。機械を購入すればそれを当然運転する。その運転の作業を担当する人々もまた、関係者である。新機能をもった機械なら、その運転のノウハウをどのように作業者が身につけるかを考えておかなければ、買った機械が無駄になる。さらに、機械を運転していれば当然、保守の問題が発生する。保守をどのようにするかを考えて、どの機械が買われるべきかを考えなければいけない側面がある。機械設備の購入はたんに性能のスペックと価格だけの問題ではないのである。

そうしたさまざまな関係者たちに、本田宗一郎は「プレスなら従来の三倍の回転数を」というとてつもなく挑戦的なアジェンダを設定した。そのアジェンダが共有されたところを出発点として考えてみよう。

まず、そのアジェンダに沿って、環境探索活動が起きるだろう。どこにそんな機械があるのか、という探索である。その結果、いくつかの機械が候補として挙がり、それぞれの機械の内容についての情報が、外からの信号入力として、この場に入ってくる。

その信号をきっかけに、さまざまな情報的相互作用が起きる。設備購入担当者は、それを買うと生産システムの他の部分の機械はどのような機械にしなければならないかを考え始める。生産計画担当者は、それでどれだけの生産が可能かを考え始め、現場作業担当者は、候補のいくつかの機械をそれぞれをこなせる作業者の訓練を議論し始める。設備メンテナンスの部門も、メンテナンスの問題について意見を言ってくる。サンプルの機械がくれば、皆が集まってきて、見ていく。

そうした中で、場の共通理解が生まれてくるプロセスはどのようになるだろうか。

ありうるシナリオはつぎの通りである。まず場の中に、候補の機械ごとに支持者が生まれる。場のメンバーはまず狭い範囲で意見の合う人々、共感できる人々を求め合うような行動をとり、そこで、「そうだ、そうだ」という声を発する人々が自然にグループを形成するようになる。

その意見は、かならずしもセクショナリズムの意見ではないであろう。保守の人間が保守しやすい機械だけを主張する、というわけではかならずしもなく、皆が他の部署のことも自分なりに考え、全体ではどういうことが必要かも考えている。しかし、個々の人はそれぞれに「全体の必要性」についてのイメージをもち、それにもとづいて彼なりの「総合判断」をしている。その総合判断の結果が似通う連中が、それぞれ同意見のかたまりを作るようになるのである。

さらに、組織の上層部の人間には上の人間の総合判断が暫定的にせよあり、それにもとづいて上からのプッシュや説得が場のメンバーに加わることもあるだろう。

いくつかの意見が出るうちに、異なった意見のグループ相互の間の意見交換も起きるようになるだろう。それは会議の場での意見交換かも知れないし、工場の廊下ですれ違ったときにちょっと意見を聞いてみる、という形かも知れない。

グループ間の意見交換のプロセスがさまざまな形で行われていくうちに、全体として勢力の強い意見はどういうものか、ということがわかっていく。その主力の意見が、各グループの中の一人ひとりにフィードバックされていく。そのフィードバックをもとに、各人がふたたびそれぞれ個別に自分なりの理解を作っていく。その結果、各人は周りを見渡し、ときにはそれまでのグループとは違う人々と共通の意見をもち始め、ときには元のグループのままでしかしグループとしての意見が多少変わっていく。

こうしたプロセスが何度か繰り返されるうちに、次第に場の中で意見の収れんが起きるだろう。多くの人がそれぞれの候補機械の利害得失を共通に理解し始め、ホンダの現在の状況にどれが一番よさそうかという共通の見解が生まれるのである。あるいは、場の全体を統括している立場の人が、議論の集約に向けて動くことによって起きる収れんもありうるだろう。

そんな収れんが起きかけているときに、新製品として大々的に生産するはずのN360はこうした形状をしている板金を作る必要がある、という情報がこの場にもたらされたとしよう。これもまた、機械購入の場にとっては、場の外の環境についての情報である。

その新しい外的シグナルを受けて、再び情報的相互作用が巻き起こる。その結果、別の機種が有力候補に挙がってくる。そしてその議論も、次第に収れんしていって、複数の候補機械のうちの、どれかが主力候補となっていく。場の統括の責任者の意見で、議論に片をつけることもあるだろうし、自然に一つの候補に多くに人の意見がまとまることもあるだろう。

このように、どのような機械が必要か、そしてどの候補機械がよさそうか、という共通理解が生まれてくる。そして、その相互作用を通して、そのプロセスが健康でダイナミックなものならば、「これは大変だが面白いことになりそうだ」という思いを多くの人が共有するようになる。それが皆の心理的エネルギーを高めることになる。その心理的エネルギーは、自分の意見が結局通った人たちだけに限るものではない。自分が最初にもった意見が最終的には通らなかった人々も、プロセスが健康ならば、不満ではなく期待をもつことはよくあることである。

こうして場のプロセスが最終段階に達したと判断したら、場の統括の責任者は、そこで「もう議論はやめる」と終止符を打ち、購入する機械を決める、ゴーサインを出す、という行動に移る必要がある。いつまでも議論を続けているわけにはいかない。機械を時間に間に合うよう買わなければならないのである。

ここまでのプロセスは、こうして書くといかにも時間がかかりそうだが、この設備投資が大規模で挑戦的なもの、そして直ちに新しいN360の生産につながるものとの共通認識が組織の中にあるだけに、案外時間そのものはかからない。あちこちで、上で書いたようなプロセスがものすごいスピードで動いていく。

そのプロセスが一応終わるのは、場の中でどの機種がいいかの共通理解が生まれたときである。

いわば、設備購入の場の一つのサイクルは、ここで終わる。そのときには、じつは機種選定が実質的に終わっている。しかも、そればかりではない。メンテナンスの問題へのとっかかり、作業者の訓練計画、据え付けのスケジュール、など多くの問題への最初の案が、すでに生まれ始めている。設備購入の場にこうした人々が参加し、あるいはその場に直接的には関与しなくても、その場の議論を横目で見ている。その結果、たとえば「この機種ならばメンテナンスはこう準備しておく必要がある」、という理解がすでに生まれているのである。

場が生まれていればこそ、こうしたことがスムーズにいく。機械の性能も、その保守も、そして運転ノウハウの確保も、多くの事柄が自然に調整をとった形で進められていく。共通理解が生まれているからである。さらに、人々が忙しく立ち働く様子は、直接的にこの設備投資の担当でない人々の心理をも刺激し、工場全体が活気にあふれてくるのである。

こうして、共通理解の誕生を中心とする場のプロセスは動いていく。そのプロセスでの情報的相互作用がさまざまに起きることによって、もちろん、その渦中の人々は個人的に学習をする。他人の意見を学習するだけでなく、他人の意見や新しく見る機械などに刺激されて、陰に陽に人々はさまざまなことを学んでいくだろう。それは、技術的知識であったり、組織の中の人脈の情報であったり、さまざまな個人的な情報蓄積が生まれてくるだろう。

この個人的な情報蓄積をベースに、そこに先に述べたプロセスで生まれる共通理解が加わると、組織として意義のある情報蓄積、組織的情報蓄積が生まれてくる。その蓄積は組織の能力に転化されて、設備投資の実行段階で役に立っていくであろう。たんに上のほうの偉い人が一人で購入すべき設備を決め、その指示を出すだけ、というプロセスと比べれば、組織的情報蓄積へのインパクトの大きさは比べものにならないだろう。場のプロセスは組織能力を高めるためにも機能するのである。

以上の説明は、この大設備投資プロジェクトが生みだしたさまざまな場の中で、設備購入の場を例として選び、そこで機種選定を中心にした場の一つのサイクルがどのように進むか、どのように共通理解と心理的共振、そして情報蓄積が生まれるか、を例示しただけである。そのごく一部を書いただけで、上の例示のような長さになってしまっている。

これ以外にも、多くの行動が設備投資に伴って起きていく。それぞれの行動が組織としてとられるまでに、さまざまな場で相互作用とコミュニケーションが起きている。一つの設備投資の決断と実行から、多くの情報的相互作用が巻き起こり、それらがいくつもの場を生みだし、それぞれの中で共通理解とエネルギーの発生、そして情報蓄積につながっている。

企業の運営の現実は、こうしたさまざまな情報的相互作用が群がり起こっている、その巨大なかたまりを運営していくことである。その運営をすべて経営する側の直接的な働きで左右しようとするのは、実際上不可能である。それゆえに、場のプロセスのような半ば自然発生的な相互作用のプロセスから、共通理解・情報蓄積と心理的共振が生まれてくれれば、経営の大きな助けになる。

とくに、共通理解が半自律的に生まれてくることの意義は強調されていい。共通理解とは、組織の全体としてとられるべき行動の全体像について、人々がある程度共通したイメージをもつようになることを意味する。そのイメージ共有のゆえに、おそらくは組織のあちこちで分権的あるいは自律分散的に行われるであろう多くの意思決定が、全体として整合性がかなりとれたものになる。もちろん、重要な点での調整が意図的に行われることもたしかであろうが、しかしその調整プロセスもまた、共有されたイメージゆえに楽になっている。

それが、場のプロセスの中から「共通理解」と「エネルギー」が生まれてくることの最大の意義である。

3　共通理解と心理的エネルギーの発生メカニズム

場のメカニズムの概要

前節では、場の生成と場の中の共通理解・心理的エネルギーの発生を二つのステップに分けてホンダの例で具体的に例示し、さらに情報蓄積がどのように生まれるかも説明した。場の情報的相互作用から個人的な情報蓄積が生まれてくるメカニズムは、おそらくそれほど難しくない。情報的相互作用からの刺激で個人が自学自習をさまざまな形で行う、ということである。情報的相互作用が、個人に気づきを与え、その刺激が学習活動を活発化させ、その結果として個人的情報蓄積が生まれる、と考えればよい。

しかし、情報的相互作用の中から共通理解とエネルギーの生まれるメカニズムは、かならずしも自明ではないであろう。どのようにして人々は「当初はばらばらであった状況理解」から「共通の状況理解」に至るのか。そして、どのようにエネルギーが生まれてくるのか。共通理解とエネルギ

図3-1　共通理解とエネルギー

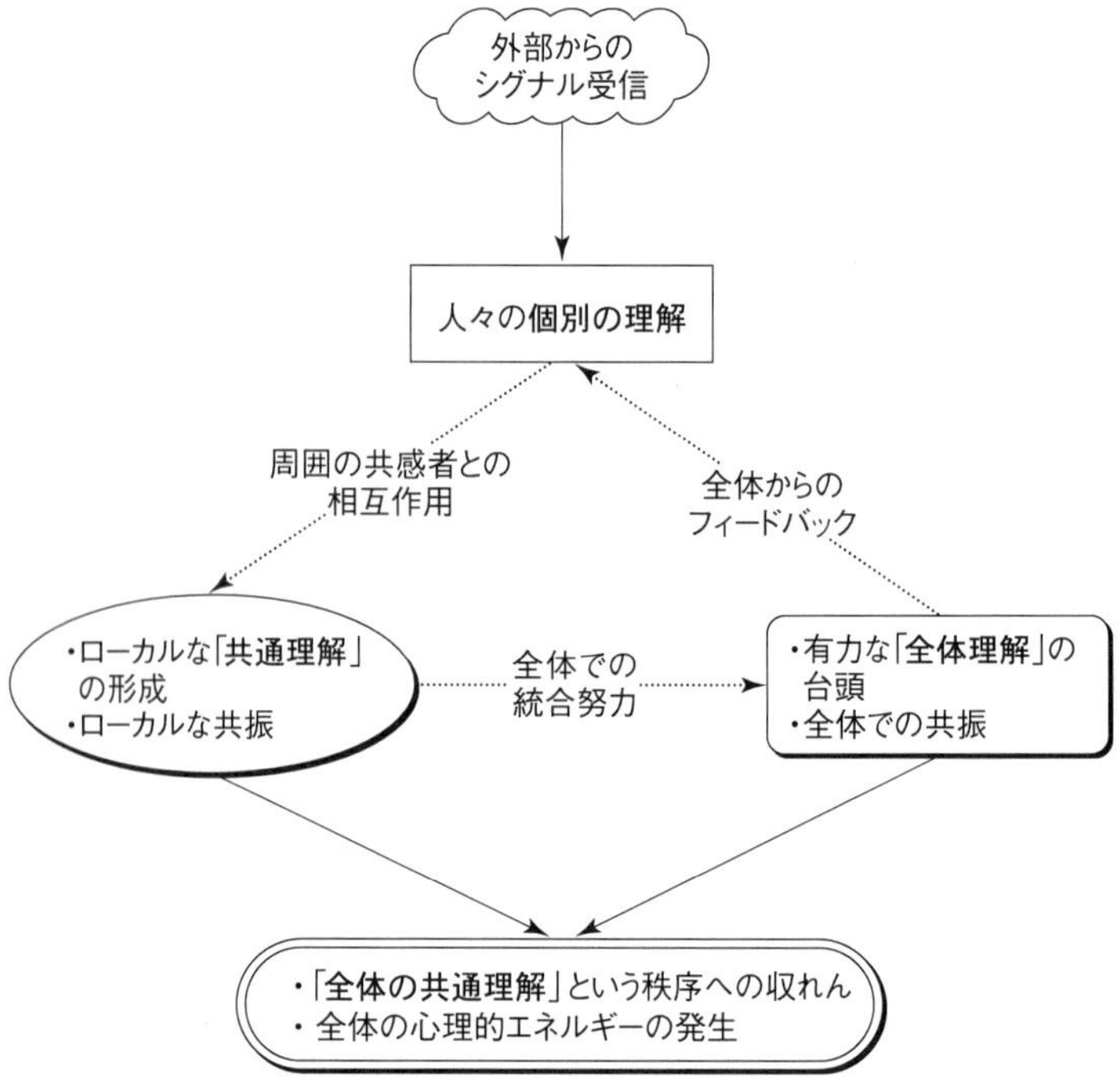

ーの発生のメカニズムは場のメカニズムの中核である。それについて、この節では論じよう（場の生成については、第4章でよりくわしく述べる）。

ホンダの事例を使って例示しようとしたそのメカニズムの一般的な概要をまとめれば、図3-1のようになるであろう。

場のメカニズムが機能し始めるのは、場が生まれたあとである。つまり、場のアジェンダ、解釈コード、情報のキャリアー、連帯欲求のかなりの共有ができたあとのことで、そのメカニズムの始動のきっかけは、外部からのシグナルの受信である。

前節の例で言えば、いくつかの候補機械についての情報が外部からのシグナルという形で組織にもたらされたあと、それに対して場としての共通理解を生む必要が生じるところから場の中での情報的相互作用が始まる。

その外部からのシグナルの受信は、場のメンバーの各人に何らかの理解を生むであろう。図3-1の外部シグナルからの矢印である。中には、「どの機械がいいのかわからない」という理解もあるだろうが、多少の判断をこの段階でもつ人もいるだろう。そうしたさまざまな個別の理解をもった人々が、自分と接触の多い人々との間で相互作用を始める。そして、自分と意見の近い人とはより強い相互作用をするだろう。その結果、そうした近い人のローカルなグループでローカルな共通理解が生まれてくる。

さらに、共感のある人々との接触からその人たちの間にローカルの共振も生まれるだろう。これが、人々の個別の理解からローカルな共通理解、共振へつながる矢印の意味である。それをつなげているのが、周囲の共感者との相互作用である、という意味で矢印の上にそう書いてある。

そうしたローカルな共通理解が一つの場の中のあちこちで生まれ始めても、違うグループの理解とは隔たりがあることが多いであろう。そこで、グループ間の意見交換、調整のプロセスが動きだす。それが、「全体での統合努力」である。このプロセスは、会議でも廊下での立ち話でもいい。

そうした統合努力が続くと、いくつかのグループのローカルな理解を全体として統合して「全体理解」として勢力の強いものが明らかになってくるであろう。勢力の強さとは、支持者の数という多数決原理かも知れないし、有力なメンバーの支持あるいは上の人間の意思表示、というものかも知れない。それはその場にできている「統合の仕方の了解」に応じて生まれてくるものである。

勢力の強い「全体理解」は、有力な全体理解として台頭する。さらに、ローカルなグループ間の相互接触のプロセスは同時に相互刺激のプロセスともなりえて、全体での共振につながる。こうして暫定的に生まれる主力の全体理解の情報、あるいは主力以外にもどのような理解がありうるのかという情報が、個々人にフィードバックされる。そのプロセスが、主力の全体理解の枠から個別理解への矢印の意味である。それは、「場の全体」から個人へのフィードバックである。

そのフィードバックのプロセスは、さまざまな具体的形をとりうる。各人の間に誰からともなく情報が回る、調整のためのミーティングの結果が各人に知らされる、さらには、ホンダの機械設備購入の例なら、ある候補機械がサンプルとして搬入される作業を見た人々が、これが主力候補かという了解を暗黙のうちにする。全体から個へのフィードバックのプロセスはじつにさまざまで、それが多様に用意されていることが「いい場」の一つの条件であろう。

この全体情報を受けて、個々人の理解はおそらく変容するであろう。その変容後の個人の理解を第二の起点に、前回と同じローカルな共通理解形成のプロセスがふたたび始まる。パターンは前回と同じで、しかし個人の理解や共感の相手が変わっている可能性があるのである。

こうして、点線の矢印でつながった三角プロセスがぐるぐると回ることになる。このぐるぐる回りのループを、次項で言うように「ミクロマクロループ」と呼ぶ。個人というミクロと、全体理解というマクロとをつなぐループなので、こうした名前がついている（このミクロの個とマクロの全体の関係性のあり方は、清水博が生命関係学で最初に提唱してホロニックループという名前で呼び（清水［一九八六］）、今井賢一と金子郁容がネットワーク論に適用した際にミクロマクロループと呼び換えた考え方である（今井・金子［一九八八］）。

ミクロマクロループが何回か回っているうちに、優勢な全体理解を多くのローカルなグループが共有するようになることがありうる。つまり、ある有力な全体理解が支配的になるのである。その時、「全体の共通理解」が生まれたのである。それへの情報的収れんが起きたのである。

ローカルな共通理解と有力な全体理解から、「全体の共通理解」へ向かう二つの矢印は、そうした意味である。

そのときが、場のメカニズムの一つのサイクルがいったん終わるときである。その収れんに至るまでのプロセスで、相互刺激が起き、全体的な心理的エネルギーが生まれていることがしばしばあるのである。

個と全体を結ぶもの――ミクロマクロループ

こうしたプロセスでもっとも大切なのは、場のメンバーという「個」と場の「全体」とを結ぶものである。そうした全体との結びつきがあるからこそ、個は全体のことを考えながら個としての選択を行うようになれる。

個と全体とを結ぶものは、すでに名前を挙げた「ミクロマクロループ」と呼ばれるフィードバックループである。このループの中で、図3-1にあるように、次の三つのタイプの相互作用が起きるのである。

(1) 周囲の共感者との相互作用
(2) 全体での統合努力
(3) 全体から個人へのフィードバック

つまり、組織のメンバーは、他のメンバーとの間の情報交換を行いつつ、メンバー全体の動向がどう進んでいくかもにらんでいる。その「全体動向」との間で自らフィードバックをしながら自分の行動や発信を決めていく。つまり人々は、自分が全体との関係で存在することをつねに意識しながら、その意味で全体を自分の中に取り込んで、他者との関係の中で自己の行動を決めていこうとする。それは決して「他人依存的」と表現すべき行動様式ではなく、全体の中に自分を位置づけようとする「全体の衣を着た個」なのである。こうして自発的に起きている「個」と「全体」を結ぶループを、ミクロマクロループという。

ミクロマクロループの中で、人々はさまざまな情報的相互作用を周りの人間や「マクロという全体」と行いながら、そして人々はそれぞれに自分の属する部分の全体像を描きながら、自分の行動についての判断を形成していく。つまり、ミクロのレベルの情報（各メンバーのもつローカルな情報）とマクロの情報（それらが何らかの形で統合された、全体を覆う情報）との間にフィードバックが起きていくのである。このミクロマクロループを巧みに提供できるところに、場のよさの一つの本質がある。

このループは、ヒエラルキーの命令系統とは違う。その命令系統を中に含みながら、しかしそれよりも幅広く、個人が場の全体の動きを感じるためのループである。このループが機能するからこそ、個人は自律的でありながらしかし全体としての共通理解が生まれうる。

生命組織の細胞の間にもミクロマクロループはある。オーケストラのメンバーの間にも、ミクロマクロループが生まれる。だからこそ、自律的な行動から共通理解という秩序が生まれる。セブン-イレブンにも、キヤノンにも、また他の例示した企業でも、さまざまなミクロマクロループが生まれている。

情報の自律分散処理の基本的なメカニズムが、このミクロマクロループなのである。

基本要素共有の意義

ミクロマクロループを機能させるために、じつは場の基本要素のメンバーによる共有が必要になる。場の成立のためには場の基本要素の共有が必要だ、と第1節で書いたが、場の成立とはミクロマクロループの成立のことなのである。

では、図3-1で場の基本要素がメンバーに共有されていることが、どのように場の機能、つまりはミクロマクロループの機能を助けているのか、少し検討してしてみよう。

まずアジェンダの共有は、情報的相互作用の焦点の共有である。それがあるからこそ、「何についての共通理解をつくろうとしているのか」という了解が関係者の間に生まれる。この図の言葉で言えば、「全体」とは「何についての」全体なのか、という了解の成立のために、アジェンダの共有が必要だ、と言い換えてもよい。

解釈コードの共有は、周囲の共感者との相互作用を行うときに、各人が伝えようとするメッセージが互いに意図通りに理解されるために必要なことになる。さらには、外部のシグナルの各人の理解についても、解釈コードが共有されていれば、比較的類似の理解からの図3-1のプロセス全体が出発できることになるだろう。

情報のキャリアーは、その解釈コードで解釈されるべきメッセージを送る伝達手段のことである。運ぶ船のようなものである。したがって、その共有と使いやすさは、図の点線の三角プロセス（周囲との相互作用、全体での統合、全体からのフィードバック）のすべてが効率的に進むかどうかの鍵をにぎっている。

簡単にメッセージが送れるのであれば、自然にメッセージが場のメンバーの間で行き交うのであれば、三角のプロセスはすべて早く動くであろう。たとえば、大部屋役員室という「物理的」空間を共有しているために、さまざまな情報のキャリアーが利用可能になる。工場という空間で設備投資プロセスが火事場騒ぎで進んでいくために、もの言わぬ機械の搬入が情報のキャリアーになったりする。

あるいは、場を活用する経営の現代的な例として挙げたセブン-イレブンが、コンピュータを中心とする情報技術の活用に非常に熱心な企業であることも、情報のキャリアーの共有の問題と関連している。セブン-イレブンは他のコンビニエンスストアの追随を全く許さないPOSの情報システムで有名である。こうした情報インフラがあるからこそ、情報のキャリアーが簡単に生まれ、共有される。それゆえに、場が生まれ、場のサイクルがスピーディに回るようになる。そのために、場のメカニズムが有効に機能できるのである。

以上のように、場の基本要素は場のメカニズムの機能に大きな影響を与える。その影響のあり方のよりくわしい説明と、場のメカニズム自体のさらに詳細な説明が、本章の補遺にある。場のメカニズムのさらにくわしい論理を知りたい読者は、そちらを読んでいただきたい。

一つのサイクルの収束と場の継続

図3-1のようなプロセスでミクロマクロループが動き、そして「全体の共通理解」という秩序への情報的収れんが起きるのだが、その収れんは、場のメンバー全員が同じ理解をもつまで待つ必要がない場合やそれまで待っていられない場合も多い。そうしたときにミクロマクロループの動きに終止符を打ち、「もう情報的相互作用の効果が小さくなってきたから情報交換はやめて行動に移ろう」と言いだす人が必要である。それが、第4章でよりくわしく説明する、場のマネジメントとしての「場のかじ取り」をする人である。逆に言えば、終止符を打つことが場のかじ取りの大切な仕事なのである。

こうして、外部シグナルの受信から始まった場のサイクルの一つが収束する。ミクロマクロループが一つのサイクルを迎えて、いったん終わるのである。しかしそれは、この場自体の究極の終わりでもなく、場がそれで解体するわけでもない。外部から受信された一群のシグナルに対して、一応の共通理解が生まれ、人々がそのシグナルに対応する行動に移る、という意味での一サイクルのミクロマクロループのプロセスの終わりにすぎない。たとえば、ここにいい候補機械がある、という外部からのシグナルに対して、組織の中でさまざまな相互作用がもたれ、その結果として対策がまとまっていく、というような意味での一循環である。その後に、「N360ではこうした加工が必要になる」という新しい外部シグナルが入れば、ミクロマクロループのつぎのサイクルが始まるのである。

一つの場のサイクルが収束しても、場そのものは多くの場合、継続していく。ときには、新しい外部シグナルに対して、場のメンバーが微妙に変わる必要がある場合もあるかも知れない。その場合、場自身が自己組み替え能力をもっていることが多く、新しいメンバーを加えた上でふたたび図3-1のようなプロセスが起きることになるだろう。あるいは、一つのサイクルの収束とともに、場そのものが消えていくような場もあるであろう。

しかし、多少のメンバーシップの異動はしばしばあるものの、組織の中の場は多くの場合、大筋において継続していく。それは当然でもある。図3-1で描いたようなプロセスの開始から収束までの時間の長さは、ときには一日、ときには一週間、ときには一カ月、という単位の長さであろう。場は、その一サイクルのプロセスを一回行うためだけに生まれることは珍しく、こうした場のプロセスを何回も繰り返し異なった環境条件のもとで行うことになる。ちょうど組織というものがたった一つの仕事を協働的に行うために作られるのではなく、多くの場合にかなりの永続性を暗黙の前提としているように、組織の中の場もまた継続性をもつことが多いのである。

その継続が、アジェンダの共有や解釈コードの共有、あるいは連帯欲求の大きさなどを保証している部分がある。つまり、場が継続することが必要と人々が考えるがゆえに、場の基本要素の共有が自然に起きてくるのである。

それは、場の機能を高めている。つまり、同じ仲間と継続して仕事をしていくことによって、何が大事か、ある人のメッセージはどのように受け止めればよいか、といった感覚が共有されていくのである。その共通感覚の形成が、場の言葉で言えばアジェンダや解釈コードの共有なのである。そして、そうした場の要素の共有の高まりが逆に、場の継続性をさらに保証していくこととなる。多くの人は、気心の知れた同じ仲間と相互作用を起こしたくなるのである。

こうして、容れものとしての場は、ますます強固なものとなっていくことが多い。場の継続性が場の強固さの背後にある。

しかし、しばしばその強固な容れものが硬直化につながることもある。場の継続性が強すぎることは、ときに弊害をもたらすことになる。したがって、サラダドレッシングをときどきかき混ぜる必要があるように、場もかき混ぜる必要がある。あるいは、いくつかの場を離すこと、そして場の間の相互刺激によってゆさぶりを用意する必要があることもある。このような場の硬直性に対する配慮があってこそ、組織の柔軟性が保たれる可能性が出てくる。組織も、そして場も、放っておけば硬直化するものなのである。

場をつくりだし、継続させ、しかしときにかき混ぜ、さらには新たな場が生まれてくることを促す。そのすべてが、場のメカニズムが機能するためには必要なのである。

4 人間観と組織観——場の理論の背後に

冒頭の序章からこの章の前節まで、これまで伝統的であった経営の考え方とはかなり異なった色彩をもつ経営の考え方を、場という概念を中心に説明してきた。そして、現実の経営の世界では、その考え方が暗黙のうちであれ、かなり広く見られることも紹介してきた。

このような場の理論の背後には、じつは人間観についても組織観に関しても、見方としてこれまでとは違う考え方がある。その違いをこれまでの経営学分野での考え方との関連や対比という形で明示的に説明しておいたほうが、読者の理解は増すかも知れない。それが本節の目的である。

しかし、この節の議論は本全体の論理の筋からすればやや回り道なので、より理論的なことに興味のある読者にはこの節を読まれることをお薦めするが、本全体の概要をまずは知りたい読者は、この節を飛ばしてすぐに次章に進まれてもかまわない。

人間観——自律的で、しかし周りとの関係を考えるヒト

どのような見方で組織の経営を考えると、現実的でかつ洞察の深い考え方になりうるか。あるいは、組織で何が起きているか、さらにはそれをどのように経営したらいいのか。それを決める基本の一つは、人間観、つまり人間についての前提である。

私はこの本で、組織の中の人間をつぎのように特徴づけて議論を展開しようと思っている。

「組織の中の人間は、自分の行動を自分の利益のために選択する自律性をもつ一方で、周囲の人々との関係の中で協力的に全体をも考えた行動をする」。

この考え方は、バイオホロニックスあるいは生命関係学という分野で清水博が提唱している、ホロンあるいはバイオホロンという考え方と同じである。清水は、こうした存在を「関係子」、と呼んでいる（清水［一九九〇］、あるいは清水［一九九九］）。

つまり、ヒトは自律的な存在であると同時に協力的な存在でもある。あるいは、全体という着物をまとった自律的な個、と表現してもいい。

情報的な見方をすれば、ヒトは組織を構成する並列的情報処理のプロセッサーで、周囲の「関係をもつ」人々との間で情報交換を行い、自分の情報処理を行っていく。どの人たちと関係をもつかを自分で選択する自由ももつ。その関係の中で、自分が発信する情報が他者の発信する情報と絡み合って、全体からの情報のフィードバックとして自分に戻ってくる。そのフィードバックをもとにさらにつぎの関係形成や情報処理、情報発信を行っていく。そしてもちろん、そうした情報処理をしながら、その情報を蓄積していく学習能力ももっている。それが、情報的存在としてのヒトである。

さらに、ヒトはこうした情報的存在であるばかりでなく、自分が関係をもつ他の人々との間に相互励起という、類似の情報をもつ者の間での相互確認と相互興奮という作用をもつ、心理的存在でもある。いわば、似た考えの人間と接触すると心理的に共振し、情報処理活動もそれによって活発化する、そういう特性をもつのである。

組織の中の人間は、全体という着物をまとった個であるばかりでなく、優しき弱き存在としての人間でもある。人間性悪説ではない。必ずしも自己の確信だけを頼りに生きていけない、他者との信頼や協調の関係の中でこそ生きられる存在。外からの、他者からの刺激や圧力が皆無では、活発な活動を保つに必要な心理的エネルギーを自己補給できない存在。そんな優しき弱き存在としての個人を私は想定して、以下の議論を進める。性悪説でも性善説でもない、性弱説とでも言おうか。

つまり、自律性、相互励起、協力性、関係形成能力、刺激への反応、優しさと弱さ、そういうもので特徴づけられる個人が集団として情報処理を相互作用の集積として行い、その結果としての意思決定を行い、行動や学習をしていく。それが、ここでの人間観と組織内プロセスのイメージである。

エゴだけをむきだしにした人間が、お互いに疑心暗鬼になりながら、自分のもつ情報をあまり他人に知らせず、他人との関係も固定されたものと考え、きわめて限られた相互作用しかせずに、あくまで上の顔をうかがいながら命令されたことだけをする。そんなカリカチュアされた組織のイメージがよくあるが、それはヒエラルキー中心の経営観につながるものであろう。それは、この本で描いている人間観や組織内プロセスのイメージとは、異なる。

組織観——情報的相互作用の束としての組織

この本では、「組織を経営する」ということは情報的相互作用（とそこから派生する心理的相互作用）というヨコの相互作用のプロセスを経営していることだと見てみようとしている。その見方が、どのような経営のあり方が適切なのかを考える際の、人間観と並ぶもう一つのこの本の基本になっている。

こうした視点は、組織をどのように見るかという組織観に関して、近代組織論の主流からはずれる考え方である。バーナードに始まり、サイモンがその基礎を作ったといわれる近代組織論では、意思決定がもっとも基本的な概念となっている。そこでの組織のイメージは、「意思決定をする個人の集合体」である。

この視点で組織を見るとき、組織論として論じる二つの中心的課題は、第一にいかに個人を組織に貢献すべく参加するよう仕向けられるか、第二に各個人の意思決定の調整を協働のためにどのように行うか、となる。第一の課題はいわば組織が成立・存続するかという問題であり、そうして成立した組織の経営のための調整はどうあるべきかが第二の課題である。

つまり、近代組織論では組織の経営の中心的課題は、「独立な個人の意思決定の調整」ということになる。協働の体系としての組織がうまく機能するためには、各個人の意思決定は互いに整合的であることが望ましいからである。その調整のために、権限の仕組みとしての公式の組織構造が作られ、組織内のコミュニケーションの仕組みが作られる。さらに、実質的に個人の意思決定に大きな影響を与えているものとして、非公式組織の重要性が指摘される。

しかしこうした概念枠組みでは、前章の図2-1で示した目に見えない「意思決定」の長方形と目に見える「経営の手段」の楕円形との間の広大な領域をうまく説明できないし、現実的な経営への示唆も生まれにくいように思われる。

さらに、「意思決定する個人の集合体」というイメージでは、人々の間の相互作用というもっとも組織現象らしい部分——たとえば、多くの人が組織の雰囲気の中であとで後悔するような行動をとってしまう。相互作用があるからこそ生まれる現象である——を理解することが難しい。個人が独立的に想定されすぎているからである。もっと、人々の間の相互作用や関係性、そこから生まれる現場の自己組織性を正面から取り上げないと、組織の経営の概念枠組みとしては不十分なままで終わってしまう。

そこで、組織を「情報的相互作用の束」と考える視点の出番がある。個人に直接的に注目しない。むしろ、情報的相互作用そのものを直接的に経営の対象と考える。したがって、組織の経営とは、こうした情報的相互作用に影響を与えることとなる。個人に命令を出したり誘導したりすることではなくなる。いわば、個人の顔を消して、個人と個人の間の相互作用を前面に押しだしてみる（個人を直接の分析単位とせず、むしろ個人と個人の間の関係である情報的相互作用を分析単位とするという考え方は、濱口恵俊の「間人主義」の考え方につながるものである。（濱口［一九七七］）。

これは、視覚的に考えるとわかりやすい。図3-2は上司Aと部下B、Cの三人で構成される最小限の組織（三人の人間がいなければ、階層性と水平的相互作用を共にもつ組織にはならない）についての二つの組織観を図示したものである。

第一の組織観（左）は、組織を意思決定する個人の集合体として見る視点、第二の組織観（右）は組織を情報的相互作用の束と見る視点である。どちらの視点でも、三人の人間はそれぞれに意思決定をする。そして、三人の間には情報的相互作用がある。図で双方向の矢印のある線がそれを表

図3-2　二つの組織観

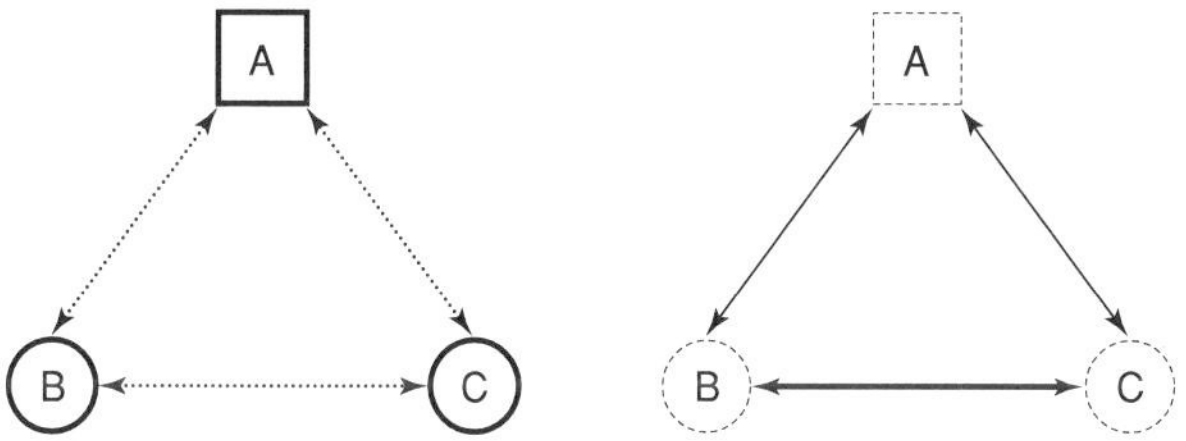

す。もっとも相互作用という言葉のイメージに近いのは、BとCの間の水平的な情報的相互作用であろうか。

第一の組織観では、点としての個人に注意を集中することになる。その点としての個人の背景に、個人を結ぶ線がある。だから、視覚的に、個人を囲む丸は実線で、個人をつなぐ矢印は点線で示してある。第二の組織観では、点としての個人を結んでいる情報的相互作用という線に主な注意を向けることになる。個人の点はむしろ背景に引っ込むことになる。したがって、個人は点線で、相互作用の線は実線で示してある。そして、部下同士の自律性の高い水平的相互作用の重要性を強調するために、実線をここだけやや太く描いてある。

もちろん、この第二の視点で組織を見ても、そうした相互作用の結果、人々は自分がもつに至った情報と理解にもとづいてかなり自律的に意思決定をする。行動をとる。しかし、意思決定はあくまで相互作用の結果ということになる。相互作用のあり方次第で、同じ個人でも意思決定は変わってくるのである。

第二の組織観をもつと、組織を経営するということの核心的部分は「組織内の情報的相互作用を経営すること」となる。しかも、相互作用とその結果としての意思決定は、以下に説明するように、かなりの自律性をもっている。人々が大きな自由度をもって実際に行っていることなのである。

だが、自律的なばかりではない。経営の働きかけもある。その働きかけによって、組織の階層の上のほうから下へ向かって、情報的相互作用と意思決定に「枠をはめる」「方向性を示す」という、「タテの影響」と第1章で呼んだ経営行動が生まれる（それが、図3-2での上司Aから部下B、Cへの矢印の重要な意味である）。つまり、人々の情報的相互作用は組織の階層性をもつ部分が出てくる。

とすると、自律性と階層性を兼ね備えた相互作用のマネジメントという、一見矛盾に聞こえそうなことをしていくのが、組織の経営なのである。これが、第1章で、タテの影響とヨコの相互作用への働きかけと、二つの経営の部分があると述べたことである。

自律性の意義

ではなぜ、階層性があるはずの組織の中の個人が、自律性をかなりもつと考えるほうが適切なのか。自律性は、図2-1の意思決定にも心理的エネルギーにもあることがすでに強調されている。組織の人々のそれぞれの意思決定と心理的エネルギーは、他人に律せられ、誘導されてその通りに出てくるようなものではない。それは、一人ひとりの個人が結局は自律性の高い存在だからである。

心理的エネルギーの自律性は、多言に及ばないだろう。個人の心の中に生まれるエネルギーは、誰かに命令されて生まれてくるようなものではない。その人自身の心理から生まれてくる。その生まれてくるプロセスに、経営と組織の中の出来事がさまざまな形で働きかけるのである。それは、ときに意外な形をとる。たとえば、祭りのにぎわいの中に入ると周囲の熱気に感染して多くの人がうきうきとエネルギーを生みだすように、熱中して仕事をしている仲間の感情空間に入り込むと、人の心にエネルギーの火が点火される。あるいは、社会に貢献していると実感できるような仕事に主体的に参加できる機会が、人の心理的エネルギーを引きだしたりする。あるいは、もっと当たり前の例としては、多くの金銭的な報酬が高い業績を達成すれば得られるという仕組みが、人々のエネルギーを駆り立てることもある。

しかし、これらすべての例で、エネルギーの発生と経営の働きかけの間の関係は確定的なものではない。エネルギーは生まれるかも知れないし、生まれないかも知れない。最後は、個人の自律に依存する。

意思決定に関しても、組織の中の人々は実際にかなりの自律性をもっている。たしかに人々が意思決定する分野あるいは範囲は、組織の中の役割分担の中で大きな枠として決まってはいるだろう。だが、その枠の中で具体的にどのような内容の決定をするかについては、つぎの二つの意味でかなりの自由度が実際にはあるのである。

第一に、組織は分権せざるをえない。一人の人間の情報処理能力に限界があるからである。それが分担、分業の基本的な理由である。分権すれば、その件についての意思決定は基本的に分権された人に任されたことになる。完全な自由度はなくとも、かなりの自由度をその人が実際にはもってしまう。

第二に、権限の分散があるばかりでなく、意思決定につながる情報処理も分散的に行われる。多くの人が、自分が手に入れた情報、自分がその情報から発見した意味にもとづいて決定を行っている。そして、その情報処理のために、人々は情報を交換し、コミュニケーションを保つ。そうした情報交換の全体がこの本で「情報的相互作用」と呼ばれることなのだが、情報交換行動は分散的に、個々の人の自律性のもとに基本的には行われる。中央のコンピュータがすべての情報処理の根幹を司る、というイメージではなく、個々のパソコンが自律的に情報処理を行い、そしてそれぞれをつなぐネットワークが存在して、ネットワーク全体として分散処理が行われている。そういうイメージである。

分権と分散的な情報交換は、組織のそれぞれの人々の意思決定がかなりの自律性をもって行われざるをえないことを意味する。もちろん、自律性は完全なものではない。それでは、組織としての協働がおぼつかなくなる。協働のために、経営の働きかけは人々の意思決定の間の整合性をとって、各人の決定が足並みの揃ったもの、つじつまの合ったものにしようとする。それが、調整の努力である。調整の必要があるという事実自体が、じつは意思決定が基本的には自律性のかなりあるものであることを意味している。

こう書くと、意思決定での個人の自律性は組織にとって必要悪なのか、という疑問が出るかも知れない。そうではない。積極的な意味もある。それは、個人の自律性とイニシアチブを尊重することによって生まれるメリットがあるからである。

第一に、情報的な意味では、それぞれの人に決定を任すことによって、その人がもっている情報、集められる情報をもっとも雑音なく有効に使える、というメリットがある。その人がもっている情報を報告させて誰か上の人が決定するようにすることもたしかにありうる。しかしそれをすると、情報のゆがみ、遅れ、漏れが、かならずと言っていいほど生じてしまう。

個人の自律性とイニシアチブの尊重の第二のメリットは、心理的エネルギーへの好影響である。自律性が高ければ、その人は自分の仕事を自分でコントロールする割合が高いことになる。多くの人にとってそれは、他人に命令されてただ従うだけという場合よりも心理的エネルギーを駆り立てられる可能性が強い。

自己組織化の大切さ

しかし、個人の自律性だけを強調すると、あたかも個人が砂浜の砂のごとくに互いにつながりをもたない独立の存在としてとられかねない。しかし、それも偏っている。自律していながら、個人は現場で自己組織現象を起こすのが、多くの組織の現実である。

人々は組織の中でたんに個人として広野の一本杉のように存在しているのではない。彼らの現場には周りの人々がいる。その周りの人々のとる行動に影響され、あるいは自分が周りの人々に影響を与え、現場で一種のグループ現象がほとんどかならず起きる。その多くは、自己組織的なものである。上から命令され、あるいは誘導されて現場の人々の間の相互作用が発生するばかりでなく、彼ら自身の間で、自然にグループ行動が起きる。

それを、自己組織化現象という。自己組織化とは、外部からの介入がなくとも自分たちの間で秩序をつくる、あるいは構造を変えるという意味での「組織化」が起きるということである。誰か外の人が組織化をするのではなく、自分たちで組織化してしまう。

たとえば、企業の営業の現場担当者が急激な需要変化に対応するために工場の現場の人々と話し合って製品の出荷スケジュールを変える。あるいは、さらには出荷の仕方の仕組みそのものを変えていく。

あるいは、部品工場が火災になって操業不能になったとき、その工場と類似製品を作っている社内の他の部品工場や関連会社の工場が即座に連絡を取り合って、失われた生産を取り戻すために自分たちが緊急生産で何を作るかを考え始める。本社の細かい指示を待つのではなく、自分たちで自律的に組織化が始まる。もちろん、そのあとで本社も乗りだすのだが、現場の動きは自己組織的に動きだす。それは実際、一九九七年二月に起きたアイシン精機のブレーキ部品工場の大火災をきっかけに、トヨタグループの各社の間で起きた現象である（西口・ボーデ［二〇〇〇］）。

経営の働きかけは、このように個人の自律性と現場での自己組織性をもった組織の人々に対して行われるのである。それが、情報的相互作用の束として組織を考えるという組織観の含意である。

第3章補遺　場のメカニズムの詳細

図3-1では、ミクロマクロループを中心に、場の中で共通理解という情報的秩序と心理的エネルギーが生まれてくるメカニズムの概要を描いた。この場のメカニズムをさらに詳細に描き、どのように場の一つのサイクルが始動し収束するかをくわしく図示したのが、図3-3である。場のメカニズムと場の基本要素との関係もくわしく述べてある。

この図で、八角形の枠（マクロ情報秩序と心理的共振）は場の機能の結果として最終的に生みだされるもので、場のアウトプットと呼んでいい。共通理解のことを、専門的には情報秩序と呼んだりするので、この図では共通理解のことをマクロ情報秩序と表現してある。共通理解ができるということは、人々がもつ情報の間に秩序が生まれていることと同じだと解釈すればよい。

角の丸い長方形（単位時間当たりの意味ある情報フロー量など）は、場での情報的相互作用のプロセスの間に出現するもので、場のアウトプットへの媒介項である。そして二重枠長方形（アジェンダ共有度など）は、場の基本要素で経営者・管理者がある程度設計あるいは準備できるものである。雲形は外部からのシグナルで、外部からのシグナルを場のメンバーの誰かが受けて、それをきっかけとしてすべての情報的相互作用が始まるのである。図3-1と同じである。

まず、場での情報交換のきっかけは、場のメンバーの誰かが外部からの何らかのシグナルを受信することである（図の一番上）。そのシグナルがその場にとって意味のあるものであるかどうか、どのくらいの意味があるか、の判断はアジェンダに照らして行われる。場のメンバーの誰が外部からのシグナルを受信

図3-3　場のメカニズム：マクロ情報秩序と心理的共振の発生

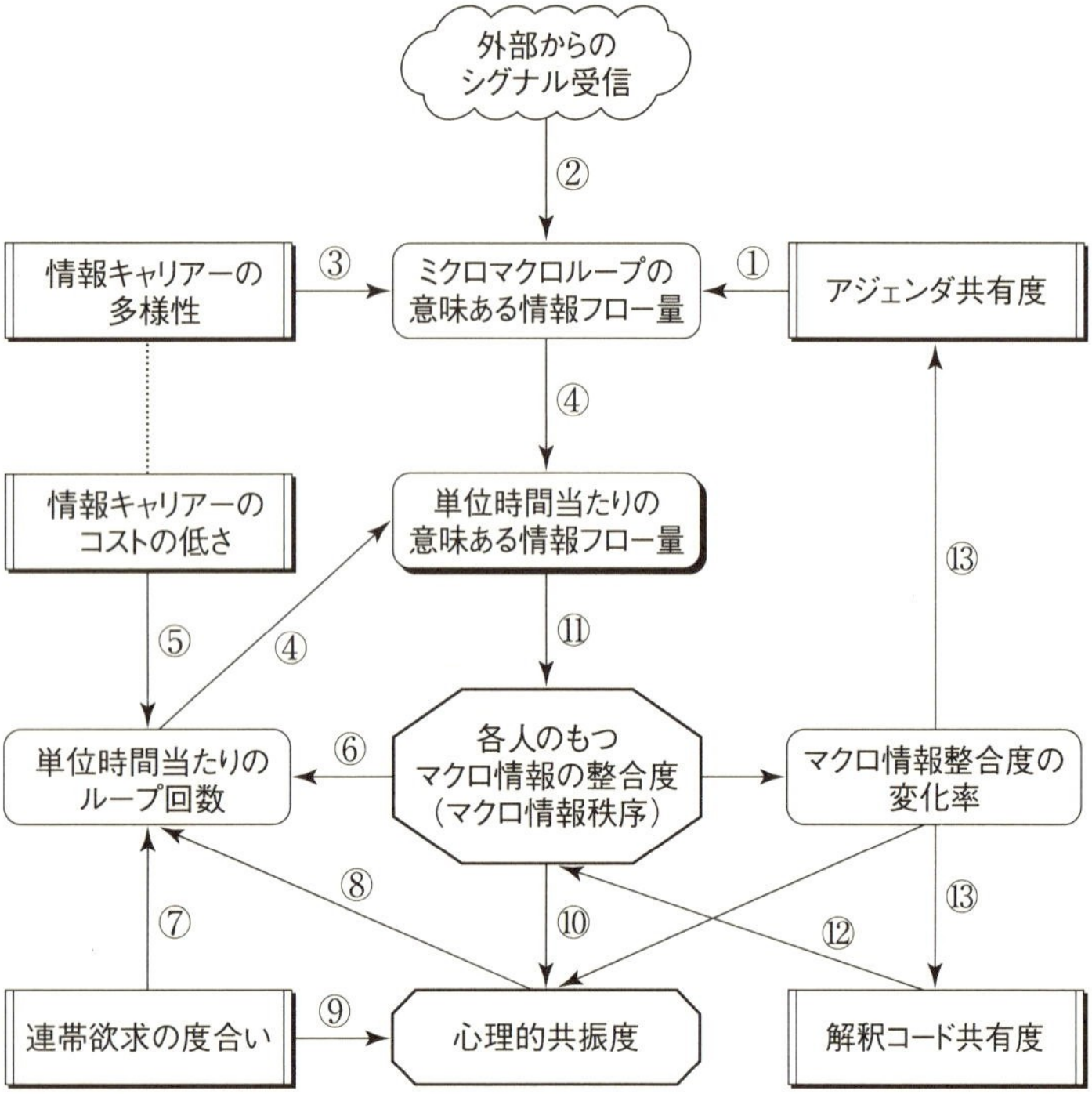

するのかわからないが、誰が入手してもそのシグナルの意味についてかなりの共通の判断が行われなければ、場として意味のある情報交換が始まらない。したがって、アジェンダの共有が必要となる。

逆に言えば、アジェンダの共有度に応じて、ミクロマクロループを流れる意味のある情報フロー量は決まる。アジェンダの共有が低ければ、情報を場の他のメンバーに対して発信しようとすることが少なくなるだろう。つまりはミクロマクロループの上を流れる情報は少なくなる（アジェンダの共有度からミクロマクロループの情報量への矢印①）。

ミクロマクロループの一回のループ当たりに流れる情報の量と多様さを決めるのは、アジェンダの共有度ばかりではない。受信される外部からのシグナルの頻度や量に依存する部分が当然あるだろう。つまり、外部からの受信が大きければ、ループを流れる情報量も大きくなる（外部からのシグナルからループの情報量への矢印②）。しかし、そればかりでなく、その情報を流すキャリアーの多様さに依存する。多様な情報キャリアーが利用可能なら、同じ努力で流せる情報の量と多様さは大きくなるだろう（キャリアーの多様性からループの情報量への矢印③）。

情報的相互作用がさかんな場とは、そうしたループが頻繁に回転している場である。そこでは、秩序が形成される可能性は高くなる。なぜなら、単位時間当たりのループの回数が大きくなるために、その時間内に流れる意味のある情報量が大きくなるのである。この「単位時間当たりの意味ある情報量」が大きくできるかどうかが、場がうまく機能するかどうかを分けている。図の中央にあるこの変数が、場の働き方の基本的な鍵をにぎっているのである。

単位時間当たりに流れる情報量を決めているのは、一回のミクロマクロループ当たりの有意な情報量と、そのループを単位時間内に何回回せるかの回数、この二つである（単位時間当たり情報量へ流れ込む二つの矢印④）。そして、単位時間当たりのループの回数は、情報キャリアーのコスト（情報を伝えるために必要な努力や犠牲の水準）が低ければ、多くできるだろう（キャリアーのコストの低さから単位時間当たりループ回数への矢印⑤）。たとえば、同じ言語を共有する人々の会議と通訳が必要な会議とでは、後者のほうが通訳の分だけ余分に時間がかかってループの回数が少なくなってしまう。

ループの回数は、コスト以外の要因でも決まる。とくに、ループを回したい、情報秩序をなるべく早くつくりたい、というメンバーからの意欲、要求にも当然依存するだろう。その意欲は、三つの源泉から生まれる。一つは、メンバーの間の情報秩序の度合い、整合度である。それが低ければ、もっとループを回せ、ということになるし、整合度が高くなれば、もうそろそろループを回さなくてもいいのではないか、ということになる(マクロ情報秩序からループ回数への矢印⑥)。

ループを回そうという意欲は、心理的な二つの要因にも依存する。一つは連帯欲求である。この欲求の水準が高ければ、他者との連帯、つまりは情報共有などをより求めたがるわけだから、ループへの意欲は高くなる(連帯欲求の度合いからループ回数への矢印⑦)。もう一つは、情報的相互作用が生みだす共振の程度である。共振が高まれば、それ自体がループをもっと多く、という意欲につながる(心理的共振度からループ回数への矢印⑧)。リズムに乗って皆がより激しく踊りだすようなものである。

共振の程度を決める基本的な要因は、連帯欲求と情報秩序の整合度である。連帯欲求が弱いような集団ではそもそも共振が起こりにくく、連帯欲求の高いグループでは共振はより大きくなりやすい(連帯欲求から心理的共振度への矢印⑨)。また、何度ループを回しても整合性のある情報秩序が生まれてこなければ、メンバーはいやになってしまって共振の度合いは下がるだろう(矢印⑩)。連敗中の野球チームの共振度がどうしても下がるようなものである。

肝心の情報秩序のできあがり方を決めるのは、まずもって単位時間当たりの意味ある情報フロー量であることはすでに述べた(時間当たり情報量からマクロ情報秩序への矢印⑪)。さらに、同じように意味のある情報が人々の間に大量に流れても、その情報を解釈する解釈コードの共有度が低ければ、各人の情報の整合度にはつながりにくい。したがって、マクロ情報秩序の形成度を決める第二の変数は、解釈コードの共有度である(解釈コード共有度からマクロ情報秩序への矢印⑫)。

マクロ秩序がどのくらいの速さで変化していくか、つまりマクロ情報整合度の変化率は、秩序形成のスピードでもあるが、それは場の基本要素そのものにもフィードバックとして影響を与えると思われる。それが、アジェンダの共有度への影響と解釈コード共有度への影響である（矢印⑬）。

マクロ情報の秩序が速いスピードで形成されている場合（つまり変化率がプラスで大きい場合）を考えてみよう。その場合人々は、周りの人間が全体の動向に関して自分と同じような理解に早く達しつつあることを感じることになる。つまり、「なるほど自分でアジェンダをこう理解し、情報をこう解釈すると、こんなに早く皆の理解の共通度が高まるのか」、と感じるのである。その結果、アジェンダをどう理解すべきか、情報をどのように解釈すべきか、という理解について、人々のもつ考えにより高い共通性が生まれやすくなることになる。すると、人々はますますアジェンダを共有し、解釈コードを共有するようになるのである。いわば、「皆の意見が早く収束する」という成功体験が、その体験をしたときのアジェンダや解釈コードを人々に共通にもたせるようになるのである。

こうして、マクロ情報秩序を中心に、以下で挙げる四つのフィードバックのサイクルがかかることになる。それが、ミクロマクロループをさらに回すかあるいはその回転を止めるか、いずれかの方向に働く。そのフィードバックの総合の結果として、ミクロマクロループがもはや回転しない時点が来ると、それが場での秩序形成が一応終わった時点となる。場の一つのサイクルにいったん終止符が打たれ、情報的相互作用が終わる。場のサイクルが一応の収束を迎え、行動と学習の実行のときが来るのである。

マクロ情報秩序を中心とする第一のフィードバックは、マクロ情報秩序から単位時間当たりループ回数を経由して単位時間当たり情報フロー量に戻り、そしてマクロ情報秩序に戻ってくるサイクルである。第二のサイクルは、マクロ情報秩序から心理的共振度を経由して単位時間当たりループ回数へと戻り、そこからは第一のサイクルと同じサイクルに入るもの。第三と第四のサイクルは共にマクロ秩序（情報整合度）の変化率を経由するもので、第三のサイクルはアジェンダ共有度を経由して情報量を決めるルート、第四のサイクルは解釈コード共有度を経由して情報の解釈に影響を与えてマクロ情報秩序にはね返るものである。

どのサイクルも基本的にプラスのフィードバックサイクルであるが、そうしたフィードバックがもはや動かなくなり、ミクロマクロループが収束を迎える時点が来る。その収束は、基本的にマクロ情報整合度の変化が小さくなったときに起こる。この変化が小さいということは、人々がもう自分の認識を変えなくなり、整合度がある段階で進歩をやめる、ということを意味する。そうであれば、ミクロマクロループをさらに回す意味はなく、ループは収束するのである。その収束の時点でのマクロ情報秩序をベースに、人々は決定をし、行動をとることになる。

マクロ情報整合度の変化率が小さくなっていくと、心理的共振度、アジェンダ共有度、解釈コード共有度のいずれを経由するこの図のフィードバックサイクルも、その影響を小さくしていく。そのために、単位時間当たりの情報量は小さくなり、もはやさらにマクロ情報整合度を変える効果をもたなくなるのである。さらに、ある情報量が皆の間を流れても、それがマクロ情報整合度を変える効果の大きさには、限界生産力の低下のような現象が想定できる。つまり、整合度が高まってくると、同じ量の情報が流れたとしても整合度の絶対水準はあまり変化しなくなるのである。

こうして、場のミクロマクロループのサイクルは、一つの収束を迎えるのである。

第II部

場のマネジメント

第4章 場のマネジメントとは——全体像と基礎条件

第I部では、場の現象が経営組織の中で具体的にどのように起きているかの事例を考え、そして場の中で共通理解と心理的エネルギーがどのように発生するかのメカニズムを論じてきた。それはいわば、場の外にいる観察者として、場の中で起きていることをきちんと論理的に理解するための枠組みを考える議論であった。

第II部では、こんどは理論的枠組みを思考の土台に使って、組織の経営をどのようにしたらいいいかを考える。観察者としてではなく、行為者としての経営者が場の論理をベースにどのような経営行動をとるのが望ましいか、を考えるのである。それが、場のマネジメントの議論である。

この章では、場のマネジメントの全体像と意義をまず考えよう。場のマネジメントの具体的内容のくわしい議論は、第5章以下で行われる。

1　場のマネジメントの全体像――二つのマネジメント

二つの「場のマネジメント」

場のマネジメントとは、組織の中にさまざまな場を生みだし、それらの場を機能させていくことによって組織を経営しようとするマネジメントのあり方、である。別の言葉で表現すれば、場という概念を中心に据えて組織のマネジメントを考えようとする考え方、と言ってもよい。そういう考え方をマネジメントについての「場のパラダイム」というとすると、このパラダイムによって、何が見えてくるか。どのような経営の手段の意義や重要性が明確になるだろうか。

「場のマネジメント」とは、「場をそもそも生成させるためのマネジメント」と「生成した場を生き生きと動かしていくための場のかじ取りのマネジメント」の二つからなると考えるとわかりやすい。生成のマネジメントとかじ取りのマネジメントである。

場を生成させるマネジメントとは、場が生まれるようにするための経営の努力である。場の概念的言葉で言えば、場の基本要素（アジェンダ、解釈コード、情報のキャリアー、連帯欲求）の設定や共有化を促進するための経営行動が中心となるだろう。そうした設定や共有化によって場が生まれてくるようにするのである。

実際、さまざまな経営の努力が場の生成を促進するために行われている。序章や第1章で紹介したさまざまな事例の多くは、場の生成のマネジメントの事例であった。戦略、組織構造、空間の設計、ときには会議後の懇親会の費用負担などなど、大小さまざまな手段が場の生成に貢献する。

戦略が場を生むことがある。ホンダの大設備投資の例がそれである。戦略がアジェンダを決めていることが最大の場生成への貢献であろう。組織構造の工夫が場を生むこともある。ヤマハ発動機のシステムサプライヤー体制がそれである。この場合、場のメンバーを設計・生産・購買の三機能にまたがって設定し、かつ彼らの間に容易に情報の流れが起きるような仕組みにしたことが大きな貢献をした。CADという情報のキャリアーの工夫も行われている。物理的に人間の配置の Colocation を行うことによって、場が生まれるようにすることもある。解釈コードの共有化や情報のキャリアーの多様性、さらには連帯欲求が、空間の共有から生まれることを狙っているのである。あるいは、会議の定期的開催とその仕方の工夫で、場が生まれやすいようにすることもある。会議が、アジェンダ、解釈コード、情報のキャリアーに大きな影響を与えるのは自明である。

場のかじ取りのマネジメントとは、場が生まれたあとで、その場を生き生きと駆動させていくための、そこでの情報的相互作用が活発に行われるように配慮する経営の努力のことである。場の概念的言葉で言えば、情報のキャリアーを工夫したり、情報の流れが滞らないように気を配ったり、場のメンバーの心理的共振をさらなる情報的相互作用につなげるように工夫したりということになる。その中核は、場の中での情報的相互作用とミクロマクロループの運動のプロセスの統御である。どこかでループが詰まるかも知れない。相互作用が何らかの理由で滞るかも知れない。プロセスを刺激し、プロセスの運行の上で起きるさまざまのトラブル管理をする、そんなマネジメントである。

より具体的なイメージで言えば、たとえば、会議の設定・段取りの決定である。誰がどこにどんな形で座るか。人間と人間との間隔を狭く、混み合って、かつ顔を向き合わせるような形で座れば、議論が交わしやすいし、白熱しやすい。つまり、情報のキャリアーは多くなり、情報的相互作用は活発になる。あるいは、議題をどんな順序で議論するかも、かじ取りのマネジメントとしては重要となることがある。しかし一方で、キヤノンの毎朝役員会議の場合のように、あえて議題を設けない自由な意見交換の場としてその場を意図的に機能させるというかじ取りをすることにより、かえって場が生き生きと動くというマネジメントもあるだろう。あるいは、リーダーとしての状況の演出もある。アサヒビールの事例のように、年末の最終日に全員がフロアで注文情報の集計結果の発表をかたずを飲んで待っている、そこへ最後の電話が入り、集計係が皆に聞こえるように大きな声で結果を発表する、という状況をつくれば、いやが上にも心理的エネルギーは高まり、人々のその後の動きも活発になるだろう。

この二つの場のマネジメント（生成とかじ取り）は、一人の人がしてもいいし、別な人がそれぞれを担当してもよい。キヤノンの毎朝役員会議の場合、場は役員たちの間で生まれる。その場の生成を心がけているのは、御手洗冨士夫社長であるし、またその場のかじ取りをしているのも御手洗社長である。ホンダの大設備投資の例では、場の生成の基本部分は藤沢武夫の仕事、場のプロセス管理はそれぞれに生まれてくる多くの場の統括の責任者の仕事であったろう。つまり、藤沢の大設備投資の決断がさまざまな場を生成させ、そうして生まれた場の中では現場の責任者たちがそれぞれの場の情報的相互作用のプロセスのかじ取りをしていったのである。

場の生成のマネジメントは場のマクロマネジメント、場のかじ取りのマネジメントは場のミクロマネジメントと呼んでもいいであろう。マクロとは全体の構造を作るという意味であり、ミクロとは個別のプロセスを統御するという意味である。マクロもミクロも、共に必要なマネジメントである。

場の生成のマネジメント

場の生成のマネジメントを考えるとき、組織の中での場の生成の仕方には二つのタイプがあることを認識しておく必要があるだろう。つまり、場の生成のあり方に、他律的あるいは設計的な生まれ方と自律的あるいは創発的な生まれ方と、二つあるのである。

場の他律的な生まれ方とは、経営する側によって場が設定されることにより場が生まれるということである。場のメンバーにとっては、「他律」なのである。場の自律的な生まれ方とは、自然発生的に組織のメンバーの中のある人たちが自分たちで場を生みだすような生まれ方のことである。それぞれの場の生成の現象を、場の設定、場の創発、と呼べるだろう。

したがって、場の生成のマネジメントは、場の設定のためのマネジメントと場の創発のためのマネジメントに分けて考えることができる。

場の設定のマネジメントとは、具体的な場が生まれるように経営が仕掛けることである。そこでは、場の四つの基本要素を設定し、その共有を促進する作業が中心になるだろう。そのための経営の手段として、図2-1で示したようなさまざまな経営の設計変数が利用できる。

それを考えるような経営的思考、あるいは質問の例を挙げれば、つぎのようになる。

「この戦略は、場を生むのに十分なインパクトのあるアジェンダ設定になっているか」
「こういう組織構造にしたら、場が生まれやすくなるか」
「プロジェクトチームのこのメンバーをこのようにして、場は生まれるか」
「このインセンティブシステムを設定すると、場のメンバーたちは必要な情報的相互作用を積極的にするようになるだろうか」

場の創発のマネジメントとは、自己組織的に場が自然に生まれてくることを促進するためのマネジメントである。場が自律的に自分で生まれてくるプロセスを創発とここでは呼んでいる。そのための経営努力の中心的役割を果たすのは、場のインフラ整備と場の創発へのきっかけづくりとでも言うべき努力である。

場のインフラ整備とは、場の基本要素の基本的部分をなすようなものについて、共有度をあらかじめ高めるための経営行動である。いわば場の生成の基盤整備である。この範疇に入る経営行動の例を通常の経営の言葉により近い表現で言うならば、たとえば、経営理念で強く結ばれた組織を作るようにすることによって、組織全体としての方向性としてのアジェンダの共有を高めたり連帯欲求のより強い組織にしておくこと、あるいは事業戦略の焦点を絞ることによって具体的な事業行動のアジェンダを明確に設定すること、などである。さらには、情報システムを作って情報の流れとキャリアーの基盤を作ったりすることもインフラ整備の例であろう。

あるいは、前章まで繰り返し紹介してきたさまざまな空間の設計の事例は、場の創発のためのインフラ整備の典型例であろう。つまり、

「この空間の設計は、人々の間にどのような接触を生みやすくするだろうか」

「こうした物理的配置から、どのような情報のキャリアーが自然に生まれてくるか」

といった経営的思考が、場の創発のインフラ整備の努力の例になっている。

組織の中の多くの場は、インフラ整備で整えられた土壌の上に自発的に創発して場の芽が生まれ、その芽を経営の意図的な手が開花させていって最終的に生成する、という創発と設定の混じった経緯によって生まれることもある。こうしたダイナミックな関係は次章でくわしく扱われるが、そうしたダイナミックな場の動きが可能になるためには、場のインフラ整備がきわめて重要であることは、指摘されるべきであろう。

場の生成のマネジメントについては、第5章でくわしく考えよう。

場のかじ取りのマネジメント

場のかじ取りのマネジメントとは、場の中で起きる情報的相互作用のプロセスのかじ取りのことである。場が生まれたあとで、その中で起きる情報的相互作用のプロセスのかじを取っていき、そのプロセスを統御し、駆動させていくことである。場のマネジャーとでもいうべき人が行うことになるはずの統御である。

たとえば、情報の流れが滞っている場合にはその障害を取り除き、解釈のあり方について場のメンバーの間で深刻な違いが生まれていたら、その統一解釈を得るように努力し、さらには場の相互作用をキックオフするようなきっかけをつくり、最後には議論に終止符を打って行動をとるように促す。そういったプロセス全体のかじ取りのことである。

場のマネジャーの最大の仕事は、「司令塔」でもなければ、「動力源」でもない。情報的相互作用のプロセスのかじ取り役である。

それは、ある意味で船の船長という船のマネジャーが行うかじ取りに似ている。いったん船ができあがり進水すれば（それが場が生成したことと同じである）、船は自分で動いていける。そして、船がただ動くだけならかじ取りは不可欠ではない。かじ取り役の船長がエネルギーを出しているわけでもなく、彼が船が動かすというすべての動きを自分で司令しているわけでもない。

しかし、船はただ動くのが本来の姿ではない。目的地に向かう、暴風雨や障害物を避けて安全に運航する、そしてエネルギーをムダにせずにスムーズに進む、そうした船本来の運航がきちんと行われるためには、巧みなかじ取りが不可欠である。

場のプロセスも、船に似ている。場は、そもそもが自律的な部分を多くもったものである。その中で起きる情報的相互作用では、人々がかなりの自律性をもって振る舞う。現場の自己組織性もある。したがって、場がいったん生成すれば、こうした自己組織性のゆえに何らかじ取りがなくても場のプロセスは動いていく可能性はある。しかし、それでは組織は目標にも到達できないかも知れないし、組織の行動がきちんととられるまでに時間やエネルギーがかかりすぎる危険もある。巧みな場のプロセスの動きのためには、場のかじ取りが必要なのである。

場のかじ取りのマネジメントのための経営的思考の例を挙げれば、

「この戦略は場のプロセスを活発化するに十分な、強烈なアジェンダ設定になっているか」

「この組織の中での場の機能を活発にするためには、情報のキャリアーをどう工夫し、どのような物理的なオフィス配置を考えたらいいか」

「重要な会議のメンバーや議題、議論の仕方をどう工夫すると、場が活発になるか」

「自分のリーダーシップのくせは、人がつながり合いたいとついつい思わせるような、連帯欲求に訴えられるようなものになっているか」

つまり、いったん場が生成したとしても、そこでマネジメントの仕事は終わりなのではなく、生まれた場の中で起きる情報的相互作用のプロセスのかじ取りのマネジメントが必要なのである。場のかじ取りのマネジメントについては、第6章でくわしく考える。

2　経営のイメージと場

前節でその全体像を述べた「場のマネジメント」の考え方の背後には、経営するということの本質は何かについての、ある一定の考え方がある。経営のイメージとして、ある一定のものがあるのである。この節では、その経営のイメージをあらかじめ明示的に説明して、この本の今後の議論の理解の助けとしよう。そのイメージは伝統的な経営のイメージと異なる部分もあり、その違いを暗黙のままにしておくと、読者が妙にひっかかりを感じながら読み進むことになりかねない。

このイメージの議論を、「そのイメージで経営をとらえるとは、経営の本質は何だと考えているのか」「なぜそのイメージで経営を考えると、組織の協働はうまく達成されやすいのか」、この二点に絞って行ってみよう。

制御と放任の中間に経営の本質がある

この項は、まず経営の本質から。

第2章の図2-1にまた、戻りたい。この図に、すでに私の考える経営のイメージが表れている。この図の議論で言いたかったのは、人々の事業行動、学習、意思決定、心理的エネルギー、この四つが人々が組織の中で行っていること、発生させているものであり、それらの人々の行動や努力の全体の結果として、組織の協働がある、ということである。その組織の協働を何らかの形で統御しようとするのが、組織の経営である。

「統御」とは、「促し、率い、かじ取りすること」と考えればよい。経営とは、人々の協働を促し、率い、そして協働全体のかじ取りをすることなのである。この本でいう「経営」のイメージは、組織のメンバーを「制御すること」ではない。たんに、命令する、服従させる、規律を与える、といったような、「コントロールあるいは制御」というにおいの強いイメージだけでとらえるべきでない。そのイメージは、階層あるいはヒエラルキーへの服従のイメージが強いものである。つまり、上の人間が大きな権力をもち、命令する。下の人間は服従する、というイメージである。

しかし、ヒエラルキーのイメージだけで経営を考える必要はないし、さらに言えば、それでは不十分である。一般的な理解としては、もっと中立的な意味での「協働作業の統御」が経営の内容であるはずである。その統御のために、組織の中で起きるはずのことを上の人間が「すべて」計画しデザインし命令する必要はない。あるいは、全知全能ではない人間には、そんなことはできない。かといって、経営する側がただの放任をしてしまっては、統御にならない。全くの混沌や自己組織化に組織を委ねてしまうことが経営ではないのは、もちろんである。制御と放任の間、その中間のどこかに経営の本質がある。

その統御のために経営が直接的に働きかけられるのは、人々の意思決定と心理的エネルギーという「外からは見えない」部分だけである。彼らの事業行動と学習は、最終的には彼らに任されざるをえない。彼らが実行者だからである。したがって、この二つには直接的には働きかけられず、意思決定と心理的エネルギーを通して間接的にのみ、事業行動と学習に経営は働きかけられる。

そうした、どこかつかみどころのない働きかけ、制御と放任の中間的な働きかけをしなければならないからこそ、経営は難しい。厳重な命令と監視をすれば行動そのものに経営は直接的に働きかけられる、と考える人もいるかも知れない。しかしそれは間違いである。目に見えない他人の行動は、それほど自由に外から左右できるものではない。なぜなら、最終的に実際にとられる行動は結局本人が決めているからである。命令をされても、その命令に従わずに、しかし従っている振りをする自由度を実際には各人がもっている。

命令が人々の意思決定に強大な影響を与え、監視の恐怖が心理的エネルギーに大きく働きかけても、それはあたかも事業行動に直接働きかけているかのごとくに見えているにすぎない。そしてそう見える場合ですら、本当にどの程度実行しているかは実行者の裁量の範囲内である。しばしば人々は、「一生懸命」実行している振りをすることもできる。

たとえば、ホンダで藤沢が大設備投資の戦略的決断を通して行ったことは、人々の意思決定の巧みな方向づけとかじ取りではあった。人々の心理的エネルギーを巧みにくみだしたものではあった。しかし、藤沢が人々の行動をすべてデザインしたわけでもないし、細かな命令を出したわけでもない。服従を全面的に強いたわけでもない。大きな設備投資プロジェクトが生みだした場の中から、人々の知恵や活気が生まれてきている。

藤沢のみならず、この本で紹介してきた事例のすべてで、経営者たちはさまざまな手段で、組織の中に場をつくりだし、場のプロセスのかじ取りを巧みに行っている。場をつくり、その場の中で人々の情報的相互作用が活発に起きることから、いわば自然に組織の中の共通理解という秩序が生まれ、心理的エネルギーが生まれ、協働が達成されることを狙っている。そうした「自然発生的」な場のプロセスをうまく使うことによって、大きな組織の分散的自律経営がやっと成立している。

そう考えるのが、この本でくわしく解説し、提唱しようとしている、「場のマネジメント」の考え方である。「場のパラダイム」、といってもよい。

そうしたスタイルの経営の理解のために、そしてヒエラルキーのイメージに凝り固まって経営を考えるという誤ちを犯さないために、「人々の情報的相互作用のかじ取りのための場」という思考の枠組みを提唱したいのである。

意思決定の調整と心理的エネルギーの発生——場の貢献

このように情報的相互作用と場を中心として経営を考えるからといって、意思決定の調整と心理的エネルギーの発生が経営の中間生産物として重要なことに変わりはない。図2−1の右端にあるように、組織の業績が維持されるためには、人々の事業行動や、組織内で整合性がとれていて、環境に適合しているのが望ましい。人々の学習活動もまた、整合性がとれて、組織としての情報蓄積につながるほうがいい。環境に適合した蓄積になるだろう。

では、なぜ前項のような経営のイメージをもって経営すると、結果的には事業行動や情報蓄積（そしてその背後の学習活動）の整合性や環境適合性という望ましさを達成しやすいのか。それは、意思決定の調整と心理的エネルギーの発生が、場のマネジメントのような経営の考え方から十分に達成できる、あるいはむしろ場のマネジメントのほうが達成しやすい、と考えられるからである。

たびたび指摘してきたように、そうした情報的相互作用を行う人々はかなり自律性をもっている。しかし同時に、組織の中に働くということは、経営のヒエラルキーからの指示、命令といったタテの影響の働きかけを受ける立場にあることでもある。したがって、組織の人々の自律性は完全なものではない。彼らは、半自律的な存在である。「半」とは、タテの働きかけの余地が一方であり、しかし、同時に実質的にかなりの自律性を人々がもち、ヨコの相互作用を自律的に行っている、という意味である。

したがって、組織の人々の間の意思決定の調整は、「半自律的調整」とでもいうべきものになる。組織の中で生まれる心理的エネルギーも、かなり自律的に行動している個人が、しかし集団としてのまとまりをある程度もつことによって生まれてくるエネルギー、ということになる。とすると、場のマネジメントとして組織の経営をとらえようとするとき、二つの質問を発することが基本的に重要となる。

第一は、「かなり自律的な情報的相互作用から、どのようにして意思決定の調整が可能になるのか」。

第二は、「かなり自律的な情報的相互作用から、どのように心理的エネルギーが生まれてくるのか」。

この二つの質問に対する答えは、この本のさまざまな箇所でじつは述べられている。ここでその概要をまとめておくと、つぎのようになるであろう。

まず第一の質問から。

意思決定の調整、したがって人々の行動の間の整合性の確保が可能になるのは、人々の相互作用の結果として、人々が以下の三つの意味で情報的な収れん（あるいは先に使ったよりやさしい表現で言えば、共通理解）に至るからである。

一つ目は、関連する周りの人々（つまり整合性をとるべき相手方の人々）の置かれた状況についての相互理解が深まるという意味の情報的収れん。二つ目は、組織の環境の状況について関係者が類似のイメージを共有するようになるという意味での情報的収れん。三つ目は、具体的な行動目標について共通のもの、あるいは相互につじつまの合うものがもたれるようになる、という意味での情報的収れん。

これら三つの意味の情報的収れんは、人々がそれぞれにもっている情報の集合の総和の中に何らかの秩序（整合的なパターン）が生まれ、各人の情報集合の共通度・整合度が高くなること、と理解してもいい。つまり、情報秩序が人々の間に生まれるのである。それが、共通理解ということの厳密な表現である。

その共有された情報秩序にもとづいてとられる意思決定は、決定そのものは人々がそれぞれ自律的にしたとしても、互いに整合性をもつようになる可能性が高い。共通の情報がベースにあるからである（ただし、人々がそれぞれに情報的相互作用の結果にもつに至るそれぞれの情報の間の共通性は一〇〇％の共通性ではないであろう。したがって、意思決定の整合性も完全にとれるわけではなく、厳密には「かなりの整合性がとれるようになる」と表現するのが適切であろう。しかし、回りくどい表現をさけるために、「かなりの整合性が生まれる」と言うべきところをたんに「整合性が生まれる」と表現することにする）。

もちろん、情報的相互作用があれば自動的につねにこうした情報的収れんが起きるとは限らない。それが起きやすくなるための状況整備をするのが、「場」の機能の一つである。第II部全体の議論を先取りして結論を述べれば、場がうまく生成し、場の中での相互作用のプロセスがうまくかじ取りされれば、情報的収れんが起きやすくなるのである。

つぎに第二の質問について。

心理的エネルギーがかなり自律性の高い相互作用をしている人々の間に生まれてくるのは、「半自律」ということが二重に心理的エネルギーの発生にプラスの影響をもつ可能性が高いからである。

まず、人は自律的であるがゆえにエネルギーが生まれてくる面がある。自律性が高ければ、その人は自分の仕事を自分でコントロールする割合が高いことになる。多くの人にとってそれは、他人に命令されてただ従うだけという場合よりも心理的エネルギーを駆り立てられる可能性が強い。

しかし同時に、人は他人と集団を組んで相互刺激をするからこそ、心理的エネルギーが湧いてくる面もある。一人だけのぽつんとした状況では生まれないエネルギーが相互作用から生まれるのである。情報的相互作用のプロセスで人々の間に心理的刺激の交換と心理的な共振が起きるからである。その刺激と共振から、情報的相互作用のプロセスの渦の中に巻き込まれた人々だけに、心理的エネルギーが湧いてくる。

情報的収れんの場合と同じように、情報的相互作用があればつねに自動的に心理的エネルギーが湧いてくるわけではない。そのエネルギーが生まれやすいような状況整備をするのが、これまた場の機能の一つなのである。

3 経営の設計変数から場へ

仕事構造の大切さ

場のマネジメントは生成とかじ取りの二つのタイプのマネジメントからなることをこの章の第1節で説明したが、そのマネジメントのために具体的にとられる経営の手段あるいは経営行動は、図2-1で「経営の設計変数」とまとめた変数である。ふつうの経営論で、経営の設計変数として出てくるものと変わらない。その設計変数が最終的に人々の意思決定や心理的エネルギーに影響を及ぼすプロセスの中で、場という相互作用の容れものの貢献を大きく浮き彫りにする、というのが場のマネジメントという考え方の特徴である。

戦略、管理システム、リーダーシップ、経営理念、さまざまな経営の設計変数が場の生成とかじ取りに貢献することが、図2-1で場へと流れ込む矢印によって示されている。しかし、そうした経営の設計変数から場への貢献は、より具体的にはどのようにして生まれるのか。経営の設計変数から場が生まれ、場のかじ取りの基本状況が決まってくるメカニズムの詳説をこの節では試みよう。そのメカニズムの中心的役割を果たす概念が、「仕事構造」という概念である。

仕事構造とは、経営の設計変数のあり方から決まってくる、仕事の具体的状況のことである。たとえば、ホンダの大設備投資の例で言えば、大設備投資という戦略的決断のゆえに、工場の設備関連業務の人々の仕事の具体的状況は一変した。それだけの大設備を購入し、据え付け、操業するという仕事をこなさなければならなくなった。あるいは、研究開発陣も、これだけの設備投資をしたあとにその設備を用いて作りやすい車、その設備から生産可能で需要が大きく期待できるような新車を開発しなければならなくなった。開発の仕事構造も、たんに手探り的に軽自動車を作っていれば済んでいた頃とは、大きく変わったのである。

ある仕事がひとまとまりのかたまりになっているとして、それに従事する人たちにとって仕事構造（あるいは英語では task environment ともいう）はつぎの三つの要素から成り立っていると考えると、わかりやすいだろう。

(1)　仕事の内容そのもの

(2)　仕事を一緒にするメンバー

(3) メンバー間の関係や接触のパターン

たとえば、第1章で挙げたヤマハ発動機のシステムサプライヤー体制の例で言えば、こうした組織構造の変更という経営の設計変数の選択によって、新しく各部品ごとにグルーピングされた人々の仕事構造はつぎのように変わったと思われる。

まず、仕事の内容そのものが、従来は設計の人は設計図を書くこと、製造の人はその設計図に従ってモノを作ること、購買の人は設計図に従って部材を調達すること、と分断されていたのが、新しい組織構造のもとでは、自分たちが担当する部品について設計から購買まで、すべて責任をもって行い、最終的にオートバイの組み立て工場に部品を渡すことが仕事の内容になった。つまり、設計とか生産とかの個別作業が仕事の内容だったのが、部品を供給すること自体とそのために必要な作業をすべてすることが仕事の内容になったのである。別の言葉で言えば、従来は仕事が生産や設計という機能だったものが、部品を供給するというシステムをきちんと動かすことが仕事の内容になったのである。それが、仕事構造のもっとも基本的な部分である。

同じヤマハ発動機の例で言えば、仕事構造の第二の要素（メンバー）も大きく変わった。従来は、仕事のメインの仲間は同じ設計者であったり、同じ金型・生産作業者であったりした。そして、自分たちを管理する設計部長や製造部長がその上にいた。それが新しい体制のもとでは、一つの部品にかかわる設計者、金型作業者、生産作業者、購買担当者が、仕事を一緒にするメンバーになったのである。設計部長や製造部長はまだ存在しているかも知れないが、直接の仕事の仲間ではもはや、なくなった。むしろ、部品を渡す先の組み立て工場の人たちが、新たに仕事を一緒にするメンバーになってくるだろう。

仕事構造の第三の要素であるメンバー相互の接触のパターンについて言えば、明らかにヤマハ発動機の新体制のもとではそれが変わっている。従来はとくに頻繁に接触することのなかった設計者と製造作業者が、同じ部品についてはつねに一緒に議論をするようになっている。どんな部品をどう設計して、どう生産作業をしたらいいかを、設計・製造・購買のそれぞれの専門家が、CADとそこから出てくる光造形品を情報のキャリアーにして頻繁に議論するという接触のパターンに変わったのである。

経営の設計変数のあり方は、こうして働く人々の具体的な仕事構造を決めている。その具体的な仕事構造の中から、場が生まれてくる。場の中の情報的相互作用のプロセス（短く、場のプロセスあるいは場の中のプロセス、と以後表現することがある）が影響を受ける。なぜなら、仕事構造が人々の接触のパターンや交わされるべき情報の流れの中核を決め、それが場の骨格を決め、つまりは情報的相互作用と心理的相互作用の容れものを決めるからである。その容れものの中で情報的相互作用が始まり、やがてそれが本格化して場が生成されてくる。

つまり、図4-1のような関係が、経営の設計変数から場の生成や場の中で起きる情報的相互作用のプロセスへのつながりの間にあるのである。仕事構造は、このつながりのメカニズムの中心にあるものである。

図4-1　経営の設計変数から場へ

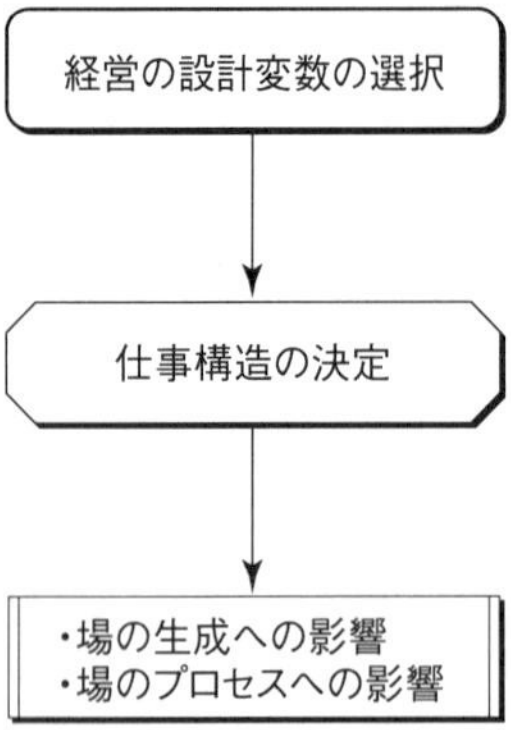

仕事構造から場へ

では、より具体的に、仕事構造から場への論理のメカニズムはどうなっているのか。それを、場の四つの基本要素（アジェンダ、解釈コード、情報のキャリアー、連帯欲求）と場の中の情報的相互作用の中核となるミクロマクロループに対して仕事構造がどのような影響を与えるかを見ることによって、考えてみよう。

図4-2は、仕事構造の決定がいかに場の生成と場の中のプロセスへと影響をもつか、その論理の全体を示した図である。

すでに述べたように、仕事構造の決定は第一に仕事の内容を決める（図の左）。モノと具体的になされるべき仕事の範囲を決めている。たとえば、ある組織がどんな製品を担当するのか、あるいは設備投資の結果どのような仕事が始まりどのような機械が設置されるのか、などが決まる。

モノと仕事が決まると、それは第一に場のアジェンダ

図4-2　仕事構造の決定から場へ

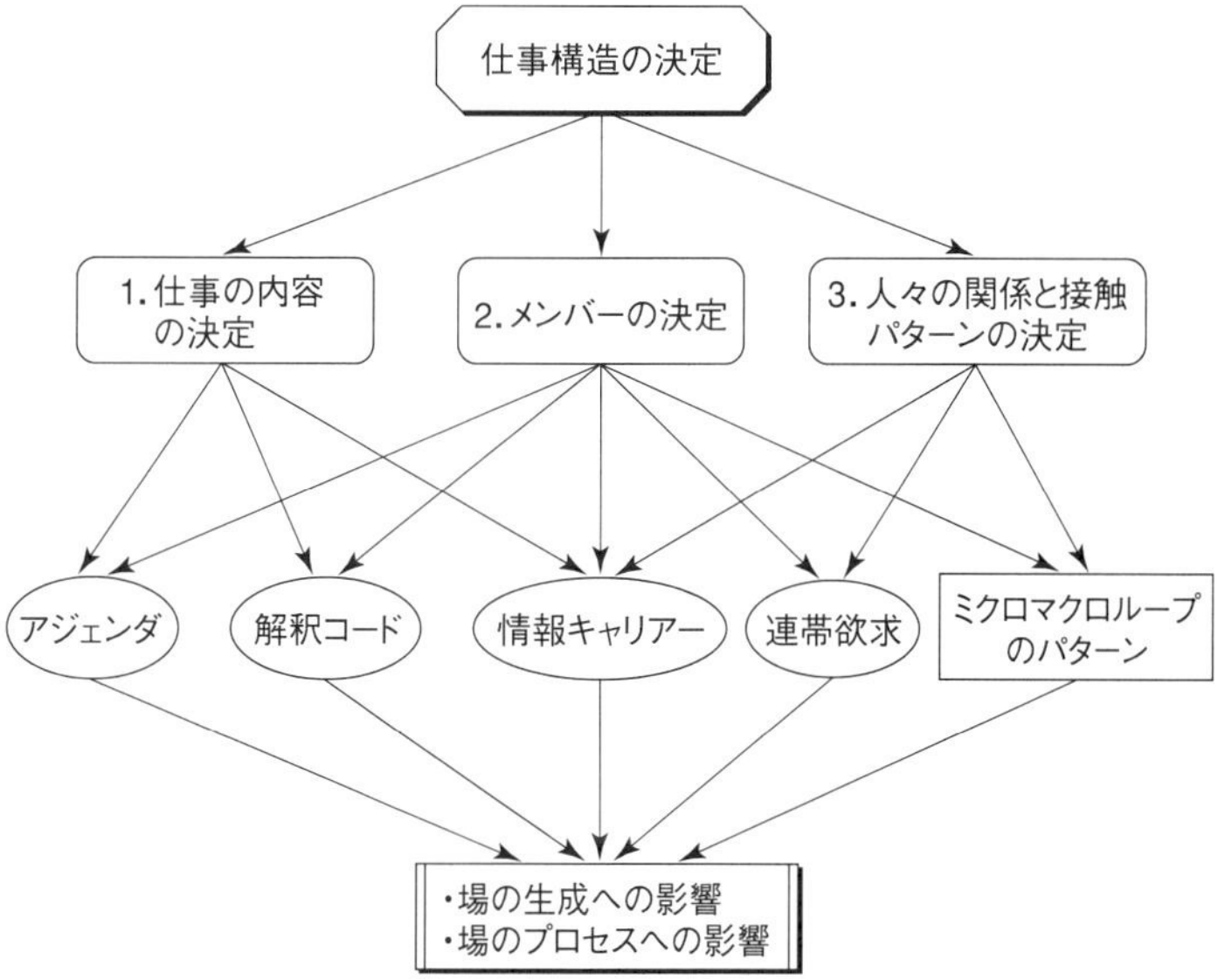

の枠を決めていることになる。何に関した情報的相互作用が起きるべきかをモノと仕事が決めるのであろ。さらに、モノと仕事の内容は、解釈コードにも影響を与える。たとえば、こういう製品を扱うのだから、こういう組織構造にしたのだから、この種のシグナルはこう解釈すべき、といった解釈コードを人々はあらかじめ想定するだろう。たとえば、「利益至上主義」でやらざるをえないような仕事の内容であれば、利益が上がることに貢献することは何でも重要だ、というような解釈コードを暗黙に与えることと同じことになるだろう。

モノの決定はまた、情報のキャリアーにも大きな影響を与える。そのモノが情報のキャリアーとして機能するからである。たとえば、設備投資で運び込まれる機械は、無言のうちにその機械が象徴しているこれからの生産技術の方向を人々に物語る。つまり、もの言わぬ機械自身が情報のキャリアーになっている。またその据え付けに忙しく働く人々を見て、周りの人もまた、刺激されるだろう。その場合は、忙しく働いているという仕事の内容そのものが情報のキャリアーになっている。

こうして、仕事の内容の決定というボックスから、アジェンダ、解釈コード、情報のキャリアーへと三つの論理の矢印が伸びている。

仕事構造の決定の第二は、その仕事に従事すべきメンバーの決定である（図の中央）。メンバーの決定はさまざまな影響をその仕事構造から生まれてくる場の基本要素に影響を与える。

メンバーは一人ひとりが過去の経歴をもっている。各人が外とつながる情報源をもっている。人によって性格も違う。そうした多様なメンバーが集団として決められると、場の基本要素のすべてに影響が及ぶ（だから、図では五つの矢印がメンバーの決定というボックスから出ている）。

まず、メンバーの過去の経歴は、彼らが重要と思うアジェンダ、情報を解釈するコードをある程度規定するだろう。人間は過去を引きずる動物である。そして、彼らが共通にもちそうな解釈コードがその場で共有される解釈コードということになるだろう。さらに、メンバーが誰であるかによって、利用可能な情報のキャリアーの範囲が決まる。たとえば、多国籍のメンバーならば、日本語の会話を情報のキャリアーに使うことには無理が出る。

また、メンバー次第で、連帯欲求にも影響が及ぶ。「あの人と一緒なら」と思う人が多いか、「あいつと一緒じゃいや」と感じてしまうか。ずいぶんと連帯欲求には差が出るだろう。個人の性格も連帯欲求に影響を及ぼすだろう。

メンバー各人がそれぞれにもっている情報源は、二つある。自分の過去からの蓄積情報という情報源と、仕事構造の外との情報チャネルという情報源である。いずれの情報源もミクロマクロループの中で彼らが発信する情報の大きな源泉である。それゆえに、ミクロマクロループがどのような回り方をするかに、影響をもつだろう。それがメンバーの決定からミクロマクロループへの矢印の意味である。

仕事構造の決定は第三に、人々の間の関係と接触のパターンを決める。それによって、三つの影響が場に関連して生まれる。一つ目の影響は、ミクロマクロループのパターンへの影響である。誰が誰に報告するという設定になっているかによって、このループは大きく影響される。二つ目に、人々の間の接触パターン次第で、連帯欲求が高まったり低くなったりする可能性がある。極端な例を挙げれば、メンバーの間でほとんど日常的な接触がないような仕事構造であれば、連帯欲求が高まることは期待できない。

人々の間の関係のあり方が場に対して及ぼす三つ目の影響は、情報キャリアーへの影響である。たとえば、仕事構造が場のメンバーの接触の物理的空間を決めることがある。誰と誰が同じ場所で仕事をするか、といった具合である。そうして共有される物理的空間に流れる、あるいはその空間の中で人々が観察するすべての事柄が、情報のキャリアーになりうる。誰と誰をどこの空間に置くかが、情報のキャリアーがどのように使われるかをかなり決めるのである。

例を挙げれば、研究開発のプロジェクトチームを工場に置くか地理的に離れた独立の研究所としておくか、という選択があったとする。工場にチームを置けば、工場という空間を彼らが生産の人々と共有して仕事をする。工場が抱えている特徴、困っている問題点、そうしたものを研究開発の人々が日常的に観察するようになる。つまり、情報のキャリアーが巧まずして作られているのである。

図4-2が示す仕事構造の決定から場の生成と場の中のプロセスへの影響は、幅広く、多重である。一つの仕事構造の決定が、多重の影響を場の基本要素に対してもっている。つまり、場が生成するために必要な基本要素の共有がどの程度起きるのか、あるいはどのような基本要素の内容になるのか、さらにはミクロマクロループの回り方はどうなりやすいかにさまざまな影響が出るのである(とくに、図4-2から、「メンバーの決定」が場のすべての条件に影響を与える重要な仕事構造変数であることがよくわかる)。

こうした場の生成への多重な影響は、仕事構造の設定によって「ついでに」(あるいは暗に)、生まれていることが多い。仕事構造を決めるときに、こうした場の基本要素への影響をすべて明示的に考えるのはまれであろう。その「ついで」というところが、場の生成の容易さになり、また危険なところでもある。そして「多重な影響」ゆえに、うっかりと意図せざる場の設定や破壊が起きてしまったりする。つまり、仕事構造の決定は、働く人々の間のさまざまな関係をつくりだし、あるいはときには既存の関係を壊していく。その結果、場が生成されたり破壊されたりするのである。

この図から明らかなように、場のマネジメントのパラダイムは、そうしたこれまで見すごされていた現象に光を当てることになる。一つの仕事環境の決定がじつに多様な影響を場に対してもつことに、あらためて我々の注意を集中することを要求しているのである。

図4-1と図4-2を合わせて考えれば、経営の設計変数がなぜ場の生成や場のかじ取りにインパクトをもつかが、あらためて理解できるであろう。そのインパクトの本質は、経営の設計変数が仕事構造を決めていることにある。戦略や組織構造が仕事構造を決め、その仕事構造の中での人々の接触のパターンから、場の生まれ方が決まる。日常の仕事上の接触のパターンは、じつは経営そのものにとって、それほどに重要なものなのである。

接触の場と想像の場

経営の設計変数から場へのインパクトのメカニズムを、以上ではすべて実際に人間と人間との接触が起きる状況を想定して説明してきた。それがもっとも多いだろうし、またわかりやすいからでもある。

しかし、場の生成が実際に可能になるケースの中には、じつはそうした接触が直接に人々の間にないケースもある。実際に直接的な人間的接触があることによって生まれる場を「接触の場」と呼ぶとすれば、接触を直接にはしない人々の間に「想像」によって成立する場もある。それは、「想像の場」と呼ぶにふさわしい場である。それも大切な場であることが多い。場という概念は、じつはそうした拡がりをもつものである。それをこの項で解説して、経営の設計変数から場へのメカニズムの議論を一応閉じることにしよう。

基本に立ち返ると、場の成立とは場の基本要素がメンバーの間に共有されることである。しかし、すでに場の定義で述べたように、場の成立のためには四つの基本要素のすべてが高い共有度で共有されている必要はない。どの基本要素がどのように共有されているか、あるいは共有度が低いかによって、我々の周りに観察される場は大別して二つの場に分けられる。それは、「接触」の場と「想像」の場である。

人々の間の相互作用が直接的に何らかの接触をし合うことによって行われるのが、「接触」の場である。これを念頭に、これまで場のメカニズムを説明してきた。

接触の場の代表例は、仕事の「場」である。ある仕事を物理的に共同して行う人々の間には、その仕事を通して「場」が生まれている。仕事を共にするプロセスそのものが、相互のクセや考え方の観察のプロセスにもなり、相互に影響し合い、そして共通の体験をするプロセスにもなっている。あるいは会議の場で人々が集まって議論を交わすプロセスも、さらには教育の場も同様に接触の場としての機能をしている。

一つの組織における「場」の多くは、その組織活動のある局面を人々が「共に」しばしば物理的に接触しながら、あるいは情報のキャリアーを交換しながら、空間を実際に共有しながら、行うことから成立している。仕事、会議、教育などがそれである。そうした協働活動は、その第一義的目的、たとえば仕事そのものを達成するために意味があるばかりでなく、人々の間のさまざまなものの共有プロセス（情報、感情などなど）にもなっているところから、「場」が生まれているのである。

しかし、そうした直接の人的接触から生まれる場だけが場のすべてではない。人間が「想像すること」のできる生きものであるために、想像上での場の共有ということも可能である。それは、接触の場に対して、想像の場、頭の中の場、とでもいうべきものである。

たとえば、経営者が経営理念を説き、経営のあり方や哲学を従業員に伝えるとき、それを共有している従業員の間には、実際に直接接触をしなくてもお互いが考えそうなことを想像でき、相互理解ができ、その意味でコミュニケーションが潜在的に成り立っているという意味で、場の共有が頭の中でできている。

あるいは、類似の仕事の経験を異なった時期にしたことのある人間同士の間にも「想像の場の共有」が可能になっている。「異なった時期」なのだから、物理的には接触していないはずである。しかし、頭の中では共通の経験の共有という「頭の中の接触」があるのである。

物理的接触が場の共有のすべてであったなら、人間はきわめて狭い世界しか共有あるいは理解できないことになってしまう。想像の場もまた重要である。

情報的相互作用は、いずれの場でも起きる。接触から起きる情報的相互作用は、直接観察、直接伝達がその主なものである。そうした観察や伝達から共通性のある解釈、理解、共通体験などが生まれる。この場合、接触とは、情報のキャリアーの共有のことである。つまり、接触の場とは、情報のキャリアーという基本要素が共有された場なのである。

そのもっともよくある例は、物理的空間の共有である。物理的空間を人々が共有すると、人間が観察能力をもつ情報機械だから、自然に情報が行き交うことになる。空間は情報のキャリアーで満ちているのである。同じ空間にいるから、ボディランゲージも身振り手振りも雰囲気も、さまざまなものが観察でき、伝わるのである。

もちろん、空間の共有以外の接触の場もありうる。たとえば、文書による接触である。この場合も、文書という情報のキャリアーが共有されている。しかし、物理的空間の共有のほうが情報密度が濃いだろう。それは物理的空間の共有が多様な情報キャリアーを低コストで共有させるからである。

想像の場で起きる情報的相互作用は、ある外界の信号に対して、人々が類似の解釈を下すことによって、伝達を直接しなくても相互理解をし、共通の理解に達する。そうして情報秩序が生まれていく。つまり、想像の場とは、アジェンダと解釈コードが共有され、情報のキャリアーの共有度が低い場なのである。それでも、場としての機能は可能である。想像の世界の中で、いわば語られぬ言葉の交換が行われているのである。

多くの現実の場は、接触と想像が絡み合った場である。あるいは、接触の場に想像の場としての性格が賦与されているからこそ、豊かな機能をもつ、というべきかも知れない。接触の場だけに限定して場を語るのは、現実の豊かさから離れてしまうことになる。

想像の場が生まれるように配慮することは、物理的に接触することが比較的難しいような状況にあるメンバーの間で場を成立させようとするときにとくに重要になるであろう。

「想像の共同体」

その典型例は、国際経営である。一つの企業の中で、しかし異なった国々で働く人々の間では、物理的接触は空間的距離が大きいために難しくなる。文書的接触も、異なった言語圏の間ではそれほど容易ではない。さまざまな意味で、情報のキャリアーの共有が難しいのが国際経営の現場である。

そこで、少ない情報のキャリアーの共有にもかかわらず、結果として共通理解という情報秩序が国境を越えて生まれるようにするためには、異なった国々で働く人々の間で想像の場が生まれるように配慮することが必要になる。それは、前項の想像の場の定義に従えば、アジェンダの共有と解釈コードの共有によって行われる。アジェンダの共有は、経営的に言えば、経営理念の共有であったり、経営戦略を明示的に国境を越えて共有しておくことなどである。解釈コードの共有のために多くの国際的企業がやろうとするのは、共通の過去の体験や過去の接触をもつ人々をあちこちの国に配置することである。「国際社員」という国際的にさまざまな国で働く従業員のグループをつくるのが、その一つの例である。そうした経験の共有が、解釈コードの共有につながることを期待しているのである。

こうした努力は、いわば「想像の共同体」を国境を越えて作ろうとすることである。想像の共同体とは、文化人類学の分野の言葉で、異なった国の人々が（とくにそれぞれの社会のかなり上層部の人々が）実際に共同体としての生活の共有がないにもかかわらず、共同体的意識を共有している、つまり想像上は共同体に近い状態になることを指す。その典型的な現象が、ラテンアメリカの国々に起きているとベネディクト・アンダーソンは言う（アンダーソン［一九九七］）。その昔、スペイン帝国の植民地であったために、この地域の国々は同じような言語、同じような新聞、同じような教育体系で、しかもスペイン本国への留学が一般的、という共通点をもっている。さらには植民地時代には現在は別々の国に分かれている土地を帝国政府の人事異動で人々が移動していたという歴史があるために、じつは人々の意識の上で擬似的な共同体になっている、というのである。現代の例で言えば、アメリカ的思考を共有する人々がさまざまな国にまたがって、「想像の共同体」を作っていることが類似の例として挙げられるかも知れない。

国際経営において、そうした「想像の共同体」に世界各地にまたがったオペレーションができるかどうか。それは、想像の場の共有を国境を超えて行おうとする努力、といってもよい。それは、人々が「想像の場」をもてるからこそ可能になりうる経営努力である。

国際経営の現場で、想像の場の機能をなるべく高めようとする経営として、一時期のABB（アセア・ブラウン・ボベリ）というスイスに本拠を置く重電メーカーの経営が挙げられる。一九八〇年代の後半から九〇年代にかけて名をはせたこの会社のCEOバーナビックは、こう語る。

「ABB社には、世界中の市場で活動している一万五〇〇〇人の中間管理職がいます。もし、我々役員会が、彼ら全員、いやその半数とでも意思が通じ、大体同じ方向に動かすことができれば、我々は無敵です。しかし、それはとても困難です。

（それであなたはどうするのか、と問われて）知らせるのです。知らしめるのです。それはタブーを破ることとです。共有する情報を自分で選択しようとする傾向が、ヨーロッパのマネジャーには強いのです。（中略）

本当のコミュニケーションには時間がかかるもので、トップの経営陣はそのために進んで投資しなければなりません。わが社は間接費の割合が大きく、会合の多い会社です。私自身二〇〇〇枚のOHPシートを持ち、毎年、大小のグループ合わせて五〇〇〇人の従業員と相互交流の機会をもっています。今日の午後、私はドイツのコンスタンス湖に飛びます。そこには、世界中から（ある事業分野の）三五人のマネジャーを集めています。彼らはそこに三日間滞在していて、私は会議の最後の三時間をともに過ごします。（中略）

我々は、このような会合を三週間に一回、一年間に一四回開きます。ということは、世界中から延べ四〇〇人のマネジャーが集まり一緒に過ごし、事業や彼らの抱える問題点について十分に話し合い、CEOと開放的で本音の対話をすることを意味しています」（テイラー、一九九一）。

バーナビックは、一年のうち二〇〇日は本社以外の場所に旅をしているという。そもそもABBはきわめて明確な戦略を共有する、経営組織の運営の哲学を共有する組織であった。それでも足らないので、トップが伝道師のごとくに世界中を駆け巡り、言葉で語り、その背中を見せ、人々の想像の世界での場の基本要素の共有を図ろうとする。実際、トップが世界中を駆け巡っても、伝わる物理的情報量を即物的に測れば、大した量ではない。しかし、トップの熱意、背中が、理念を伝え、ミッションを強い強度で伝達するのである。その結果、「想像の共同体」がABBの組織の中で何がしか生まれたのであろう。

こうした国際経営の現場のみならず、一般的な経営組織に話を戻しても、想像の場を巧みに使う経営者は、おそらく理念を説こうとする。背中で部下に何ごとかを伝えようとする。

接触の場と想像の場の間の違いは、場のメンバーの間で共有されるベースの違いである。接触の場とは、人々が物理的な接触をすることによって場のプロセスが起きているような場。想像の場とは、人々の想像の世界の中で場の基本要素が共有されているような場である。前者は、物理的空間の共有による場の成立、後者は認識空間だけを共有することによって場が生まれている場合、と言ってよい。その認識空間の共有のためには、トップ自身による、部下への認識空間上の働きかけが重要になる。だから、理念を説き、背中でのコミュニケーションを大切にする。

たしかに、組織の中の場の多くは接触の場である。多くの人が、このタイプの場の生成を自然に考える。しかし、想像の場というものも十分ありうる。人間の認識空間の広がりは、その人の周りの物理的空間の広がりよりはるかに大きい。それを考え、接触の場と想像の場のミックスを意識的に狙うと、場のマネジメントの広がりと深さが増してくる。

うまい経営は、想像の場を巧みに使う経営である。想像の場をつくりだせるように、経営の設計変数を工夫するというスタンスが求められる。

4　場のマネジメントの基礎条件——生成とかじ取りの背後に

場の相互作用への参加意欲

経営の設計変数から場の成立と駆動への論理経路の基本を前節で議論してきた。第5章と第6章では、場の生成のマネジメントとかじ取りのマネジメントをそれぞれくわしく議論していく。

しかし、そうした二つの場のマネジメントがそもそも実現可能になるために必要な基礎条件がある。それを、場のマネジメントの全体像を大づかみに説明する本章の締めとして、議論しておこう。

場とは、自律的なヨコの相互作用のプロセスである。その場が生まれ、機能していくためには、きわめて当たり前のことだが、一つ絶対に必須の要件がある。それは、

「組織のメンバーが場での相互作用へ自律的に参加する意欲をもっていること」である。

よく昔から、馬に水を飲ませるには、いくら馬を水辺に連れていってもそれだけではだめで、馬が水を飲む気になる必要があるという。それと同じことである。いくら経営の側が努力をして場という舞台の設定の努力をしても、その舞台の上で踊るのは組織のメンバー個人個人なのである。彼らが場での情報的相互作用に参加しようとする積極的な意欲をもてる状況でない限り、本当に機能する場は生まれてはこないだろう。また、いくら経営の側が場のかじ取りの努力をしても、そのかじ取りを受けて動くのは、これまた組織のメンバー個人個人である。彼らの自律的な行動こそが、共通理解を生み、心理的エネルギーを発生させる源泉なのである。

そうした「場の相互作用への参加意欲」という必須の要件を組織のメンバー個人がきちんともつためには、個人の側も、組織の側も、備えるべき基礎条件があると思われる。その全体像を示したのが、図4-3である。個人の側の条件として、連帯欲求をかなりもっていること。組織の側の条件として、自由、信頼、基礎的情報共有の三つの条件が満たされていること。これが、場のマネジメントがそもそも可能となるための基礎条件である。

図4-3　場のマネジメントの基礎条件

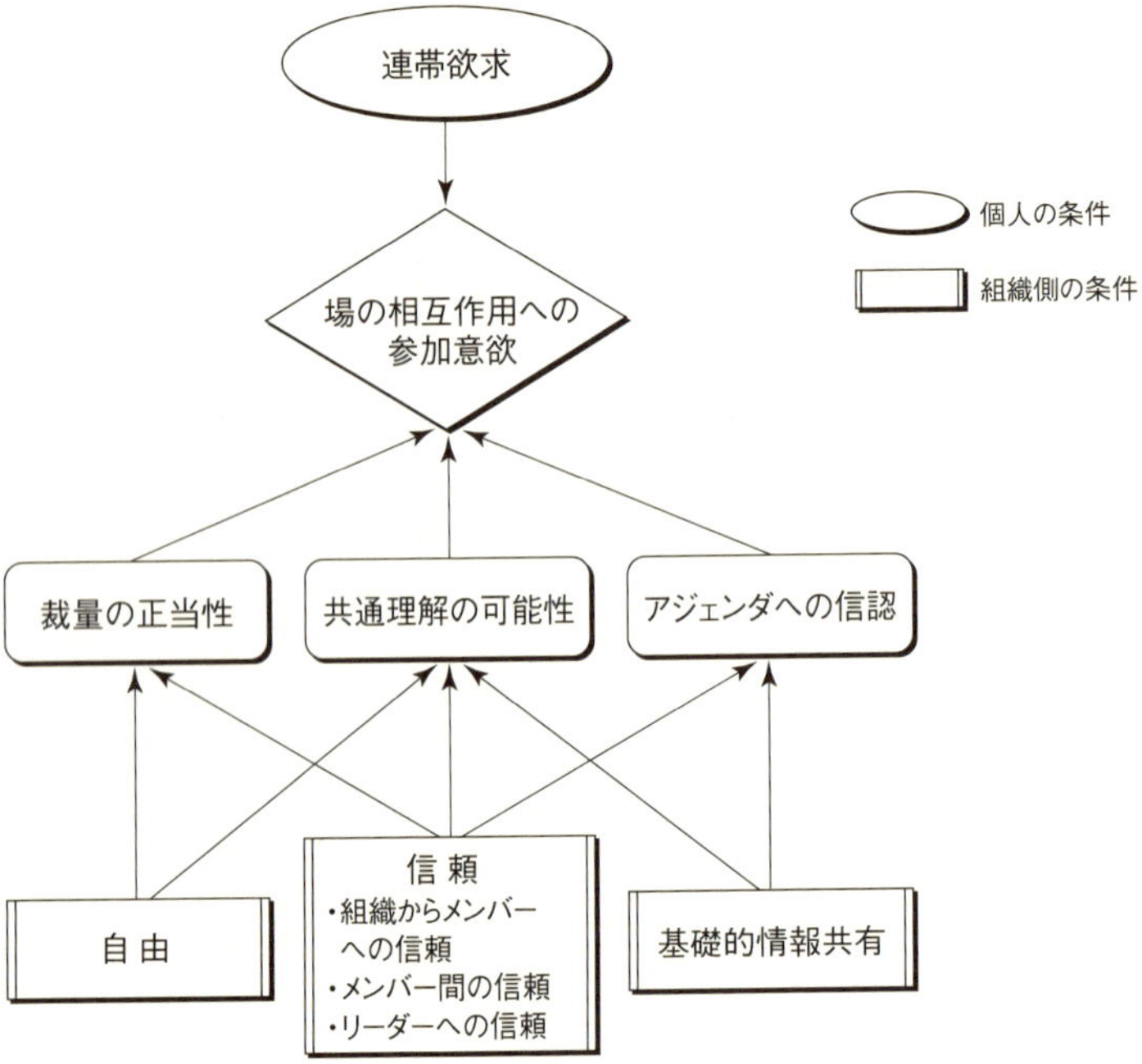

個人の側の基礎条件として、場の基本要素の一つになっている「連帯欲求」が挙げられるのは、当然であろう。場は、他者との相互作用の場なのである。他者との連帯を欲する欲求が基本的に欠けた人には、場への参加意欲は起きないだろう。

ただし、この欲求はいわば個人的属性であり、あくまでも個人の側の条件である。マネジメントの側からできることは、そうした欲求をもった人を組織のメンバーにすることしかできないであろう。

しかし、参加意欲のための基礎条件は、そうした全く個人的な属性だけではない。組織のありようとして、基本的なところで自律的な相互作用への参加の意欲を決める組織的条件があると思われる。そうした基礎条件の確保は、場のマネジメントの大前提の整備という意味で、経営の側にどうしても必要なことである。

組織側の基礎条件とは、図4-3にあるように、自由、信頼、基礎的情報共有という三つの条件であるが、それがどのようにメンバー個人の場の相互作用への参加意欲とつながるのか、その論理をこの図に従って説明していこう。

まず、場の相互作用へメンバーが参加意欲をもつためには、次の三つの要因が満たされる必要があると思われる。

(1) メンバー個人の裁量行動が正当だと組織の中で考えられていること
(2) メンバー間で共通理解が生まれる可能性がかなり高いとメンバーが考えていること
(3) 場での相互作用のアジェンダへの信認がメンバーにあること

この三つの要因ごとに、図4-3の論理を説明しよう。

裁量の正当性

まず第一の要因、裁量の正当性について。

メンバー個人がかなりの裁量行動を自分はとれると思っていることは、場への相互作用へ参加しようとする意欲を個人がもつために、また、組織の仕事に関する相互作用を自律的にしようとする気になるために、何よりも必要な要因だと思われる。

場のそもそもの意義は、人々が場での相互作用の結果、共通の理解に落ち着き、それをベースに人々が行動をする、という自律性にある。裁量行動といってもいい。つまり、人々は自分がもつに至った理解をベースに行動をとるのである。したがって、その行動に関して彼らがかなりの裁量をもっている、その裁量が組織の中で正当と認められている、と考えなければ、相互作用に参加しようとは思わないであろう。

なぜなら、実際にとられるはずの組織の行動、そしてそれを構成する彼ら自身の行動について、自分で決める裁量の余地が彼らにないのであれば、つまりすべては上からの命令で結局は動かざるをえないと思っているのであれば、共通理解に達するための相互作用に人々は参加しようとは思わないであろう。参加してもムダだからである。「どうせ、最後は上からの命令に従うだけだ」と意欲を失ってしまう。

もちろんその裁量は、組織の中の裁量であるがゆえに、野放しの自由裁量ではない。分権された裁量ということになろう。分権ということは、それだけの権限を自分たちが与えられているとの意味だが、しかし真実分権されている場合には、その権限の範囲では自由裁量の余地があることを意味していなければならない。組織の中の権限委譲は、しばしばいかさまなものとなりやすい。権限委譲したと言いつつ、しかし肝心のときになると委譲停止になることが多いのであれば、それは裁量の余地を与えていることにはならない。

つまり、本当の意味での分権は組織の中の「自由の保障」でもある。そうした自由の保障がかなりの程度ない限り、人々の相互作用への参加意欲は期待できない。

さらに、最終的な行動の裁量の正当性だけでなく、相互作用のプロセスの中で、さまざまな人と実験的にせよつながり合い、ときには場を創発していくような人々のつながりの裁量の正当性もなければ、相互作用に人は参加する意欲は高まらないであろう。上から決められたメンバーの間でだけ相互作用をする自由があるというのでは、場は広がらない。場は窒息する危険がある。それを見越している人は、そもそも相互作用に自律的に積極的に参加することはないだろう。限定的な場に限界がくることを予想できるからである。

このような二つの裁量（行動の裁量とつながりの裁量）が許されるためには、二つの基礎条件を組織の側が満たしている必要があるだろう。それは一つに、個人にそうした自由を与えるというスタンスであり（図4-3の自由という組織側の条件）、二つにそうした自由をメンバーに与えてもよい、自由を与えてもそれが濫用されることはない、という組織の中のメンバーへの信頼である（図4-3の信頼という組織側の条件）。この二つの基礎条件が必要という意味で、「裁量の正当性」というボックスへ自由と信頼から二つの矢印が出ている。

二つの裁量について、「それが与えられる」という表現をとらずに、その裁量に正当性が付与されている、という表現をとっているのは、理由がある。たしかに裁量の正当性の一つの根拠は、組織の側が、あるいは経営の側がその自由を与えるというスタンスをもっていることであろう。しかし、かりに経営の側が自由を与えても、さまざまな相互作用の試みをすることが正当なことであると多くの人に共通に認知されていないと、相互作用はじつはそれほど起きなくなる危険がある。裁量の正当性の認知がないと、相互作用の実験や新しいつながりの実験を始めても、「なぜそれを許すのか」と誰かが疑問を提示して、すべてがストップする危険があるからである。あるいは、正当なことだという認識が小さければ、そもそも人々が実験を始めないだろう。たとえ経営側から与えられた自由が存在したとしても。

したがって、組織側の基礎条件としては、そうした正当性の共通の認識が生まれるところまで自由と信頼を確保するように、きちんと配慮することが必要になるのである。

共通理解の可能性

つぎに、場の相互作用への参加意欲の第二の要因である、共通理解の可能性について。

場の相互作用に個人が積極的に参加しようとする意欲をもつ第二の要因は、相互作用の結果として共通理解が生まれてくる可能性がかなりあるとその個人が信じていることである。もし、共通理解は生まれにくいと個人が予想していれば、そもそも相互作用をしてもムダだと考えていることになる。それでは、相互作用に参加する意欲はもてないであろう。

共通理解が生まれる可能性を多くのメンバーが信じるような状況を、ではどうしたら組織側でつくりだせるか。

そのためには、図に挙げた三つの組織側の基礎条件が三つとも必要だと思われる。だから、自由、信頼、基礎的情報共有の三つのボックスのすべてから「共通理解の可能性」へと矢印が出ている。

自由は、共通理解が生まれるまでの試行錯誤や情報交換の自由がなければそもそも共通理解へのプロセスが駆動できないところから、必要な第一の基礎条件となる。前章でミクロマクロループとして説明したように、共通理解に到達するまでのプロセスは、ミクロとマクロの間を往復する、いわば試行錯誤の情報交換プロセスである。その試行錯誤を行うには、メンバーの側に時間もエネルギーも必要とされるだろう。日常の仕事を遂行しながらかつそうした時間やエネルギーを割ける自由をメンバーがもっているような状況でなければ、そもそも共通理解へのプロセスを動かせない。そこへは参加できない。だから、共通理解が最後には生まれてくる可能性が高いとメンバーが信じるためには、そこへのプロセスに自律的に参加する自由が保障されていなければならないのである。

共通理解が生まれる可能性が高いとメンバーが信じられるための第二の基礎条件は、メンバー間の信頼である。共通理解を最後にはもてるような相手だと信頼できなければ、そもそも共通理解を生むための努力のプロセスに入ろうとしないであろう。信頼のない他者であれば、そもそもつながり合おうと考えないかも知れないし、かりにそれを試みても失敗する確率は高い。そうした他者への信頼がある程度必要なのである。経営の側が、そうしたメンバー間の信頼を醸成するような土壌づくりを、日頃から心がける必要がある。

共通理解が生まれる可能性が高いとメンバーが思うための第三の基礎条件は、基礎的な情報共有がメンバーの間にあることである。人々がかなり基礎的な情報を共有していることを相互に理解していることが必要だと思われる。

全く情報ベースが異なる人々の間であると、そこから共通理解が生まれてくるためには膨大な情報交換が行われなければならないことは、メンバーにはすぐ予想ができるであろう。そうであれば、共通理解の可能性は低いと考えてしまう。あるいは、ベース情報を共有していないと同じメッセージでも異なった判断をされる危険があるから、共通理解は生まれにくいと考えざるをえない。さらには、情報的相互作用の相手方の人々が自分たちと基礎的な情報を共有していると思えればこそ、彼らとの相互作用プロセスが発散してしまわない、混乱に陥らない、大筋をはずれない、と信用できるのである。

共通理解が生まれるということは、最終的にその共通理解という情報を共有することになるのだが、それを生もうとする相互作用プロセスに入る前にこうした基礎的な情報共有がメンバーの間にないと、相互作用プロセスの有効性に疑問がついてしまうのである。組織のマネジメントとして、日頃から基礎的な情報を皆が共有している状態を目指すことは、場のマネジメントとして重要な基礎条件なのである。

アジェンダへの信認

アジェンダへの信認とは、場の相互作用のアジェンダへのメンバーからの信認のことである。その信認があるということは、場の相互作用が意味のある目的で行われるとメンバーが信じていることを意味する。そのように信じることなく、相互作用はくだらないおしゃべりになる危険ありとメンバーが思っていれば、場の相互作用へ自律的に参加しようとする意欲をメンバーがもつことはないであろう。だから、アジェンダへの信認が場の相互作用への参加意欲の第三の要因なのである。

場のアジェンダが情報的相互作用の目的となるだけの意義のあるものと人々が信認するためには、二つの条件が必要だと思われる。第一は、アジェンダの納得性である。第二はそのアジェンダ設定を行うであろう、リーダーへの信頼である。

メンバーが場のアジェンダが意義があると納得できるためには、その納得に至るための判断の基礎的情報を皆が共有していなければならない。納得とは、メンバーによる判断の結果なのである。その判断を多くのメンバーが共通して行う状態が生まれるためには、メンバー間に基礎的な情報共有が必要なはずである。ばらばらにしか基礎的情報がないのに、あるアジェンダは意義があるとメンバーが共通に納得するということは考えにくい。しかし、同じような基礎的情報をもてば、人々が同じような判断をする可能性は高く、設定されるアジェンダも納得のしやすいものになるだろう。だから、基礎情報共有からアジェンダへの信認へと矢印が出ている。

アジェンダへの信認のもう一つの源泉は、アジェンダを設定したり取りまとめたり、ときには変更したりするリーダーへの信頼である。「あの人の言うことなら」という信頼感である。アジェンダの設定には恣意性がつねにつきまとう。したがって、それを設定するリーダーに対する信頼感がなければ、アジェンダへの信認は生まれにくいであろう。だから、アジェンダへの信認というボックスへ信頼から矢印が出ている。

自由、信頼、情報共有

以上の議論からわかるように、場の相互作用へメンバーが自律的に参加しようとする意欲をもつためには、自由、信頼、情報共有、といった基礎条件を組織の側が備えている必要があるのである。

これら三つの基礎条件は、場のマネジメントばかりでなく、一般にマネジメントの要点としてよく言われることばかりである。項目としては、とくに目新しいことではない。だが、自由、信頼、情報共有が場のマネジメントが成立するためにはとくに重要であること、そしてそれらがどのような意味で重要であるかは、ここで強調する必要があるだろう。場のマネジメントならではの重要性と意義があるのである。

その重要性と意義の大きな部分は、じつはこの三つの基礎条件が働く人が根源的に人間として欲するものであることである。人は皆、自由を欲する。人は皆、他者を信頼することを欲し、また自分が信頼されることを欲する。さらに人は皆、情報共有を欲する。組織の側にとって備えるべき条件が、同時に人々が根源的に欲するものになっているのである。

とすれば、場のマネジメントの基礎条件を整えようと経営の側が努力することが、ストレートに人々の根源的な欲求に応えることにもなっている。組織のマネジメントとしての要請と人々の欲求が、幸福な結婚をしている。だから、場のマネジメントは人々にとって受け入れやすいのである。受け入れたくなる可能性が高いのである。

とくに、信頼の重要性は特筆されるべきであろう。

図4-3で、信頼というボックスからは三つの矢印が出ている。三つの要因のいずれもが、何らかの意味の信頼が組織の中にあることを要請している。裁量の正当性の場合には、それはメンバーへの組織からの信頼であった。共通理解の可能性の場合、それはメンバー同士の間の信頼であった。アジェンダ信認の場合、必要なのはリーダーへのメンバーからの信頼であった。組織の中で、全方向で信頼が必要とされている。

しかしもちろん、信頼のみならず、自由も情報共有も、場のマネジメントのための組織の基礎条件として重要である。この三つの基礎条件の重要性を理解しない経営者は、おそらくゆがんだ組織を作りだしてしまうのだろう。

自由を積極的に認めようとしない経営者には、場のマネジメントはできない。強権的・支配的マネジメントになってしまう。

信頼を組織の中に作りだすことの重要性を理解しない経営者には、場のマネジメントはできない。組織の中が疑心暗鬼になり、性悪説のマネジメントになってしまう。

情報共有を進めようとしない経営者には、場のマネジメントはできない。分断的・集権的マネジメントになってしまう。

第5章 場の生成のマネジメント——場を設定し、創発させる

1 生成とは、生まれ、そして成ること

場の生成の大切さ

場の二つのマネジメント（生成とかじ取り）のうち、生成のマネジメントがまず順序としては、必要である。場が生まれなければ、かじ取りという課題は出てきようがないからである。この節では、場の生成のマネジメントを扱うが、場の生成は組織の経営の実際のプロセスを左右していることが多いにもかかわらず、案外見落とされやすい。そして、ある経営課題の解決のために、場の生成が適切であるにもかかわらず、別の解決策が講じられることも多いのである。

たとえば、人々の間の協働と組織構造という問題を考えてみよう。典型的な例として、事業部制をとっているために事業部間の協力が生まれにくくて困っている企業を考えてみる。そのとき、協

働をより円滑にするための対策として、当然、事業部制の変更という組織構造の改革が考えられる。協力すべき事業部を含んだ大きな事業部に再編成するか、あるいは事業部制そのものを廃止して職能別組織に変える、という大改革もあるだろう。

たしかに、そうした構造改革をしなければならないような抜本的な問題を抱えている組織もある。しかし、組織構造を変えなくとも、既存の構造の中に新たに場をつくる努力をする、あるいはすでに生まれている場を少し変えてやる。それだけで、組織現象は大きく変わる場合もあるのである。

例を挙げれば、協力の必要な事業部の長を、彼らの間に場の生まれそうなメンバーにしてやること。過去の交友関係とか性格とかに注意して人員配置をするのである。その上で、彼らが相互に接触する機会を多くするように配慮する。たとえば、彼らをメンバーとする社内委員会を作るとか、あるいは二つの事業部の本部を同じ建物の中に配置するとか。これらは場の生成のマネジメントの一例である。

あるいは、協力の必要な事項を直接担当しているそれぞれの事業部のキーパーソンをさまざまな会議の場で同席させ、協力がいやでも必要となるような本社プロジェクトの議論をたびたび議題にすること。キーパーソンの間に情報の共有が起きて情報的相互作用が始まるように手配りするのである。つまり、彼らの間に場が生まれるように配慮して、会議の頻度や議題といった議事の設定を考えるのである。

組織構造を変えることにしか注意がいかないのは、経営の細かな機微を知らない人である。人の配置や会議の仕方を微妙に変えるだけで、組織の構造などは変えなくても組織としての動きには変化が出せる。場が生まれ、場が変わるからである。

場は生まれ、場は育つ——場の萌芽と成立

場が生まれ、場が変わる、とは、場が育つものであるということを意味している。ある少数の人たちの間に始まる散発的な相互作用の輪が小さな萌芽として発芽し、そこで議論が活発になって、そこから輪が広がり、さらに多数の人々を巻き込むようになり、そして最後には多くの人々が参加して、共通理解という情報秩序を生めるような場として成立していく。そうしたパターンが、場の生成パターンの一つの典型である。

生成という言葉を二つの部分に分ければ、生まれる部分と、成る部分とに分かれる。場は、まず萌芽が生まれる。それが第一のステップである。その後、その萌芽が育って場の十分な機能を果たすまでに「成っていく」。場として成立していくのである。

つまり、場が育つプロセスは、「萌芽誕生」と「成立」という二段階でとらえることができる。

例を挙げよう。

大きな研究開発プロジェクトが作られたとする。そのメンバーが決まり、あるミッションをもって開発が進んでいく。あるとき、プロジェクトが基本的開発の方向の選択の岐路に立たされたとする。そのとき、プロジェクトの中の有志と関連分野の少数の人々が、自発的に集まってプロジェクトの将来について議論を始めたとしよう。その議論が、活発に継続し、彼らの間にある種の結論が生まれ始める。その結論をもって彼らが周囲の人間に影響を与えていって、彼らが言いだした方向

での議論がプロジェクト全体で行われるようになる。そのプロセスで、彼らはプロジェクトの責任者の了解を得て、自分たちの議論をあちこちへもち込んでいった。プロジェクトの責任者もそうした議論が行われるようにサポートをしていった。そして、多少の修正を受けた上で、彼らの発議の方向でプロジェクト全体の方向が変更される。こうした事例は経営組織の中で、しばしば見られるであろう。

このプロセスは、場の成長のプロセスの例と見ることができる。まず最初に、有志グループの間で、小さな場の萌芽が創発したのである。その萌芽が、プロジェクト全体の場へと成長していく。その際には、プロジェクト責任者がその場の成立に積極的に関与している。そうして成立した場の中で、プロジェクト全体に新たな方向性という新しい秩序が確立していったのである。

場が成立するとは、場の基本要素の共有がメンバーの間でかなりの程度、確立したことをいう。そういう「成立」という状態にまで場が育っていく過程では、つぎのような四つの「場の成立のステップ」が何回もサイクルのように繰り返されるであろう。

(1) メンバーの選定
(2) 場の基本要素の設定（アジェンダの決定、など）
(3) 場の基本要素の共有への働きかけ
(4) ミクロマクロループのあり方への工夫（誰が誰に連絡するようにしておくか、など）

開発プロジェクトの例では、まず有志の間でこのステップが繰り返され、萌芽として彼らの間でのおそらくは「小さな場」とでもいうべきものが成立した。それは、プロジェクト全体という大きな容れものから見れば、場の萌芽が生まれたことと解釈できる。しかも、自律的に生まれたのである。

その萌芽からプロジェクト全体の場として成立していくプロセスでは、プロジェクト責任者がかなり意図的に「場の設定」の努力をした。それは、プロジェクトを通してこの四つのステップのそれぞれで彼の経営的働きかけがあったという意味である。

この例でも明らかなように、場の成立の四つのステップは、自律的に現場で行われることもあるし、場をつくろうとする経営の働きかけによって行われることもある。つまり、場の萌芽の発生から場の成立までのプロセス（つまり場の生成のプロセス）には、現場による「創発」という現象もあれば、経営による「設定」という現象もあるのである。創発とは現場で自律的に起こること、設定とは経営によって意図をもってつくられること、である。

設計、開花、育成、自成

このように、場が生成してくるプロセスは、萌芽が生まれる段階とその後に場が成立してくる段階との二段階に分かれ、その二つの段階のそれぞれで経営による設定と現場の人々による創発ということがありうる。こう考えると、場の生成のタイプは、表5-1のようなタテヨコそれぞれ二分類のマトリックスとして整理できることになる。

第一の場合は、左上のマスで、場の萌芽の誕生も場の最終的成立も、経営の設定によって大半が行われる場合である。もちろん、場という自律的な相互作用のプロセスの本質上、経営する側が

表5-1　場の生成の四つのタイプ

		成立	
		設定	創発
萌芽	設定	設計される場	開花する場
	創発	育成される場	自成する場

「完全に設定できる」とは考えにくい。上の設定の四つのステップのどれについても、現場の自由度の余地は残る。しかし、設定の程度が高いものを、経営が設定するということと理解しておこう。この左上のマスが、「設計される場」である。

第二の場合は、右上のマスで、場の萌芽は経営の設定によって与えられ、それをきっかけとして現場でその萌芽から創発的に場が成立してくる場合である。経営の側の関与とすれば、何らかの場の萌芽あるいは断片のようなものだけを経営の側がつくり、あとは場の成立は創発に任せる、という場合である。こうした経営の関与を、場の萌芽づくりと呼ぶことにしよう。もちろん、萌芽から花が開かず場が生まれないこともあるだろうが、経営がつくった萌芽から創発的に場が成立してくる場合、これを「開花する場」と呼ぶことができるだろう。

第三の場合は、左下のマスで、場の萌芽は現場で創発的に生まれるのだが、それを経営が引き取って育成し、場として成立させるための設定を加えていく、という場合である。この場合、場の萌芽は経営の想定外のところで生まれている。これを、「育成される場」と呼ぶ。上の開発プロジェクトの例は、このケースである。

この第三の場合、場の萌芽が創発してくるきっかけの多くは、予想しなかった環境の大変化である。そんな大変化が起きたとき、経営の側からの働きかけを待たずに、現場で創発的に問題解決、対応策検討の場が生まれ始めるのである。しかし、生まれた萌芽を経営が目ざとく見つけて、場に育て上げていく。だからこそ、経営組織全体が環境変化に対応できるようになる。環境適応能力の高い経営組織にはしばしば見られる現象である。

第四の場合は、右下のマスで、場の萌芽が創発的に現場で生まれてくるだけではなく、その後の場の成立に至るプロセスもすべて創発的に起きる場合である。経営の設定の手をかけずに、秩序を生みだす場が創発するわけで、通常の経営としては関与の度合いが低すぎる、多少異常な事態ではある。しかし、こうした異常事態に秩序を生んでくれる場が生まれ、機能するようにしておくのも、経営の一つの準備といえるかも知れない。こうして生成する場は、「自成する場」と呼ぶのがふさわしいだろう。

この四つの場合のそれぞれで、経営の関与は変わっている。

- 設計される場では、場の萌芽も成立も、経営が設定する。創発の余地は小さい
- 開花する場では、場の萌芽づくりを経営が行う。現場の創発が花を開花させて場にする
- 育成される場では、場の萌芽は創発的に生まれ、それを経営が育成し、成立させる
- 自成する場では、場の萌芽が生まれるのも場の成立プロセスも、創発的に起きる

この四つのタイプの場の中で、自律性を相互作用の旨とする場であり、かつ組織の中の経営の一端を担う機能を果たせる「場」としてもっとも場らしいのは、開花する場と育成される場であろう。組織の経営の立場からすれば、設計される場というものも必要な場合があるだろうが、一般論と

しては、設計される場はそれほどダイナミックな動きができない可能性が高い。自律性という場の本質が発揮されておらず、経営による設定の手が現場の人々の創意と工夫と共振に不必要な介入をついしてしまう危険が高いからである。それでは場の息が詰まってしまうのである。開花や育成の場合のように、創発の要素があるほうが場らしい。

たとえば、企業が新事業を興すために社内ベンチャーという制度を作ろうとすることがあるが、それがしばしばうまくいかない理由は、それが設計された（あるいは設計されすぎた）場になっているることが多いからではなかろうか。社内ベンチャー制度のもとではしばしば元気のあるベンチャー提案が登場しないか、あるいはそういう芽が出てきても、社内にあるがために社内のさまざまな部署、とくに本社から雑音や指導などが入りすぎて、ベンチャーとしてうまく育たないのである。それは、場の生成のマネジメントの言葉で言えば、ベンチャー事業に携わる人々とその周辺の人々の間に、うまく機能する場が生まれにくいためにベンチャー事業が育たないのである。

その原因は、このベンチャーという場を生成させるための萌芽と成立の両方に、経営あるいは本社による設定の手が加わりすぎることである。余分な状況設定を、つい本社がしてしまうのである。ベンチャー事業の萌芽が生まれるプロセスで、最初の提案こそボトムアップで生まれても、それを「本社が認める」プロセスが必ず入るために場の萌芽が本社によって設定されることになってしまう。さらに、そのベンチャーが場として成立してくるプロセスでも、しばしば本社が「管理」をしようとする。そのために、現場を知らない手が介入する。つまり、場の成立もまた設定されるのである。

こうして社内ベンチャーの多くは、いわば「設計される場」になっていることが多い。そのために、ダイナミックさに欠けるのである。しかし、ベンチャーの萌芽の発生は本社の承認といったような手が加わらざるをえないとしても、その後の運営のプロセスが自律性高く行われることによってベンチャーの場の成立が創発的に行われる、というケースが論理的にはありうる。そうしたケースは、私が「社外ベンチャー」と呼んでいる状況に相当する。いったん生まれた事業の種を社外に置いて本社からの距離を離し（だから「社外」）、自律性を高めるのである。それは、表5-1の言葉で言えば、ベンチャーの場が「開花する場」になるように配慮する、ということである。設計される場よりも開花する場のほうがうまくいきやすい、という例の一つである。

もちろん、創発の要素が多いのが場らしくていいと言っても、経営の立場から考えると自成する場があまり多いのも、経営の関与が少なすぎて問題かも知れない。それでは、経営は何をしているのか、ということになる。一般的には、一つの経営組織としてのまとまりをもとうとする以上、自成する場ばかりではおかしいであろう。

場の生成の二つのマネジメント――設定と創発

以上で、場の萌芽が生まれ、それが場として機能するまでに場が成立するまでのプロセスの中で、経営による「場の設定」という現象と現場による「場の創発」という現象とが共に起きることを強調した。

したがって、場の生成のプロセス全体への経営の関与のことを場の生成のマネジメントと呼ぶとすれば、それには「場の設定のマネジメント」と「場の創発のマネジメント」の二つがあることになる。

設定のマネジメントとは、上で四つに分けた場の分類で言えば、設計される場でも、開花する場でも、育成される場でも、それぞれで起きている場の設定努力のマネジメントのことである。創発のマネジメントとは、開花する場でも、育成される場でも、自成する場でも起きている創発現象のマネジメント、つまり創発現象に何らかの影響を与えようとする経営の努力である。

創発のマネジメントという言葉は、一見矛盾に聞こえるかも知れない。創発という自律的プロセスを他律的にマネジメントできるのか、という疑問がありうるからである。たしかに創発プロセスの多くの部分を他律的にマネジはできない。それではそもそも「創発」ではなくなってしまう。

しかし、こうした創発現象がどこかで何らかの形で起きることを経営の側があらかじめ期待し、その創発のためのきわめて基礎的な準備、たとえば言語の共有、皆が自発的に集まれるスペースの準備などを行う、ということはありうる。その基盤のもとで、場の萌芽が創発してくる。場の成立が創発的に起きる。そのような状況を指して、場を創発させる、という。場の創発自体は自律的現象なのだが、経営側から見たときには、それは全くの偶然ではなく、ある程度の確率で何かが起きることは想定しているのである。だから、「場を創発させる」という多少は他律的な表現も意味をもちうるのである。

言い換えれば、創発のマネジメントは、どんな場がどのような状況で出てくるかは事前には細かくは想定できないが、しかし場が必要に応じて生まれてくるようにあらかじめ基本的な手配りをしておく、という経営行為である。それは、場の萌芽の創発への手配りであったり、あるいは場の成立プロセスが創発してくることへの手配りであったりする。さらには、さまざまな創発のためのインフラ整備が、創発のマネジメントの一つの大きな課題であろう。

2　場の設定のマネジメント

場にする――成立の設定

場の生成のマネジメントをまず、設定のマネジメントという面から考えてみよう。設定のマネジメントは成立の設定と萌芽の設定に分けられるが、よりわかりやすいのは場の成立の設定であろう。

それを考えるために、ある単位組織の管理者を想定してみよう。企業なら社長、課なら課長、プロジェクトならプロジェクトマネジャーである。その人たちが、その組織における場の成立に対して何らかの設定の働きかけをしようとする、設定のマネジメントの当事者である。

彼らにとって、場の萌芽はすでに与えられていることが多い。たとえば、彼らが預かる組織のメンバーは上層部によって選定され、その上で管理者に任されている。大きなアジェンダ（たとえば課のミッション）も上層部から設定されているだろう。仕事の仕方の大枠も決まっていることが多いだろうから、解釈コードや情報のキャリアーもすでにかなり与えられている部分が多いことになるだろう。

つまり、場の萌芽はすでに上層部によって設定されている。

しかし、それは萌芽であるだけで、さまざまな情報的相互作用が部下の間で、そして部下と自分の間で、濃密にかつ継続的に起きるような状況になっているとは限らない。そうした状況をつくりだし、その組織を場にすることが、管理者の第一の仕事なのである。つまり、場の「成立」のための設定である。それが、自分の組織を「場にする」、ということの意味である。

与えられた場の萌芽から場を成立させるための基本的なステップは、すでに前節で場の成立への四つのステップとして述べてある。そのうち、メンバーの選定と大きなアジェンダの設定が済んだ段階にこの管理者はある。したがって、この四つの成立ステップのうちの残りのステップをきちんと踏んでいくことが、「場にする」ための経営行動の基本となる。

まず、第一ステップの「メンバーの選定」に次ぐ第二のステップとして、場の基本要素でまだ決まっていないものを設定しなければならない。

場のアジェンダについては、大きな枠は上層部から与えられているものの、具体的な細分化されたアジェンダを設定する必要がある。その他に、解釈コードと情報のキャリアーを設定する仕事がある。連帯欲求については、その基礎的な部分は個人の属性であって管理者が左右できるものではないだろうが、それを高めるあるいは共有できるようにするための手配り、という設定の仕事がありうる。

具体的な細分化されたアジェンダとは、自分たちの組織の仕事の具体的内容である。仕事の中の重点はこれだ、という理解が必要である。解釈コードとは、外部からの情報をどう解釈するか、こんなことを組織の中のある部署が言いだしたらそれはこういう意味で理解すべきだ、という解釈のルールである。そして、組織内部で情報の流通がよくなるように、情報のキャリアーとしてどのようなものが効果的かを考えてそれを設置する必要がある。会議室の仕切りをガラスにして中で誰がどんな案件の会議をしているかが自然に情報として伝わるように工夫するのも情報のキャリアーの工夫の一つだろうし、壁に「進捗状況タイムテーブル」を貼って全員が簡単に見られるようにすることも工夫の一つだろう（この本では、第2章でキヤノンのプロジェクトチームの例を紹介したが、その中で、模造紙によるこうした情報のキャリアーの工夫があった）。

こうした場の基本要素の設定は、最初の段階できわめてくわしいところまで管理者の側から設定できるという性格のものではないであろう。細かいアジェンダにしろ、解釈コードの細部にしろ、情報のキャリアーにしろ、より具体的なものは組織のメンバーとの相互作用の中から浮かび上がってくるだろう。つまり、場の基本要素自体の詳細は上からの他律的な設定ですべてが決まるものではなく、場の中で自律的に決めていく部分があるのである。場の設定の中にも創発的な部分がある、と言ってもよい。管理者のマネジメントの仕事は、その場のプロセスが動きだすように、キックオフのための場の基本要素の「あらあらの設定」をすることである。「あらあら」とは、おおまかに、という意味である。

第三のステップは、場の基本要素の「共有」のための働きかけである。ここでも、要素の「設定」の場合と同じように、キックオフは管理者によって、その後の具体的共有の動きは場の中で、それぞれに行われるものであろう。しかし管理者は、彼が考える場のアジェンダを熱心に説き、解釈コードについて彼がこうありたいと思う方向について説明し、そして人々が連帯欲求をもって相互作用をするように一体感をつくりだす必要がある。そうした「場の基本要素共有」のための作業は管理者の大きな仕事である。

場の基本要素共有の作業と並行して、ミクロマクロループのあり方について、工夫をする必要がある。それが場の成立のステップの第四番目のものである。ミクロマクロループは、個と全体との間のフィードバックのループである。部下たちが自分の意見や理解と組織の全体の動向との間でフィードバックを起こすループである。このループのゆえに個々の部下が全体のことを考えるようになっている。このループの工夫で大切なのは、誰と誰とが頻繁に接触をするかというパターンの工夫と、全体の動向を彼らがどのように知るようにするかである。

部下同士の間の接触と連絡のパターンは、彼ら自身の間のローカルな相互作用が活発で意味の多いものにするために工夫される必要がある。彼らが全体の動向を知るための工夫は、当然マクロとのフィードバックのために必要である。その手段として、全体の動向を管理者がまとめて集め、それを部下に会議などで伝達をする、というのも一つのあり方であろう。しかし、全体の動向を決める上で鍵になるキーパーソンたちが集まる機会を定期的あるいは自然に設けることによって、管理者によるまとめや統合なしに全体の動向が部下たちに伝わるようにする、という工夫もありうる。部下たちがキーパーソンの言動から全体の動きを察するのである。そのほうが、管理者によるまとめという胡散臭さ、管理者による解釈の雑音、上からの強制感などがなくていいことも多い。

こうしたミクロマクロループの工夫にとって、空間の共有が意味をもつことが多い。空間の共有は、さまざまな情報のキャリアーを生むことによって、その空間にいる人たち相互のコミュニケーションを容易にするだけでなく、空間全体を一人ひとりの人間にとって見やすくもしてくれる。つまり、全体の動向を空間に流れる多様な情報のキャリアーが知らせてくれるのである。それによって、多様なミクロマクロループが自然に可能になっていく。

場のインフラ整備——萌芽の設定

場の設定のマネジメントとしての萌芽の設定は、いわば場の芽を組織の中に植え付けることである。苗を植える作業、というイメージでとらえるのがわかりやすいであろう。それを別の言葉で表せば、場のインフラの整備、ともいえるだろう。

場のインフラ整備とは、第一には場の基本要素（アジェンダ、解釈コード、情報のキャリアー、連帯欲求）の基礎を提供することであり、第二にはミクロマクロループの効率のよい原型を提供することである。よりふつうの経営の言葉で言えば、たとえば経営理念の共有であったり、基本的な戦略の明確化であったり、情報システムの整備であったり、あるいは会議や仕事の空間の設定であったりする。

経営理念の共有は、直ちには特定の場のアジェンダを指定するわけではない。しかし、メンバーが経営理念を共有していると、アジェンダの確定、共有が促進されやすくなるであろう。その理念が大きな方向性を指し示しているからである。それが、アジェンダの苗を人々の中に植えていることになる。

戦略の明確化もまた、共有されるべき具体的なアジェンダや解釈コードの方向を示しているという意味で、インフラ整備になるだろう。また、情報システムがしっかりしていれば、情報のキャリアーの共有のある部分は、ＩＴのおかげですでに済んでいることになる。第2章のアマダや大林組の例がそれに当たるだろう。

さらに例を挙げれば、組織のメンバーが日常的にお互いのパーソナリティを知り合うような機会を多くつくるようにしておけば、連帯欲求をもつ基盤になることもあるだろう。あるいは、人々が情報交換を自然にできるような空間をあらかじめ準備しておくことも、こうしたインフラ整備の例であろう。たとえば、工場に隣接した研究開発センター、大きな食堂、豊富な会議室など。

こうしたさまざまな現実の経営行動が、場のインフラ整備になっている。とくに物理的な空間の共有（三井化学などのColocation）の意義は、場の萌芽のためのインフラ整備と考えてよいだろう。インフラがすぐれていれば、場が生成しやすいのである。

場で起きることが情報的相互作用であることを考えると、ミクロマクロループの効率のよい原型の提供は、場のインフラ整備として重要であることを強調しておく必要がある。とくに場の萌芽としては、人々が情報をそこへもち込みたがるような状況、さらにその中で人々の間のコミュニケーションが生まれやすい状況づくりを工夫することによって、場が機能するためのミクロマクロループが生まれてくる。

そのような場の萌芽の設定のいい例になっているのが、ジュネーブにある国際赤十字連合事務局による世界会議のもち方である。

国際赤十字連合は、加盟各国の国別赤十字社の間の連合組織である。その事務局は、各国赤十字の間の協力による国境を超えた協働活動がこれからますます重要になると考えて、国際協力関係を強くしたいと考えた。そこで、彼ら全員が集まる大規模な世界会議の際に参加国の間の「場の生成」を明示的に意識したいくつかの試みをした。

国際赤十字連合がやったことは、会議の正式の議題として各国間協力を掲げただけでなく、各国赤十字社が会議の休憩時間や議事日程終了後に互いに話し合いやすいような「場の萌芽の設定」の試みだった。

具体的には、パートナーシップキャフェと呼ぶ自由に人々が集える大きな心地よい部屋を会場の一部に用意し、連合事務局もまたその場で積極的な仲介を行える体制をもった。さらには会議期間中に生まれた協力関係への芽をオープンに議論するためのセッションを会議の中で設定したり、掲示で示したりした。その結果、他の国々の間でどんなことが起きているかを人々が自然に知るのである。「自然に知る」という意味で、うまいミクロマクロループの工夫になっている。

こうして、各国間協力に関して各国赤十字社が情報を持ち込みたくなる空間と雰囲気をつくり、そこで生まれ始める協力関係の芽を他の人々も見聞きするような（そしてそれから刺激を受けるような）状況をつくったのである。その試みの結果、各国赤十字社の間にいくつかの場が実際に生まれ、協力的な活動が増えていった。

この例で、場を成立にまでもっていったのは各国参加者自身であったが、萌芽の設定を行ったのはジュネーブの事務局だった。つまり、国際赤十字社の事例での場は「開花する場」の例になっているのである。

相互作用への参加意欲――設定の基礎条件

以上のような経営の働きかけによって場の設定への努力があったとしても、場が実際に生まれるためにはじつはきわめて基礎的な条件が整っていなければならない。そうした基礎条件については、すでに前章で場の生成とかじ取りの両方の背後の基礎条件として解説した。しかし、前章で場のマネジメント全体の基礎条件として説明したものが、「場の設定」という観点から詳細に見るとより具体的にどう見えてくるか、あらためて解説する意味はあるだろう。それだけ、この基礎条件は大切だと私は考えている。

場の創発のマネジメントの概説が次節で終わった段階でも、前章で説明した場のマネジメント全体にとっての基礎条件のより具体的説明を、「創発のための基礎条件」としてあらためて解説をする。

場の設定のための基礎条件の核は、すでに前章で場の基礎条件として指摘したように、「組織のメンバーが場での相互作用へ自律的参加する意欲をもっていること」である。この参加意欲がどのようにして生まれてくるのか。それを場の設定のために組織的条件として経営の側がどのように整備すればいいのか。その論理の大筋を描いたのが、図5-1である。

場とは、自律的な容れものである。したがって、そこへの参加もまた、当然に自律的である。他者との相互作用に無関心な人もいるだろうし、そうした人にいくら場への参加を呼びかけて場の設

図5-1　場の設定の基礎条件

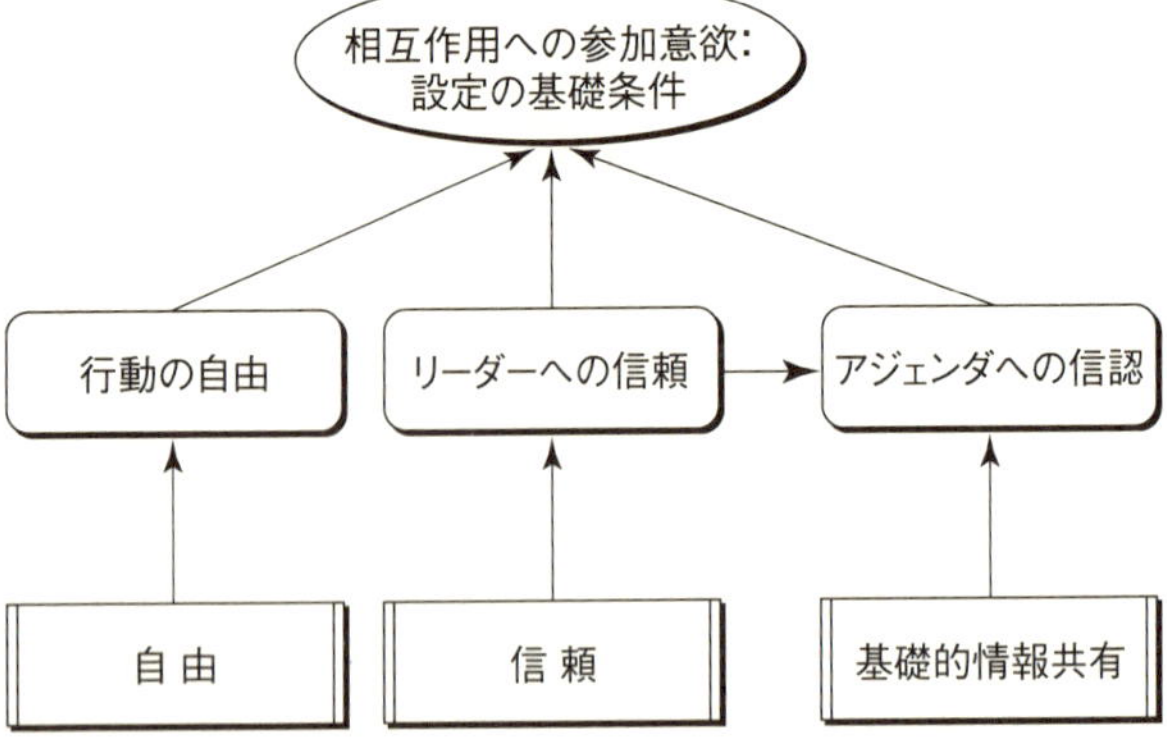

定をしようとしても、その努力は報われないことが多いだろう。いくら経営の側が努力をして場という舞台の設定の努力をしても、その舞台の上で踊るのは組織のメンバー個人個人なのである。彼らが場での情報的相互作用に参加しようと積極的な意欲をもたない限り、場は生成してこない。

その参加意欲の基礎的な源泉の一つは、場の基本要素の一つになっている「連帯欲求」である。他者との連帯を欲する欲求が基本的に欠けた人には、場への参加意欲は起きないだろう。ただし、この欲求はいわば個人的属性という面も強く、前章の図4-3にもあるように、場の基礎条件としては個人的条件である。マネジメントの対象になる部分は少ないだろう。だから、図5-1には書いてないが、重要なものであることは再確認しておきたい。

しかし、参加意欲のための基礎条件は、そうした全く個人的な属性だけではない。組織のありようとして、基本的なところで自律的な相互作用への参加の意欲を決める組織的条件もある。そうした条件の確保もまた、場の設定のマネジメントの基礎的な側面である。

その基礎条件とは、行動の自由、リーダーへの信頼、アジェンダへの信認、という三つの組織的条件である。それが整うと、人々が自分の組織の中でその組織の仕事に関する相互作用に自律的に参加しようとする気になると思われる条件である。

まず第一に、行動の自由について。

人々は場での相互作用の結果、共通の理解に落ち着き、それをベースに行動をする。それが場の働きの基本的なイメージである。つまり、人々は自分がもつに至った理解をベースに行動をとるのである。したがって、その行動に関して彼らがかなりの裁量をもち、つまりその意味で彼らが自由をもっていることが、場への参加意欲をもつための原点になる。なぜなら、実際にとられるはずの組織の行動、そしてそれを構成する彼ら自身の行動について、彼らに自分で自分たちの行動を決める自由がないのであれば、つまりすべては上からの命令で結局は動かざるをえないと思っているのであれば、共通理解に達するための相互作用に人々は参加しようとは思わないであろう。参加しても無益だからである。その自由は、組織の中の自由であるがゆえに、もちろん野放しの自由ではないことはすでに前章で述べた通りである。

参加意欲への第二の組織的条件は、リーダーへの信頼である。あの人の言うことなら、という信頼感である。場への自律的参加といっても、場の設定にはその場を生成させようとしているリーダーが関与していることは自明である。つまり、リーダーの何らかの関与の手が伸びていることを知った上での場への自律的参加、なのである。そのとき、リーダーへの信頼がなければ、参加意欲は生まれないだろう。その信頼感の大きな部分は、その場を上層部からの不当な干渉から守るという態度・実績から生まれるものだと思われる。場での自由な相互作用が上層部からの干渉でねじ曲げられることを手をこまぬいて見ているようなリーダーは、人々に信頼されないだろう。いわば、場の自由を外部の干渉から守ることがリーダーに期待されているのである。

場での相互作用への参加意欲の第三の組織的条件は、場で起きる相互作用のアジェンダへのメンバーの信認である。すでに前章で述べたことが、場の設定のマネジメントの基礎条件として、そのまま当てはまる。

場での相互作用はあるアジェンダに関して行われるものである。意味のないおしゃべりではない。それを考えると、そのアジェンダが情報的相互作用の目的となるだけの意義のあるものと人々が信認していなければ、自律的には相互作用に参加しないだろう。意義がないと思っても参加するのは、強制されたときだけである。

そういう意味でのアジェンダへの信認は、二つのものから生まれると思われる。一つは、アジェンダの納得性である。環境条件に照らし合わせて彼らなりに納得のいくアジェンダでなければ、信認は生まれない。その納得性のためには、基礎的な環境情報などが幅広く共有されていることが必要であろう。つまり、同じような環境情報をもてば、人々が同じような判断をする可能性は高く、設定されるアジェンダも納得のしやすいものになるだろう。アジェンダへの信認のもう一つの源泉は、アジェンダを設定したり取りまとめたり、ときには変更したりするリーダーへの信頼である。

アジェンダの設定自体は、場に参加するメンバーが主体的に行うものではない。それを決める役割を場のリーダーが担っている。その人への信頼がなければ、その人が決めるアジェンダへの信認は生まれにくい。

3　場の創発のマネジメント

基盤ときっかけ

「創発のマネジメント」という言葉は、語義矛盾に近い危うさをもっている。創発という自律的なプロセスを、他律的なにおいのするマネジメントという行為の対象にできるのか、という疑問を誰もがもつからである。自律と他律のミックスの危うさといっていい。

しかし、場の創発のマネジメントはありうる。場の萌芽の創発にせよ、成立の創発であれ、それぞれについて「創発の促進のための経営的努力」がありうる。その経営努力は、創発そのものが「始まるまで」の努力といっていい。創発プロセスが始まってから経営の手をあれこれ加えたのでは、もはや創発ではなくなる。

創発のマネジメントは、大きく分けて、創発のための「基盤」づくりと創発のための「きっかけ」づくり、からなるであろう。

基盤があるから創発が起きやすい。きっかけがあるから創発プロセスが始まる。しかし、創発プロセスがいったん始まったら、その創発のエネルギーを重んじて、もはやマネジメントの手は加えない。少なくともしばらくは、放置するのがいい。

もちろん暴走をしたらそれを止めるという意味でのマネジメントの手が最終段階で入ることもあるだろうが、マネジメントの手は、原則的には原初段階で多少の影を見せるだけとなる。それが創発のマネジメントである。

場の創発には、萌芽の創発と成立の創発の二つの段階での創発がある。この二つのうち、ふつうの組織でより重要な役割をもつのは場の萌芽の創発であろう。場の成立の段階までいくと、マネジメントによる設定の努力が何らかの形で入ることが多いことが想定されるからである。

場の芽が生まれる――萌芽の創発

場の萌芽の具体的イメージとしては、本章第1節で挙げたような既存組織の中の有志による自発的情報交換の輪を想定すればよい。そうした自発的グループが生まれ、実験的にさまざまな議論が起き始めることが、場の萌芽の誕生である。それが、上からの指令で起きるのではなく、自発的に起きる、つまり創発するところがミソである。どのような条件がそうした萌芽の創発のためには必要なのか。

創発には、基盤ときっかけとがいる、と先に述べた。まず、きっかけの議論から。

萌芽の創発の場合、そのきっかけの多くは現状に対する不満であろう。現状がひどすぎるという不満でも、現状はそこそこだがもっとよくできるはずという不満でもいい。そうした不満あるいはフラストレーションが満ちて、組織の内部にゆらぎが起こる。そのゆらぎから、萌芽が創発的に生まれる。

そうした不満やゆらぎを「マネジする」ということがありうるのか。

ある場合もあるし、そうでない場合もある。

わかりやすいのは、マネジメントの手が加わらずに不満が外部からの圧力だけで生まれる場合である。組織の外部で何かの変化が起きて、それに十分な対応ができないために内部にゆらぎが生まれるのである。外部の圧力と内部のゆらぎはワンセットで場の萌芽の創発のきっかけとなる。

開発プロジェクトの例で言えば、たとえば競争相手が新技術を開発したという外的事件、あるいは自分たちの生産現場で事故が起きて自分たちの技術の不備な点が見つかったという出来事。いずれも開発プロジェクトの外で起きた事件が圧力となって押し寄せ、それがプロジェクト内部でゆらぎを生むのである。そのゆらぎが十分に明確かつ大きなものであれば、萌芽の創発が起きるのではなく、もっと意図的なマネジメントの行為が起きることも多いだろう。つまり、萌芽の設定をそのゆらぎからマネジメントの側が始めるのである。しかし、萌芽の設定という形でマネジメントの側がゆらぎに対する対応の方向性を自分でもっていない、あるいは打ちだせないようなゆらぎも多い。管理者の認知能力にも限界があり、時間にも制約がある。そうした制約の中で、ゆらぎ自体が放置されることもある。あるいはマネジメントの側に適切な対応の具体案がないために、マネジメントとしては放置せざるをえないゆらぎもあるだろう。

そうした「放置されがちな」ゆらぎをきっかけとして、現場で場の萌芽の創発が起きるかどうか。しばしばそこに組織の適応力の分かれ道がある。そこに萌芽の創発の出番がある。萌芽をマネジメントの側が設定しないのに、それが現場から創発的に生まれてきて、その萌芽の中で場の相互作用が始まり、そもそものきっかけとなった外部の圧力への対応策が自然発生的に生まれてくる。こうしたプロセスが働きやすい組織は強い。

こうしたゆらぎを引き起こすためのマネジメント側からの働きかけはありうるだろうか。つまり、経営の側ではすぐには取り上げない、あるいは対策がよくわからないようなゆらぎを、それを承知の上で作りだし、萌芽の創発のきっかけづくりを意図するというマネジメント行為である。

それはたしかにある。たとえば、経営の側が人々の思いもかけないような高い目標設定をすることである。すでに挙げたホンダの例で言えば、本田宗一郎が藤沢武夫の大設備投資の決断に呼応して「機械の能力三倍論」を言いだした。それが、機械設備の選択の現場にかなりのゆらぎをつくりだす。それによって、現場でこれまでとは違った場の萌芽が新しい自発的グループとして創発してくる。その自発的グループから、全く新しい解決策へのアイデアが生まれてくる。

あるいは、松下電器産業には、「五%のコストダウンは難しいが、三〇%のコストダウンはかえってやさしいことがある」という面白い表現がある。これもまた、きわめて挑戦的な目標設定が、組織の内部にゆらぎをつくりだし、それが場の萌芽の創発をときに思いもかけない形で引き起こし、結局は新しいアイデアの創造につながる、という例である。

以上が、萌芽の創発のきっかけについての議論である。つぎに、萌芽の創発の基盤づくりについて。

その基盤づくりとは、創発のための自発的な努力が起きやすいような土壌づくりのことである。

たとえば、自発的グループの実験を奨励するという風土づくりである。あるいはさまざまな実験に対して、いちいち上司の許可を求める必要がないようなルールづくりである。そうした経営的な準備がなければ、多くの組織では誰も自発的には実験を始めない。いちいち自発的実験の会合のたびに上司の許可を得るのでは、場の萌芽となるものは生まれにくい。

そうした実験が奨励され実行されるためには、メンバーの自由が必要である。自由のないところに、多くの実験はありえない。こうした自由の確保のためには、組織の中の権限が実質的にかなり分権されていることが必要であろうし、若い人々や現場に任せる風土というものも大きな意味をもつだろう。

そして、自発的グループが実験を始めてもいいと思えるためには、自由以外にもう一つ条件がいる。それは、実験が目指すべき方向性がある程度明確であることである。この方向性の枠の中であれば実験は許され、そして将来正式に育成される可能性があると思えなければ、組織の中での自発的実験がグループを作ってまで始まることはないであろう。個人の趣味の実験とはわけが違うのである。それは、前章の最後で述べた、「裁量の正当性」の例である。ある方向性の中であれば、自由裁量で現場が自発的・創発的にグループを作り、実験的相互作用を始めていい、という正当性が組織によって付与されていれば、そうした実験的行為は起きやすくなるだろう。その方向性を提供するのも、萌芽の創発の土壌づくりの役割なのである。

こうした方向性を提供するための経営の手段が、戦略の明確化であり、事業のドメインの決定である。自分の組織が全体としてどんな方向に進んでいるのかという戦略が明確であれば、その方向に合った実験が許されると多くの人が思うだろう。あるいは、どんなドメインで事業活動を行うのかが明確であれば、そのドメインに収まるような実験が許され育成されていくことを人々は知るであろう。

場が立ち上がる——成立の創発

場の成立の創発とは、場が萌芽から育って場として成立する、その成立段階のプロセスが創発的に起きることをいう。そうした成立の創発は、設定された萌芽からも、創発した萌芽からも起きうる。前者の場合は、場は「開花する場」となる。後者の場合は、場は「自成する場」となる。

場が創発的に成立してくる、つまり場が立ち上がっていく典型的な例は、藤沢武夫の決断からホンダの工場と研究所にぞくぞくと生まれていった設備投資遂行のための場である。

成立の創発のマネジメントとして、萌芽の創発の場合と同じように、場の成立のための基盤づくりときっかけづくりがありうる。

ホンダの例で言えば、その基盤づくりとは藤沢と本田がそれまでやってきた経営理念の共有であり、解釈コードの共有であり、情報のキャリアーが共有されやすいような空間の配置に気を配った経営である。そうした経営努力の集積が、場の萌芽をホンダの組織に植えつける作業としての意味をもっていた。萌芽の設定が行われ、それが場の成立の創発の基盤づくりとなっていたのである。そうした萌芽がすでにある土壌の中で、不況期の大設備投資という決断が行われた。それがきっかけとなって、場が一気に立ち上がったのである。そのきっかけだけではだめであったろう。基盤づくりのための日頃の地道な経営努力が、場が創発的に成立するためには是非とも必要なのである。

つまり、この例でもわかるように、成立の創発のための基盤づくりというマネジメントの大きな部分は、じつは萌芽の設定のマネジメントである。マネジメントの手で萌芽が設定されるから、その萌芽が場として立ち上がっていく種になるのである。設定のマネジメントと創発のマネジメントは、こうしてつながっている。

場の成立の創発のためのきっかけづくりは、萌芽の創発の場合と同じように、やはり「ゆらぎ」である。ホンダの場合は、藤沢の大決断が組織全体にゆらぎを起こし、一気に場を立ち上がらせた。ただし、成立の創発が萌芽の創発と一つ大きく異なるのは、場の成立のためには組織全体（ここで場の対象としている単位組織）を覆うような広がりをもった情報的相互作用の輪にならなければならない、ということである。そうした大きな広がりが、新しい場として創発するのである。萌芽の創発は、小さな断片でよかった。成立の創発は、全体を覆うものである必要がある。

その全体には、ふつうは古い場が陰に陽に存在するのがつねである。そこへ新しい場となって場が創発するということは、新しい場の境界が古い場の境界から組み替えられる、ということを意味する。

開発プロジェクトの例で言えば、プロジェクト全体が新しいタイプの技術開発へとその解くべき問題を移行させる、というような例がそれである。それは、アジェンダの大きな変更であり、それによって場を規定している「境界のようなもの」の組み替えが最終的に起きて、初めて新しい場が成立していったのである。

そうした場の境界の組み替えとでもいうべき現象が「創発的に」起こるとは、場の中でそうした組み替えの動きが出てきたときに、経営の側としてはそれを許容する余地あるいは方針をもっている必要がある。それは、萌芽の成立のときに言ったことと同じような意味で、組織の中に自律的な自由を許す、ということである。

場が最終的に立ち上がる、場の成立が創発的に起こるという現象には、ややわかりにくさがつきまとうかも知れない。

一つのわかりにくさは、こうして立ち上がっていった場が、完全にマネジメントの手を離れた創発だけで生まれたのか、あるいは成立のプロセスのかなりの部分は創発的ではあっても、その節々にマネジメントの「設定努力」の手が加わったものであったのか、にわかにはわかりにくいということである。ホンダの例でも、実際にはおそらく創発ばかりでなく設定の努力もあっただろうと解釈するのが自然であろう。しかし、設定の努力が大量に起きたのではなく、中心部分は創発的であったろうと解釈して、ここでは場が立ち上がったという例として使っている。

成立の創発のもう一つのわかりにくさは、萌芽の設定と成立の創発が入れ子状になっているために、現実に起きている創発現象が、場の萌芽の創発なのか場の成立の創発なのかを区別しにくい、というわかりにくさである。

ホンダの例では、機械能力三倍論という本田宗一郎の目標設定から設備選択の場の萌芽が創発したと私は言い、そして藤沢の大設備投資の決断から本田の組織を大きく覆う場が立ち上がってきた、と表現した。場の範囲、あるいは大きさをどのレベルでとらえるかが二つの例で違うのが、わかりにくさの一つの原因だが、もう一つは萌芽から成立に至るまでのダイナミックなプロセスをどこに着目して切ってみるかも、わかりにくさの原因となっている。ここでの解釈は、設備選択の場の萌芽を本田の高い目標設定が生み、設備投資と生産全体の大きな場を一気に立ち上げる効果を藤沢の決断がもった、ということである。

しかし、こうしたわかりにくさの本質的な理由は、場の生成の背後にほとんどつねに「設定」と「創発」が絡んでいる、という現実があることであろう。わかりにくいのではあるが、じつはその設定と創発のミックスにこそ、場のダイナミズムの源泉があり、場の生成のマネジメントの最も面白いところがある。そのことは、本章の最終節であらためて議論しよう。

入れ子になった設定と創発

こうした入れ子状態になっている萌芽と成立、設定と創発の組み合わせを、ホンダの例に応じて図示すると、図5-2のようになる。ホンダの例では、ホンダ全体の場と、設備選択の場と、二種類の大きさの異なる場が生成してくるプロセスを例示として説明した。そしてその二つのそれぞれに、萌芽、成立、設定、創発が絡み合っている。全体としてまとめると、この図のようになるのである。ここでは設備選択の場だけを図示したが、実際にはホンダ全体の場が生成したことによって、製品開発の場、生産システム開発の場など多くの小さな場の萌芽が生まれ、そしてそれぞれが場として成立していったのであろう。

この図をあらためて、簡単にまとめて説明しておこう。設定と創発の入れ子状態がよくわかる。

図5-2　ホンダの全体の場と設備選択の場

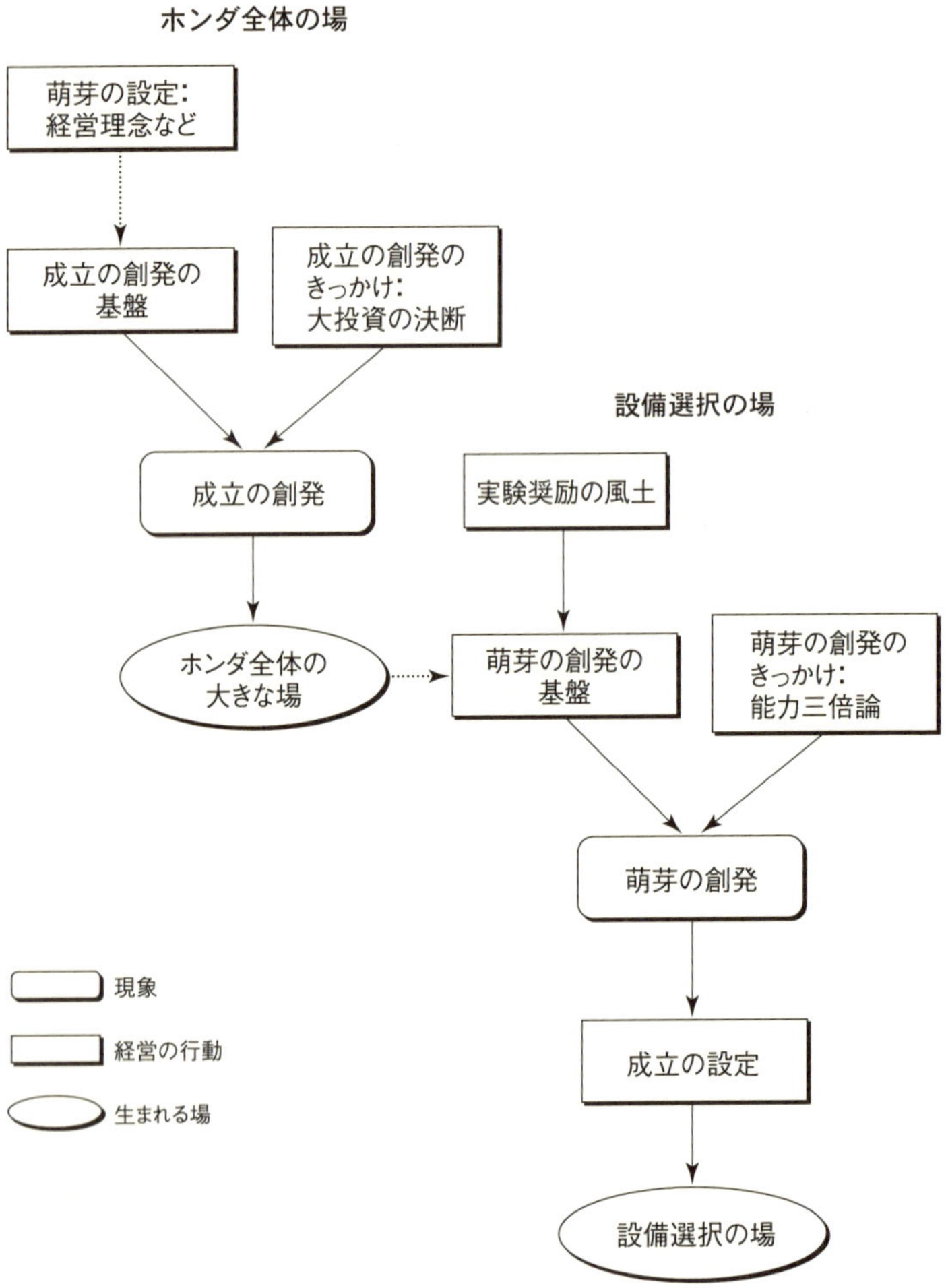

ホンダ全体を覆う場は、大設備投資の決断をきっかけに成立してきた。しかも、その場の成立自体が、「成立の創発」とでもいうべき現象であったと解釈できる。つまり、ホンダ全体の場の萌芽は、本田と藤沢によるそれまでの経営のさまざまな行動によって、設定されていたと思われる。経営理念、ホンダの戦略そのものなどが、「いったん事あらば、全社がまとまって事に当たる」という風土をつくりだしていたのであろう。それが、図の左上の萌芽の設定の意味である。その萌芽の設定が、場の成立ということが創発的に起きてくる基盤を提供していた。萌芽の設定から創発の基盤への矢印はそれを意味している。

そうした創発基盤があるところへ、大設備投資の決断がきっかけとして加わり、場の成立プロセスが創発的に始まった。その結果、ホンダ全体の場が生成したのである。

このホンダ全体の場の生成自体が、じつは個別のさまざまな場（この例では設備選択の場）の萌芽を創発させる基盤の一つとなった。しかし、設備選択の場の萌芽が創発的に生まれてきたのは、ホンダ全体の場がこのときに生まれていたことばかりが原因ではなく、組織の風土としてあらゆることに実験を奨励するという風土がホンダに根づいていたことも、もう一つの原因であった。

こうして、設備選択の場の萌芽が創発するための基盤が形成されていたところへ、本田宗一郎の能力三倍論という宣言が投げ込まれる。それが設備選択の場の萌芽創発の直接的なきっかけとなった、というのがこの図での解釈である。

基盤ときっかけが揃って設備選択の場の萌芽が創発したあと、その場がきちんとした場として機能していくように、マネジメントの側からの成立の設定があったものと思われる。それが、成立の設定というボックスである。この設定の努力については、本文の例示ではとくに説明しなかったが、たんに萌芽が創発したあとに、自成して場が成立したとは思いにくいのである。ホンダは、場という言葉こそ使わないが、「ワイガヤ」という言葉に代表されるような、ヨコの情報的相互作用の大切さを痛感している企業と思われる。そうした企業の大設備投資の設備選択の状況であれば、担当者レベルで場の成立を助けようとする小さな努力がさまざまな形で行われたと思われるのである。

場の成立の創発がこの項の主題であったが、その成立の創発というややわかりにくい現象が、ホンダの事例では二度にわたって起きている。一つはホンダ全体の場で、もう一つは設備選択の場で。そして二つの場は、つながっている。設備選択の場の「萌芽の創発」の基盤の一部に、ホンダ全体の大きな場の成立がなっている、という形で。

場の設定と創発がさまざまに入り組んで入れ子状態になっているのが、おそらくホンダのみならず、多くの企業での現実なのであろう。設定と創発のこうしたミックスについて考えるのが、本章第4節の課題である。

自発的つながり合いの意欲と容易さ——創発の基礎条件

設定と創発のミックスを考える前に、この項では前章で場のマネジメントの基礎条件として説明した「自由」「信頼」「基礎的情報共有」が場の創発のためになぜ重要かを解説することによって、場の創発の基礎条件をまとめておこう。

場の創発とは、場という相互作用の容れものが自発的に生まれてくることである。その容れものは、その中で人々がつながり合っているという状態が生まれていることによって容れものとなっている。つまり、場の創発とは、自発的なつながり合いが人々の間に生まれてくることなのである。萌芽の創発の際の自発的グループはまさにその好例だし、成立の創発の際の組織全体を覆うような場の成立も、人々の新しいつながり合いが大きなスケールで自発的に生まれてくることがその本質である。

そうした創発現象が起きるためには、人々がつながり合いをもとうとする意欲がなければならないし、それが自発的に起きることが比較的容易でなければならない。意欲がなければそもそもつながり合おうとしないだろうし、容易でなければつながり合いの試みが生まれても失敗に終わる危険が大きいからである。

そうした自発的つながり合いの意欲と容易さを確保できるような組織的基礎条件を整えるのは、場の創発のマネジメントの基礎的な役割である。ちょうど場の設定のマネジメントの際に相互作用への参加意欲の基礎条件を整える必要があったのと同じような意味で、創発の基礎条件整備が必要なのである。

創発の基礎条件として大切と思われるのは、つながりの自由、メンバーへの信頼、そして創発の正当性、という三つの条件である。前章の図4-3に、創発の基礎条件に焦点を絞ってこうした条件を具体的に書き込んだものが、図5-3である。

つながりの自由とは、自発的につながり合うという実験的試みをともかくしてみる自由である。その自由がなければ、そもそも人々はつながり合いを模索できない。その模索がなければ、萌芽に

図5-3　場の創発の基礎条件

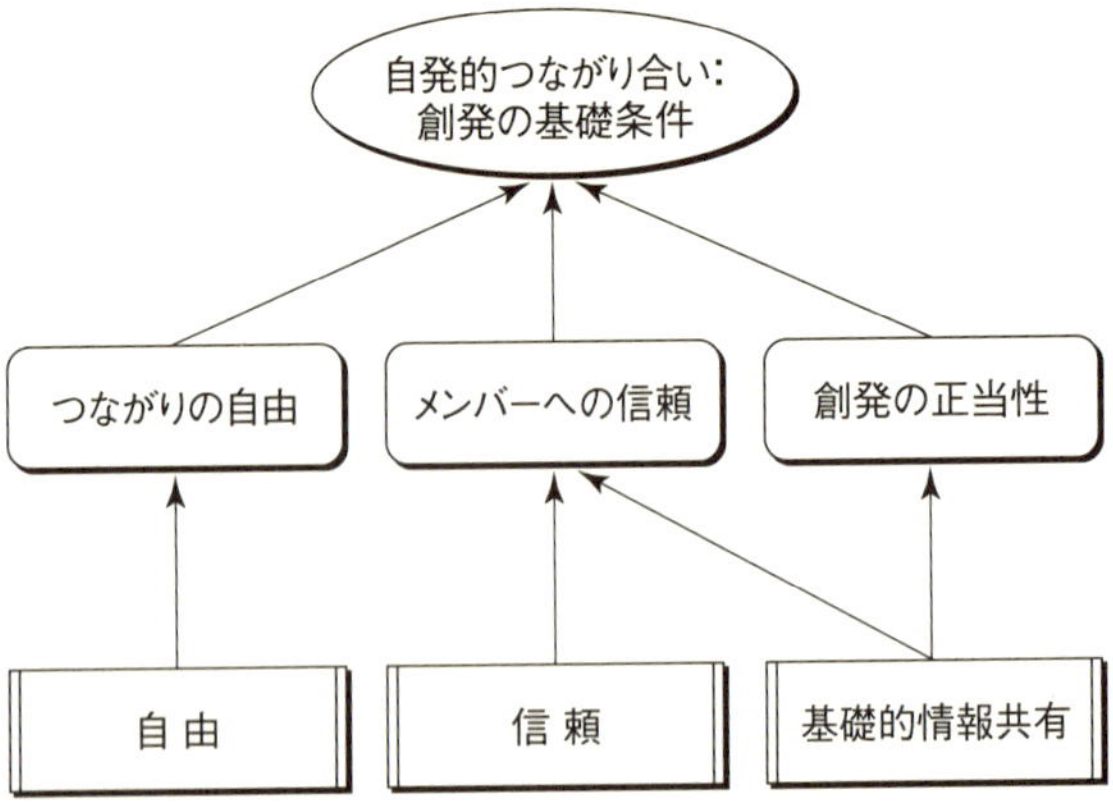

しろ成立にしろ、創発的に場が生成してくるのは無理である。場とは、人々のつながりの場なのである。

　こうした自由を組織の中で確保するための経営努力の具体的な例が、組織の壁、セクショナリズムの壁を低くするようなマネジメントである。通常の組織の壁を越えて、他の部署の人々とも必要ならばつながり合っていく自由が、つながり合い実験の自由を象徴している。

　つながり合いの意欲と容易さの第二の基礎条件は、メンバーへの信頼である。つながり合おうとする他者への信頼である。それがなければ、そもそもつながり合おうと考えないかも知れないし、かりにそれを試みても失敗する確率は高い。こうした信頼を日頃から組織の中に醸成しておけるようなマネジメントが必要なのである。

　つながり合う意欲や容易さが増すための第三の基礎条件は、創発の正当性である。自由があればたしかに意欲と容易さは増すが、組織の中での自発的つながり合いの実験が多発するためには、自由ばかりでなくそうした試みをすることが正当なことであると多くの人に共通に認知されている必要がある。その正当性がないと、創発が起きようとしても「なぜそれを許すのか」といった疑問を誰かが提示して、すべてがストップする危険がある。あるいは、正当なことだという認識が小さければ、そもそも人々が実験を始めないだろう。たとえ自由が存在したとしても。

そうした創発への正当性を付与するような経営努力の一つの例となるのが、経営理念や経営戦略によって組織の方向性を明確にすることである。その方向性に沿うような創発なら、組織の中で正当化されるのである。あるいは、もう一つの経営努力の例は、現場主義のような風土をつくることである。事の起きている現場にいる人々が自由につながり合って「その場で」決めることが正当なことだ、そうした決定を事後的にでも承認してやろう、という雰囲気である。現場を大切にし、その現場で決めたことを尊重するという風土は、すべては本社や上司にお伺いを立てたあとでなければ決められないという風土と比べれば、はるかに場の創発への正当性を高めていることが理解できるだろう。

組織の中で場が創発するという例ではないが、阪神・淡路大震災のあとの復興の際の、地域での場の創発の例が信頼の大切さを物語っている。復興への努力とエネルギーが創発的に生まれてきた地域とそうでなかった地域とは、かなりはっきり分かれたという。地域ぐるみの復興努力が生まれた地域は、いわばそこに場が創発したのである。その場の中で地域の秩序がつくられていって、その結果復興の努力が焦点をもって行われたのである。そうした場が創発した地域は、日頃から地域の中での人々の間の相互信頼の風土があった地域だったという。メンバー間の信頼という財産が場の創発にとって重要な基礎条件であることを示唆する例である。

4　場のダイナミズム——設定と創発のミックス

場のダイナミズムのための経営の鍵

場の生成は、ダイナミックなものである。

場は生まれる。場は育つ。場は設定される部分があり、しかし創発の部分もある。経営による場の設定の努力と、人々による場の創発とが交互にくる。そして、場の創発を促進するような準備作業的な経営の努力がある。

つまり、場を生成させる設定努力として場に近づき、そして場から離れて創発に任せる。そのミックスが場のダイナミズムである。

経営の関与は息をするようなリズムをもつ。ときに手を加え、ときに放置する。場に直接的にタッチして関与し、そして場から離れる。そのリズムを間違えてはならない。手を加え続けでは、創発のエネルギーが出てこない。放置しっぱなしでは、マネジメントの意味がない。「任して任さず」、その呼吸が大事なのである。

そうしたダイナミズム、そしてその背後の設定と創発のミックスは、本章の第1節で挙げた四つのタイプの場の中でもっとも「場らしい」と形容した、「開花する場」と「育成される場」でもっともはっきりと現れる。

開花する場では、場の萌芽は設定され、成立プロセスが創発的に起きる。こうした場への経営の関与は、場の萌芽の設定を行う段階でまず生まれる。その設定という経営の関与は、しかしつぎの段階としての「成立の創発」の基盤づくりとしてのマネジメントでもある。そうした萌芽から成立プロセスが創発的に起こるには、きっかけが必要であるときが多い。その場合、経営の関与は、きっかけづくりという形で起きることになるだろう。

さらに、設定された萌芽からあるきっかけで場が創発的に成立する場合、最後の最後に場として成立していることをいわばオーソライズする作業が必要なことがある。組織内の正当性をその場に与えるためである。もちろん、それすら必要なく、場が全く自律的に成立してくる場合もあるだろう。しかし、最終的な承認を経営が与えたほうが場がより大きな正当性をもち、より良く機能する場合もあるのである。最後のオーソライズまで入れると、経営の関与は「基盤づくり」「きっかけ」そして「承認」という三段階になる。

育成される場での経営の関与も、設定と創発への放置が交互にくる。育成される場では、萌芽は創発し、成立に対して経営の設定の努力が加わるのが基本である。しかし、それだけではない。場の萌芽の創発のためのマネジメントとして、萌芽の基盤づくりと萌芽が発芽するためのきっかけづくり、という二つのタイプの経営の関与がありうる。そして場の萌芽が創発してきて人々のつながり合いがある形をとり始めると、それを場として成立させるためにふたたび場の設定努力が始まる。

さらに言えば、設計される場（つまり萌芽も経営によって設定され、場の成立プロセスも経営に設定されるような場）でも、創発ということが完全になくなるわけではない。場の設定は、萌芽の設定でも成立の設定でも、完全に経営の側が設定し切れるものではない。人々が自然に埋めていく部分、つくり上げていくプロセスが場には必ずつきまとう。だからこそ、自律のエネルギーが出るのである。

こうした場のダイナミズムを考え、その経営の鍵としてこれまでの議論をまとめると、つぎの三つのポイントになるであろう。

まず第一のポイントは、前章で述べた場のマネジメントの三つの基礎条件（自由、信頼、基礎情報共有）の確保である。設定がうまく機能する組織的基礎条件、創発が促進されるための組織的基礎条件としての、この三つの条件である。この三つの条件の大切さを強調することは、伝統的な階層性の高い、制御観の強い経営のパラダイムではあまり想定しにくい。

第二のポイントは、経営の関与としての「設定の努力」は、しばしば「あらあらの設定」にとどめなければならない、ということである。

「あらあら」がポイントになる一つの理由は、経営の側の関与の限界として、あらあらにならざるをえない部分があることである。その限界を認識する必要がある。どうせ経営側には詳細にはわからないことが現場にはあるのがつねである。それにこまかく関与しようとすると、かならず無理が出る。もう一つの「あらあら」の理由は、積極的に創発部分を残すことが大切だからである。創発のエネルギーを使ったほうがいい。それは、ある部分はマネジしないというマネジメントである。

場のダイナミズムの経営の第三のポイントは、場の「境界」のマネジメントが大切だ、ということである。

場は、容れものである。容れものであるということは、容れものの内と外を分ける境界があるということである。その境界が生まれ、変化し、育っていくのが、ある意味で場の生成そのものなのである。

場の境界が区切られなければ、場は生まれず、ましてやそのマネジメントなどできない。しかし、その境界に開放性がなければ、場は変化できない。育たない。場には境界が必要で、かつその境界は閉鎖性をもちながらも、開放性をも部分的にもたねばならない。境界の区切り方とそのマネジメントに、場のダイナミズムの本質が象徴的に現れる。

場の境界

第1章でやかんの例を引いた。やかんの中の水の対流のように、場という容れものの中で濃密な情報的相互作用が継続的に起きる。

したがって、場が生成してくるにはまず、境界が多少あやふやな形でもいいから生まれてくることが必要である。たとえば、場の萌芽は、境界が生まれることをかならず含んでいる。

では、何が境界を区切っているのか。

たとえば、開発プロジェクトでの問題関心を共有する自発的グループでは、「問題」が境界を区切り、グループのメンバーはその境界の中に入ってくる。役員室の大部屋では、空間が境界を仕切り、その中に物理的に身を置いている役員たちの間で場の萌芽が生まれていく。さらにこの例では、

「役員である」というメンバーシップの原則があって、それもまた場の境界となっている。役員室にいる秘書たちは役員たちの議論の場のメンバーにはならない。

こうした例でもわかるように、場の境界を区切るものには、メンバーシップ、空間、問題、という三種類がありうる。つまり、

●メンバーシップが境界をつくるような場
●問題が境界をつくるような場
●空間が境界をつくるような場

という三種類の境界のあり方が大半の場に見られる。一つの場が生まれてくるとき、この三つのどれかが境界として機能して、場という容れものの出発点になるのである。もちろん、三つのうちの複数が同時に境界として出現する場もあっていい。大部屋役員室の場はその例である。

経営組織の中で三つの境界のそれぞれの例をさらに挙げてみよう。

メンバーがまず決まって、その境界の中で何らかの情報的相互作用が起きていくという例は多い。たとえば、新事業開発室という組織ができて、そのメンバーが選抜され、とくにどの新事業とは最初から特定しないがこのメンバーで新しい事業を考えてくれ、といったような例である。この開発室に配置されたメンバーという境界が決まり、そして「とにかく新事業」という大きなアジェンダだけは決まって、あとはそのメンバーに任される。その結果、うまくすれば場が生まれていく。

問題が境界となるような場としては、先に挙げたような自発的グループがそうだし、あるいは社内公募による新技術の開発交流フォーラム、などがその例である。こうした技術的課題を解決した

い、と問題が提示され、その問題に興味がある人々が自由に集まって議論や技術交流を始める。さらに言えば、イントラネットでのフォーラム設定も問題を境界とする場の萌芽の例である。

空間が境界をつくる場の典型例は、Colocation（ロケーションの共有、共立地）である。開発陣を工場に置いて生産と開発の連携を図る、多様な分野の研究開発部隊を同じ敷地の中に同居させて技術融合を図る。さまざまな事例が第2章で紹介された。さらには、企業間連携による共同研究プロジェクトでは、複数の企業からのメンバーが同じ場所で開発活動を行うというように同じ立地にいることにより、接触が増え、コミュニケーションがよくなることを狙う。いずれも、空間が場の境界となって、その場の中にいるからこそ情報的相互作用が活発になることを狙っている。

場の生成プロセスが、萌芽の誕生から場の成立へのダイナミックな成長過程を経るためには、場の境界はかなりオープンにすることが必要である。いったん生まれかけた場の萌芽としての境界が閉鎖的だと、その萌芽からさらに成長し、十分な機能を果たす場として成立するまでに場が変化していけないのである。それは、創発の場合でも設定の場合でも同じである。しかし、創発の場合には自ら変化していくわけだから、場の境界の開放性はとくに必要であろう。

しかし、場という容れものとして機能するためには、完全開放では無理である。それでは境界のない容れものという、矛盾したものになってしまう。やかんという壁のない水には、対流は起こらない。したがって、閉鎖的な部分をかならずもたなければならない。

原則として境界をもちながら、しかしその境界が緩やかさをもつ。場の境界は、存在する必要があり、同時に境界は閉鎖的であってはならない。二つの矛盾しがちな性質を場の境界はもたなければならない。その微妙な消息に、場の生成のマネジメントの一つのポイントがある。

二重の自己組織体

場の生成のダイナミズムの源泉の一つは創発にある。そして、生成した場から共通理解という秩序や心理的エネルギーが生まれてくるのもまた、共振を伴った自律性があるからこそである。

つまり、場から生まれるエネルギーやダイナミズムの源泉は、「自律」というところにある。その点から見ると、場は二重の意味での自律性をもっている。二重の自己組織体であるところに、場のミソがある。

まず第一に、どのようなプロセスで場が生成してくるにせよ、場が生まれたあとに場の中で起きる秩序形成と心理的エネルギーの発生のメカニズムは、場のメンバーによる自律的な相互作用を大きなベースとしている。その意味で、場の中での秩序形成プロセスには自己組織性が強い。

第二に、その場が生まれてくる生成プロセス自体に、創発という自己組織的な部分がある。とくに、場が育ち、変化していって長期的に機能し続けるような場では、大なり小なり萌芽の創発が重要なステップとなるだろう。

つまり、生まれた場の中で起きる情報的相互作用もかなり自己組織的、場そのものが生まれ変化していくのもかなり自己組織的、という二重の自己組織体になっているのが、場の本質なのである。

その二重の自己組織体を、場のマネジメントはマネジしようとしている。自律性を他律的に統御しようというのである。

場をマネジしようとしすぎると、場が自律的に変化していけるそのエネルギーを殺ぐことになりかねない。しかし、場を自律にばかり任せていたのでは、放縦の危険があり、エネルギーのムダ遣いのおそれが出る。そのミックスは難しそうだ。

しかし、そのあえかなるミックスを目指さないと、組織の中の場は死ぬ。

自律と他律。場に限らず、そのミックスはじつに難しい。自由と規律の両立の問題として、古くから多くの人を悩ませてきた。その難しいミックスの典型例が、場の設定と創発のミックスなのであろう。

第6章 場のかじ取りのマネジメント——場を生かし、場を動かす

前章は、場という構築物、場という容れものをつくりだすためのマネジメントがその主題であった。この章では、そうしてできあがった容れものの中で起きるプロセスのマネジメントをテーマにして考えてみよう。場がすでに生成したとして、その場の中の情報的相互作用のプロセスのマネジメントが、この章の主題である。

つまり、いかにして、場を生かし、場を動かしていけばいいのか。

1　プロセスマネジメントの基本

かじ取り役としてのマネジャー

場のプロセスのマネジメントは、「かじ取り」である。場のマネジャーの最大の仕事は、「司令塔」でもなければ、「動力源」でもない。情報的相互作用のプロセスのかじ取り役である。

それは、すでに第4章でも言ったように、ある意味で船の船長という船のマネジャーが行うかじ取りと似ている。ふつうに動くだけなら船長なしでも船は自分で動いていける。しかし、船が本来の能力を出して、スムーズに運航されていくためには、船長のかじ取りが不可欠である。

それと同じで、いったん場が生成したとしても、そこでマネジメントの仕事は終わるわけではない。生まれた場の中で起きる情報的相互作用のプロセスのかじ取り、つまり場のプロセスのマネジメントが必要なのである。

しかも、組織の中の場は、物理的な機械としての船とは決定的に違う側面ももっている。それは、場を動かしている人々が、たんなる機械の部品ではないということである。彼らは頭脳をもち、心と感情をもっている。彼らはその頭脳ゆえに、自律的に情報的相互作用ができる。しかし同時に、彼らの情報処理能力には限界がある。彼らはスーパーマンではない。それでも、場の中で相互作用をするうちに、共通理解という情報的秩序を生みだしていける。あるいは、個人として学習をして、情報蓄積を大きくすることもできる。しかも、彼らが心と感情をもっているがゆえに、場の中に心理的エネルギーが生まれ、それが情報的相互作用を助けることもしばしばある。

すべて、船の部品にはない現象である。そうした生身の人間の集まりとしての組織の中の場のかじ取りは、場の機能が発揮されるためにはきわめて重要である。そのかじ取り役が場のマネジャーなのである。

場のプロセスのかじ取り、という表現を使わなくても、組織の多くのマネジャーが実際にやっていることの大半は、じつは場のプロセスのかじ取りである。自分の部下がそれぞれの仕事をやってくれている。自分が実務を直接実行するわけではない。そうした仕事は、集団として行われることが多い。人と人とがどうしても絡み合う。その絡み合い、ときに反発、そして協働、そのプロセス全体のかじを毎日毎日取っているのが、組織のマネジャーである。それはまさに、その仕事の場のプロセスのかじ取りである。

したがって、以下で述べる場のかじ取りの議論の多くは、場に関連した言葉をはずして読めば、多くのマネジャーが日常的に思い当たるはずのことについての議論になるだろう。しかし、それだけでもない。場ならではの部分もある。場のマネジャーであるがゆえに、そのプロセスのマネジメントがたんにプロセスの統御を超えた影響をもってしまうこともある。たとえば、かじ取りの正否が、場の維持や熟成にも影響を与えることがある。それが、第4節でくわしく述べられる、場のかじ取りの「場熟成効果」である。

三つの基本行動——刺激、方向づけ、束ね

場のプロセスのマネジメントに限らず、人の集団としての組織でのプロセスマネジメントでは、つぎの三つの経営的働きかけが経営の基本行動となることが多い。

- ●刺激
- ●方向づけ
- ●束ね

すでに何度も述べているように、組織の活動はそもそも人々の協働作業として行われる。その協働を何らかの意味で統御するのが、「経営」というものである。経営の究極の目的は、ヒトの行動の統御なのである。

しかしヒトは、何らかの内的あるいは外的な刺激がないと行動そのものを起こさない。あるいは、起こしたとしても低水準の行動レベルしか保たない。それゆえ、組織の活動を活発に保つためには、広い意味で「ヒトを刺激する」ということが必要となる。

さらにヒトは、本来「個」としての存在であり、自律性をもち、その行動は多様でありうる。しかし、組織はある目的を達成するための目的志向的なものである。したがって、人々の行動に共通の方向性が生まれてくる必要が組織としてはある。そのために、「ヒトを方向づける」ことが必要となる。

さらに、共通の方向性をもったとしても、協働はたんなる方向性の共有を越えた緊密な関係を要求することが多い。しかし、個人が多様でバラバラのままであれば、組織としての協働にはならない。むしろ互いに負の影響を与え合って、個の合成としての全体が個の単純和よりも小さなものになる危険すらある。そこから、「ヒトを束ねる」という必要が生まれる。

こうして、「人々」の「協働」という二点に焦点を置いて考えると、経営の本質は、「ヒトを刺激する」「ヒトを方向づける」「ヒトを束ねる」ということになるのである。

刺激にしろ、方向づけにしろ、束ねにしろ、その具体的方法としてはさまざまなものがありうる。

「刺激され、方向づけられ、束ねられる」個人が、強制、束縛と感じないものも、感じるものもあるだろう。そうした具体的多様性を越えたより抽象的なレベルで、「刺激」「方向づけ」「束ね」は、プロセスマネジメントの三つの基本行動なのである。

五つのかじ取りステップ

この三つのプロセスマネジメントの基本は、場のプロセスに限らず多くの経営プロセスのかじ取りに共通して当てはまるものである。そうした基本行動を実行する実際のかじ取り行動として、さまざまな具体的なものが考えられる。それをやや抽象的に、しかし場のプロセスに即して、「場の中に共通理解も情報蓄積もエネルギーもまだ生まれていない状態からどのようにしてそれらを生みだせるか」というステップとして考えると、以下のような五つのステップのまとめがわかりやすいだろう。

(1) かき回す（あるいは、ゆらぎを与える）
(2) 切れ端を拾い上げる
(3) 道をつける
(4) 流れをつくる
(5) 留めを打つ（あるいは、仮り留めを打つ）

場でのプロセスは一種の秩序形成のプロセスである。共通理解という秩序、組織的な情報蓄積という秩序、そういったものが場の中の情報的相互作用によって形成されてくる。したがってこの五

表6-1　かじ取りの基本ステップ

	かじ取りのステップ	基本の経営行動
1	かき回す	刺激
2	切れ端を拾い上げる	刺激と方向づけ
3	道をつける	方向づけ
4	流れをつくる	束ねと方向づけ
5	留めを打つ	束ね

つのステップは、場の中に秩序がない状態から、あるいは既成秩序をまず壊す必要のある状態から、新しい秩序が生まれてくる段階まで進行するためのかじ取りのステップである（以下では、共通理解や情報蓄積を「秩序」という短い言葉でまとめて表現する）。

五つのステップはすべて、動詞として表現してある。その主語は経営者・管理者、あるいは場のマネジャーである。彼らがプロセスの進行に応じて「すること」がかじ取りなのである。五つの言葉の順序は、かじ取りの一般的なプロセスの時間的順序を一応想定している。そして、それぞれの言葉が、刺激、方向づけ、束ねという三つのプロセスマネジメントの本質のどれに主に対応するかも含めて、わかりやすいようにまとめたのが、表6－1である。

この五つのステップはじつは場にだけに限定されるかじ取りのステップではなく、多くのプロセスマネジメントに広く応用可能なものだと思われるが、場でのかなり自律性の高いプロセスを念頭に置いてひらたい言葉でまとめたものである。いわば、五つのかじ取りステップは三つのプロセスマネジメントの原理をさらにかみ砕いてより具体的にしたものなのである。

これら五つのステップの、場の中のプロセスに即したよりくわしい解説は次節で行うが、簡単に五つのステップの意味するところを一般的な経営の言葉でひとまず説明しておくと、つぎのようになる。

「かき回す」とは、それまでの秩序や均衡を壊すことである。そして、新しい秩序へと向かうようなきっかけを作ることである。「かき回す」ことの主な目的は、「刺激」にある（表6-1参照）。

それはちょうど、サラダドレッシングを放置しておくと二つの層に分離して安定してしまうのを、かき回しゆさぶってミックスさせるようなものである。このステップは、組織の中をマネジャー自らかき回すこともあるし、あるいは外部からのゆらぎを誘導して、そのゆらぎで組織の中をゆさぶることもあるだろう。だから、前掲のまとめではカッコの中にゆらぎを与えると書いておいた。ゆさぶられた結果として、組織の中がかき回されるのは変わりない。さらには、マネジャーとしては意図しなかったが、外部からとんでもないゆらぎがきて、そこから場のプロセスが活性化するということもある。本来はマネジャーがやるべき「かき回す」というステップを、外部変動がしてくれるという例である。

第二のステップ、「切れ端を拾い上げる」とは、かき回された人々がやり始めるさまざまなことの中から、きらりと光るもの、その組織のあるべき姿を示唆するようなことをマネジャーが取り上げることである。切れ端とは、たとえば「こんな特徴が自社の製品にあるといい」と誰かが言いだすことだったり、「ある小さな技術的な壁を越えた技術開発の実験結果が出た」ということを例示的にイメージすればいい。

「切れ端を拾い上げる」ことの主な目的は、方向づけであり、そして刺激である。ここで言う切れ端とは、組織の人々が提供するもの、生みだすものである。それをマネジャーがわざわざ拾い上げることによって、その切れ端が象徴するような方向こそが組織全体が進むべき方向であることを、マネジャーが示していることになる。そればかりでなく、その拾い上げられた切れ端をそもそも作りだしたメンバーの立場からすれば、「こういう切れ端をもっていけば取り上げてもらえるのだ」という刺激にもなっている。表6－1で、拾い上げるというステップに対応する基本行動として、刺激と方向づけの両方が書いてあるのは、そういう意味である。

第三のステップ、「道をつける」とは、いくつかの切れ端からそれらが指している方向をマネジャーがまとめ、それを適切な言葉で明示的に表現して、示すことである。切れ端だけでは、組織の方向性そのものが明確に出てこない。方向性のきっかけにはなるだろうが、あくまでもきっかけでしかない。人々の動きを切れ端が示唆する方向へ刺激し、そして導くためには、「道をつける」必要がある。道をつける主な目的は、方向づけである。その道に沿った切れ端がさらに出てくることが期待されている。

道は、人々にその存在とその方向性が理解できて初めて意味をもつ。そのためには、「旗を掲げる」ことがしばしば意味をもつ。掲げられた旗が、道をつけている。道を示している。旗に当たるものを、「目標」といったり、「戦略」といったりする。

第四のステップ、「流れをつくる」とは、多くの人が同時に集団で同じ方向へ動く状態（つまり流れ）をつくり、多くの人がその流れに乗るように仕向けることである。流れをつくることの主な目的は、同じ方向へという束ねであり、と同時にそうした方向へと人々が動くことを方向づけることである。

流れをつくるのは、川が大きな流れになるのと同じことである。小さな水流をたくさん集めるのである。小さな切れ端をまとめて集めると、それが流れになる。人々のそれぞれの動きを「一つに集める」作業が、流れをつくる作業の中心となる。そして、一度でき始めると、一つの流れが自分で近隣の水をさらに引き込み、大きな流れになる勢いをもつことが多い。

最後のステップである「留めを打つ」とは、その流れの方向をあらためて皆で確認するために立ち止まることであり、その流れの方向でそれぞれの人がすべきことを最終的に束ねることである。さらに、その流れをたんに人々の「考え」の流れに終わらせずに「行動」へ移るために、「考えることはここで終わり」という合図を出すことでもある。あきらかに、留めを打つことの主な目的は束ねである。

留めを打つことは、かき回すことで壊された秩序あるいは均衡から、別な秩序あるいは均衡へと移ったことの確認動作でもある。その秩序が究極的に望ましいものかどうかわからないときには、「仮り留め」を打つことになるだろう。それがカッコの中の仮り留めの意味である。しかし、仮り留めであっても、プロセスには留めが適宜打たれる必要がある。それが生体のリズムである。組織のリズムである。

ただし、いったん留めを打たれても、それですべてが終わりではない。打たれた留めの均衡を壊し、かき回す作業がしばらくすれば待っている。五つのステップのサイクルの終わりは、次のサイクルの始まりでもある。かじ取りのプロセスは、終わることのないプロセスである。

ただ、新しい均衡を壊してまた元の木阿弥に戻るのでは芸がない。五つのステップのサイクルは、繰り返し回転しながら、上方への螺旋運動として組織を進化させていくのが望ましい。

2 場の中でのかじ取りステップ

定型的プロセスと非定型的プロセス

場に限らず、すべての組織のプロセスマネジメントでは、定型的な現象が圧倒的に多く起きていく中で、ときに非定型的な問題が発生する。組織のプロセスマネジメントには、定型的プロセスと非定型的プロセスがあると考えるのが、わかりやすいだろう。

例示的に考えるために、ある事業部という組織を考えよう。その事業部長が、事業部内のプロセスマネジメントの責任者であり、場のマネジャーになる人である。

この事業部にとっての定型的プロセスとは、たとえば、客からの注文が飛び込んだときの対応である。その注文が小さければ、全くルーチンとして処理され、大きな注文の場合には、ただのルーチン扱いではなく、皆が重要案件ととらえてどんな対応をすべきか相談しようとするであろう。それでも、まだそれが定型的プロセスの範囲内に収まるような注文であれば、ふつうにメンバーの間の情報的相互作用、あるいはヨコの相互作用が起動され、とくに大きな混乱もなく処理されていくだろう。

つまり、「大きな発注」という外部からの働きかけがシグナルとなって、そのニュースが各部署の間を情報として回り、その注文に応えるにはどうしたらいいのかの打ち合わせが行われる。その結果、どうすべきかについて共通理解がかなり定型的に生まれてきて、それをもとに必要な行動が組織のあちこちで協働的にとられていく。場のプロセス管理者としての事業部長は、とくに能動的に動く必要はなく、それが定型的にしかしきちんと処理されていくことを確認し、必要ならば多少のトラブル管理をするのが主な具体的仕事となるだろう。これは、日常的に起きる、定型的プロセスでのいわば受動的なマネジメントということになる。

こうした定型的プロセスの管理のためにも、場はもちろん意味をもつ。この組織が場として成立していて、そこでメンバーの間でアジェンダの共有、解釈コードの共有、情報のキャリアーの共有、連帯欲求の共有、などがきちんとされていれば、定型業務の処理の効率も上がると想定できるからである。したがって、そうした定型的プロセスのマネジメントのためには、「場の維持」が場のマネジャーの仕事ということになるだろう。この場合、かじ取りの難しさはあまり考えにくい。

しかし、もっと非定型的な出来事が起きたとき、その後の処理のためのプロセスマネジメントでは、場のかじ取りが重要性をもつだろう。たとえば、競合企業が革新的な技術開発に成功して、その事業部が基本技術の全面的革新を行わなければならないという状況になったとしよう。それを告げる外部シグナルをこの事業部が受信したとき、事業部長のプロセス管理は、たんに大きな注文が入ったときの対応とは大きく異ならざるをえない。

たとえば、組織としてその技術開発をどのように行っていくかについて、組織全体での議論を活発化する必要がある。どんな開発努力に資源を配分するか、皆の共通理解をつくる必要がある。しかも、開発努力は急がなければならない。そのための情報蓄積を各人が始めることを促進しなければならない。そのためには皆のモチベーションを高くする必要がある。心理的エネルギーを組織の中につくりだす必要がある。定型的な場合とは全く異なって、能動的な情報的相互作用のマネジメントによって、共通理解と情報蓄積と心理的エネルギーをつくりだすことがきわめて重要になる。つまり、事業部長の仕事は、場の維持だけをしていればいいのではない。積極的な場のかじ取りがぜひとも必要とされるのである。

こうした非定型的な状況でこそ、じつは場のマネジメントという「自律作用」の多いマネジメントのやり方は意義をもつ。皆が自発的に動くプロセスのかじ取り、という場のマネジメントが成功すれば、その成果は大きいのである。

かき回す

では、表6-1のプロセスのかじ取りの基本ステップに従って、こうした非定型的なプロセスをイメージしながら、場の中のプロセスのかじ取りを場のマネジャーはどのようにするべきか、考えてみよう。

表6-2は、その議論の結論を「典型的なかじ取り行動のリスト」という形でまとめたものである。その際の例として、事業部の技術革新のケースを想定してある。

表6-2　場の秩序形成プロセスのかじ取り

	かじ取りのステップ	マネジャーの具体的な行動例
1	かき回す	・既存秩序への疑問提出 ・挑戦的な目標の提示 ・新しい外部接触の奨励 ・現場の何かをとにかく変えさせる
2	切れ端を拾い上げる	・小さな変化や妙なことを報告し合う ・意外な成功への注目 ・自発的グループの意見の尊重 ・アジェンダに合った行動の賞賛
3	道をつける	・全体戦略の提示 ・新しい行動案の提案、とくに最初の一歩 ・切る部分を明示 ・迷う背中を押す
4	流れをつくる	・小さな成功を集め、理由の議論と周知徹底 ・新しい動きのキーパーソンを中心にヨコ展開 ・全員参加のキャンペーン運動実施 ・流れからのはずれやぬるま湯への叱責
5	留めを打つ	・共通理解を確認する ・議論を終える終止符を打つ ・大きな行動をとる

かじ取りの基本ステップの第一は、「かき回す」である。

かき回す必要があるのは、新しい秩序形成が必要になる状況になったとき、多くの組織がすでに何らかの秩序、何らかの均衡をもっているからである。

人間には何ごとにも「先行する理解」というものがあり、それは多くの場合は無意識である。その無意識の先行理解をそれぞれの人がもっている、その集まりとして組織全体としての一応の秩序があるのである。たとえば、事業部の技術のあるべき姿についての先行理解である。事業部の中の人々の過去の経験、得意分野などから、この事業部ではこうしたことが大切であるはずだ、という多少の思い込みを皆がもつのである。人々がその安定に安住していることも多い。

場の言葉で言えば、場のプロセスマネジメントの出発点でじつは暗黙のうちのアジェンダや解釈コードの枠を、そこに集められたメンバーの先行的理解が作ってしまっている。

そうした均衡状態を壊すことから、かじ取りのプロセスは始まる。そのために、「かき回す」。

場の秩序形成プロセスをかき回すのは、すでに場のメンバーが暗黙のうちにせよ共有していると思われる先行理解としての既存秩序に対して、疑問を提示することから始まるだろう。その提示の具体的方法は、さまざまにありうる。その一つのよくとられる手段が、表6-2にあるように、きわめて挑戦的な目標をその組織の果たすべきパフォーマンス水準として提示することである。たとえば、事業部のコストを五〇%下げるための技術開発、という極端な目標を作れば、これまでの常識的な考え方ではとてもだめだと事業部のメンバーに伝わるだろう。あるいは、組織の中の人の配置をがらりと変えて、これまでの得意分野ではないことを担当する人の数を一気に増やしてしまう、などという挑戦的な目標の与え方もあるだろう。

この目標の提示は、具体的な方向性の提示という形ではないほうが、かえっていい。方向性の提示は、「道をつける」段階になって示される全体の構図や戦略の役割である。この段階では、まずサラダドレッシングを振ることを中心に考えるべきである。ゆらぎとかき回しの衝撃が大きければ、その後の情報的相互作用も活発にできる可能性がある。コストダウンの目標が一〇%程度なら、そこそこの努力しか生まれてこない。

もちろん、かき回して混乱の状態をつくることだけが「かき回す」ことの目的なのではない。かき回した上でどこかへ動かしていきたいのである。その「どこか」へのきっかけ、「動くこと」自体へのきっかけ、そうした「きっかけを作る」こともまた、かき回す作業にかならず含まれる必要がある。それがなければ、ただの破壊に終わる危険がある。

動くのは、人々である。マネジャーだけが動いても仕方がない。彼らが動きを始めるような刺激が必要なのである。その刺激を何かのきっかけが与えてくれる。そのきっかけを作るのは、マネジャーの仕事である。

多くの場合、人々が何か動き出すきっかけは、新しいものに触れることによって生まれる。その新しいものの第一候補は、外部の世界との新しい接触である。新しい技術を要求している厳しい顧客を開拓する努力をする。あるいは、関連分野の新しい基礎技術の勉強でもいい。新しい外部接触をすることが大切であろう。新しいものの第二の候補は、組織の内部にもある。それは、現場のあり方、仕事の仕方、何でもいいからとにかく変えさせることである。それがきっかけとなって、これまでにはなかったタイプの経験や人々の間の接触パターンなど、新しいものが組織内部で生まれてくる。その新しさが人々にものを考えさせる。

こうして何か動きだすきっかけをマネジャーとして場のメンバーに奨励する一方、組織全体の動く方向に関連すると思われる事柄で、マネジャー自身も一歩を踏みだす必要があろう。新しい行動の方向性の姿がまだはっきりとは見えなくてもいいから、何か新しいことへ踏みだすことをマネジャー自身がやってみせるのである。その姿勢なしには、メンバーたちだけにきっかけ作りを求めても説得力はない。

切れ端を拾い上げる

こうして動きだすと、人々がいろいろなことをやり始める。言い始める。その中には、無駄なこと、見当はずれなことも多いだろうが、しかし中には、それだけではまだ大したことではないかも知れないが、突っ込んでみる価値のありそうなこともあるだろう。それをマネジャーが拾い上げるのである。そして、皆にこれがいい方向の例ではないか、と示すのである。拾い上げられれば、その切れ端を作った人にはいい刺激になる。その切れ端が拾い上げられるのを見ている他の人々には、進むべき方向を示唆することになり、それがその方向での努力への刺激になる。

こうした行動の具体例としては、たとえば、小さな変化や妙な出来事をメンバー同士報告し合う会合をもつことが挙げられる。マネジャーもそうした会合に参加してその情報を得たほうがいい。その中から、切れ端が見つかるのである。とくに、小さくてもいいから意外な成功、目立たない人の意見、などが新しい秩序につながる切れ端を含むことがしばしばある。

そうした切れ端となる人々の行動を拾い上げることの具体的な行動のもう一つの例は、場のアジェンダの方向性に合った行動に対して大きな賞賛の声を出すことである。あるいは、外部からのシグナルを的確に解釈して情報的相互作用をやっていると思える人に、その的確さを評価する声を出すことである。そして、大事なことは、その賞賛や評価のマネジャーの声、あるいは皆の声が、人々に聞こえることである。

さらに、前章の場の萌芽の誕生の議論で重要性を強調した、自発的グループによる実験には大きな注意を払うべきである。その実験を奨励し、彼らの意見を尊重する態度をとることが、そうした自発的グループの発生を促進するためにも、また新しい秩序の切れ端を見つけるためにも、必要である。

もちろん、拾い上げられるべき切れ端は新しい秩序を示唆していると思われるものでなくてはならない。しかし、そこで悩み深い問題にぶつかる。「新しい秩序が具体的な形をとっていない段階で、何が意味のある切れ端なのか、どう判断するのか」という問題である。

その判断はマネジャーの仕事なのだが、判断基準はこの段階ではおそらく二つしかない。一つは、新しい秩序の方向性についてマネジャー自身がもっている先行的理解である。それが、「この切れ端はいける」という感覚を生むもとになる。方向性を明示的に表現できる段階には彼自身まだなっていなくても、切れ端を見たときにそれが筋のいいものかどうかの判断をさせてくれるのが、先行的理解である。それも全くない人には、場のマネジャーは務まらない。

その先行的理解の一つの基礎は、マネジャーがもっている広い情報であろう。場のメンバーたちがもっていないより広い世界の情報をマネジャーがもっていなければ、場のメンバーより高い立場の判断はできない。先行的理解のもう一つの基礎は、マネジャー自身の哲学である。その哲学が、まだ星雲状態にある中で、「これはいける」という感覚を生んでくれる。

切れ端の適切さの判断基準の二つ目のものは、論理的な〝つじつま感〟である。新しい秩序は、秩序であるだけに、生まれてみればつじつまの合った整合的なものであろう。したがって、拾い上げられる切れ端も相互に矛盾したものでは、最終的にはまずい。そうしたつじつまの合った切れ端同士でなければ、拾い上げられるべきでない。いくつかの切れ端を拾い上げていって、その結果相互に矛盾するとはっきりしたら、拾い上げた切れ端のうちで何かを切るべきである。

場の言葉で言えば、切れ端を拾い上げることがもつ意味は、場のアジェンダをより精密に示すことと、そのアジェンダの方向に適したミクロマクロループの回転をさかんにすることである。拾い上げられた切れ端が、アジェンダの方向性を示し、その方向にかなったミクロマクロループでの相互作用を人々の間に奨励する刺激となるのである。

道をつける

拾い上げられたいくつかの切れ端の中から、新しい秩序の全体像をおぼろげながらもつくっていくのは、場の機能である。したがって、その作業は基本的に場のメンバーの間の情報的相互作用の役割である。ミクロマクロループの繰り返しがそれをさせる、というのが場のメカニズムである。そのメカニズムに対して、マネジャーも自分の立場で果たすべき役割がある。その役割とは、その相互作用の中からの一種のまとめをし、道をつけていくことである。

まとめの役割の一部は、すでに切れ端を拾い上げる段階でも存在した。どの切れ端が拾い上げられたかを、場のメンバーに伝えるという役割である。伝えられた切れ端から、彼らの間のミクロマクロループが刺激され、彼らなりに将来の方向性について考える材料になるからである。類似の方向性をもった切れ端を多く見せられることによって、人々がなるほどこういう方向か、とその切れ端の集まりから具体的・帰納的に、感得することがあるだろう。メンバーの間から新しい秩序の初期像が浮かんでくる。

しかし、マネジャーの役割は切れ端を見せることだけではない。彼は、道をつける必要がある。道をつけるとは、方向づけを明確に出すことである。

そのためのもっとも基本的な作業は、メンバーの間に生まれ始める秩序の初期像をベースに、全体の構図とそこに至る戦略の提示をすることであろう。それは、集められた切れ端の中からその意味するところのエッセンスを抽象化して言葉で表現する、という作業をマネジャーが行うということである。

明確な方向性を示すためにしばしば必要とされるのは、たんに行き先を抽象的に言うだけでなく、その方向へ向かっての組織の行動の「第一歩」の案を具体的に例示することである。その具体性が人々に方向を本当に理解させる。

たとえば、旅の例で言えば、関西方面へ旅をするという行き先を提示すると同時に、東京駅から東海道新幹線に乗るという具体的第一歩を明確にすることである。東北新幹線でもなく、上越新幹線でもないということが明確に示されて、人々は関西へ向かうということが本当にわかる。ただし、東京駅で乗っても、名古屋で降りて紀伊半島に向かうかも知れないし、降りずにそのまま大阪に向かうかも知れない。そこまで旅の秩序は明確になっていなくても、西に向かうという道はつけられ、それが本気であることが具体的第一歩で示されている。

「取られるべき方向性」の提示が明確になるためにしばしば必要とされるもう一つのことは、同時に「切られる方向」を示すことである。「どこへは行かない」ということをはっきりさせないと、人々はまださまざまな方向へ走ってしまう慣性をもっていることが多いのである。

切れ端の重要な部分が自発的グループによって提供されるだろう、と先に書いた。彼らの意見をここまでの段階では尊重しながらも、これからは取捨選択するタイミングが来ている。道をつけるために切る部分は、自主的グループの実験の中にもあるはずである。彼らの実験を奨励したのだから、といっていつまでも捨てないでいては、結局実験を真剣に考えてもらっていないというメッセージを彼らに伝えることになりかねない。切ることは、真剣な作業なのである。

さらに、切れ端を見せられても方向を示されても、それだけで人々が自動的にその方向へ動くとは限らない。さまざまな理由で躊躇する人たちがいる。よく理解できていないために、動けない人々もいる。中には、反対意見をはっきりともっている人々もいる。そういう人々が道の方向へ動きだすように本当に道をつけるには、彼らの「迷う背中を押す」ことがしばしば必要となる。

あるいは、動きだしてはいるものの動きが鈍い場合にも、背中を押してやる必要がある。さらには、いい動きをしている人を見つけて、その背中を押し、先頭を走ってもらうことによって道の方向を強化することもありうる。さまざまな理由で、「背中を押す」ことが必要である。

動くということは、エネルギーを必要とする。その必要量が内的なエネルギーで供給される分で十分な人もいれば、外から多少のエネルギーを供給されることで必要量がやっと確保できる人もいる。後者のような人々はじつは多い。背中を押すとは、そのエネルギーを加えてやることである。

道をつけるための具体的行動例に最初の一歩の提案があると上で述べたが、その方向にマネジャー自身が一歩、実際に踏みだすのも必要である。それは、人々の背中を押すために必要なのである。マネジャー自身が一歩を踏みださなければ、人々はついてこないだろう。人々はマネジャーの背中を見ている。マネジャーの背中が、人々の背中を押すのである。

流れをつくる

しかし、いちいち個々の人の背中を押していたのでは、マネジャーは手がいくつあっても足りない。そこで、人々が「相互に背中を押し合う」ような状況がつくれれば、もっといい。あるいは、道の方向にまだ動こうとしない人もいる。そういう人々を巻き込むことが必要である。お互いの背中の押し合いと巻き込みは、流れができると可能になることが多い。そのために、「流れをつくる」。

流れができると、その流れの中で人々は自然に相互に刺激し合うことになるだろう。あるいは、流れができればその流れへ周りの人も引きつけられていく。つまり、巻き込まれるようになる。

流れのつくり方はさまざまである。表6-2にはその典型例を書いておいた。一つは、小さな成功でいいから新しい秩序を示すものを集め、その中から共通性を導きだす議論を多くの衆知を集めて行うのである。マネジャー一人でこの思考作業をしても、意味は小さい。皆で議論して、したがって皆がそうした事例を共有し、その「なぜ」も納得しやすい状況をつくることが大切なのである。

さらに、新しい動き、新しい秩序のために中心的な役割を果たしそうなキーパーソンがこの段階になれば出てきている可能性が強い。そうした人を中心に据えて、彼の考えが周囲に広く伝わるように情報の流れを工夫することが大切である。それを、「ヨコ展開する」と表現してある。

もう一つ、流れをつくるための典型的作業は、全員参加のキャンペーン運動である。たとえば、新しくものになりつつある技術の社内発表会、見学会などが一例であろう。その運動自体のアウトプット（たとえば、皆が新しい技術の方向を理解すること）もさることながら、そうした作業によって生まれる情報的相互作用の量、そして心理的な共振の量が、流れをつくることに貢献する。

流れをつくる際の重要なポイントの一つは、流れからはずれるような動きへの対応である。道をつけたのにまだうろうろとしている人々、その道へ反発する人々、あるいは自分は知らない間に道からはずれている人々、そうした人々も少なからずいるだろう。あるいは、ぬるま湯に浸かったまま で、つけられた道へと動きださない人々もいるかも知れない。

そうしたさまざまな形で流れからはずれている人々へのマイナスの評価の声を、これまた人々に聞こえるように発することが必要とされることがある。マイナスの評価がひんぱんに出るのはまずい。ネガティブキャンペーンは場のエネルギーを殺ぐことになりかねないからである。しかし、流れからのはずれの放置もまた、望ましくない。それでは、流れを乱し、せっかくつけた道を人々が真剣に受け取らなくなる。したがって、タイミングを狙っての一罰百戒的な叱責が望ましいことが多いであろう。

留めを打つ

流れが生まれ、共通理解が共有され、あちこちで情報蓄積の方向性が考えられ始めたら、それはその場の中での秩序形成のプロセスが、終盤に近づいてきたことを意味する。第3章で場のメカニズムを解説した際に、「場の一つのプロセスが収束する」という表現を使ったが、その収束の時期が近づいたのである。

もちろん、場そのものが終末を迎えるのではない。場は継続し、つぎの秩序形成が始まるときに再び起動する。しかし、いま問題にしている秩序形成（ここでの事例では事業部の技術革新という秩序形成）はひとまず終わりに近づくのである。

しかし、場の中の情報的相互作用という自律的プロセスは、ただ放置しておいても自ら終わることは少ない。むしろ、ただ放置されれば、場の熱気やエネルギーを失いながらしばらくは継続していくだろう。それではかえってまずい。無駄な情報的相互作用をやらされている、と場の人々が思ってしまうと、かえってマイナスの影響が出る。

そこで、いったん留めを打つ必要が出てくる。ときにはそれは「仮り留め」でもいい。「議論と実験に終止符を打つ」とマネジャーがいわば宣言する必要がある。それは、情報的相互作用の時期は終わり、共通理解は一応生まれたことにして、それを皆で確認することでもある。そして、行動の季節が始まることを人々に知らせることである。組織の目的は協働であり、そのための行動なのである。情報的相互作用そのものが組織の目的なのではない。

留めが打たれている、と場の中の人々が実感できるためには、場のプロセスから生まれてきた共通理解にもとづいた「大きな行動」を場全体でとり始めることが必要であることが多い。行動が始まること自体が、議論の時期は終わったことを告げるのである。

技術開発の例で言えば、本格的なプロジェクトの発足、あるいはその技術での設備投資を始める、などを決めることである。この例では、本格的なプロジェクトの発足はいわば仮り留めが打たれているわけで、そのプロジェクトの成果が、本格的な資源投入をすべきかどうかを将来決める。その時点で本格的な留めが打たれることになるのであろう。設備投資が始まってしまう、という形の留めの打ち方はもっと本格的な留めの例である。

留めを打つことはしばしば、ダメなことはダメとマネジャーが言うことでもある。留めの段階に入ってもまだ完全に秩序が形成されているわけではなく、すべてのメンバーに共通理解が共有されているわけではないであろう。しかし、まだ異論のある人々にも、一応は議論はここで終わり、組織の全体の方向性としてはこの方向で行く、ということをマネジャーの責任ではっきりさせるのである。異論を封殺するというのではない。しかし、ダメなことはダメ、組織としては取り上げない、と確定しなければならない。

確定するやり方には、人の感情を考え、面子を考えた微妙な工夫があってもいい。しかし、確定が必要なのである。それをしなければ、留めを打ったことにはならない。

いつまでも留めを打てない場合の多くは、こうした異論に対する配慮あるいはマネジャーの決断の不足で、だらだらと議論が続く場合である。それは場のプロセスの機能からすると、きわめてまずい状況である。ダメなことをダメと言わないと、人々は白ける。場の機能である共振の道が起きてしまうのである。さらに、将来的にも場への参加意欲に陰りが出るだろう。リーダーと場のプロセスへの信頼が失われるからである。

留めを打つことは、場のマネジャーのもっとも大きな責任であると言ってもいいだろう。このステップが行動につながるステップであることを考えると、留めを打つとは行動への決断をすることと同義なのである。

3　場のかじ取りの微妙さ

どこから始めるか

以上の五つの場のかじ取りのステップのサイクルには、微妙なことが多く隠されている。言葉で言うほど、かじ取りは簡単ではないのである。

その微妙さの一つに、かじ取りステップをどこから始めるか、という問題がある。前節では、五つのステップのうちの「かき回す」からサイクルが始まるかのごとくに説明した。しかし、「道をつける」というステップを出発点にしようとするマネジャーも多いかも知れない。管理者の役割はまず部下に方向と目標を与えること、という常識的な理解から、このステップを一番に考える人が多いからである。たしかに、それでいい場合もあるだろう。

しかし、ここで「かき回す」ことから説明を始めたのは、たんに説明の便宜だけではなかった。かき回すことが最初のステップになったほうがいいと思える状況が現実には多い、と私が考えているからであった。

かじ取りのプロセスを始めようとするとき、多くの組織には先行的理解とでもいうべき暗黙の均衡が出発点にあるものである。その組織の歴史や集まった人々の過去ゆえに自然に人々がもってしまっている理解である。それが明示的になっていないだけ、余計に始末に負えないことが多い。そんなとき、「道をつける」といって方向性をマネジャーが指し示すことから始めようとしても、その道がすんなりとマネジャーの意図通りに人々に解釈されるとは限らない。むしろ、暗黙の先行的理解のもとで間違って解釈されたり、そのために反発が生まれたりする可能性も強い。だから、「かき回す」ことから始めるのである。

先行理解がすでにあるということは、人々の頭がすでにお茶がいっぱい入った茶碗のようなものであることを意味する。その茶碗に新しいお茶を入れるためには、まず古いお茶を出す作業が必要である。それをせずに新しいお茶を入れても、新しいお茶があふれ出てしまうだけである。その「古いお茶を出す」作業が「かき回す」という作業の一部でもあるのである（あるいは、かき出すという比喩のほうがこの場合はイメージしやすいだろうか）。

もっとも、古いお茶を出す作業は案外大変で、したがって新しいお茶に入れ替るためにはあふれ出るのをかまわず新しいお茶を注ぎ続けるしかない、ということもある。あふれ出るお茶の中には新しいお茶も古いお茶も混じっていて、新しいお茶があふれ出るのはもったいない。しかし、そのもったいなさを我慢して、古いお茶があふれ出る部分に期待し、それがなくなるまで、あるいは薄まるまで待つしかない、ということである。禅の公案でよく出てくる話である。

定型、非定型の入れ子としての現実

前節のかじ取りのステップの説明では、その場のサイクルが非定型的な出来事への反応として生

まれる場合を想定して、説明した。そのような非定型的な状況が、場のプロセスマネジメントがもっとも必要であり、かつ場のマネジメントがもっとも有効な状況だと私が思うからである。

しかし、どのような状況が非定型的で、能動的なかじ取り努力をマネジャーとして注ぐべきか、あるいはどの状況が定型的で、とくに能動的なかじ取りのマネジメントを必要としないかの判断もまた、場のかじ取りマネジメントとして微妙なことの一つである。なぜなら、現実の組織の状況では定型的な出来事と非定型的な出来事は重なり合って起きるのがふつうであり、さらには定型的とラベルを貼ってその出来事が起きるわけではなく、場のマネジャー自身が、ある出来事が定型的な範囲内なのかどうかを判断しなければならない。その判断を間違えれば、放置すべきでない大きな出来事が受動的に現場に任せきりになってしまう危険があるのである。

もちろん、定型的という言葉が暗に示唆するように、現実の組織には定型的な出来事が多い。非定型的なことはたまにしか起こらない。しかし、定型的と思われた出来事の中から非定型的な現象が生まれてくることもある。だから、場のプロセスマネジメントではじつは、定型的プロセスと非定型的プロセスが入れ子状態になって繰り返されていくことになる。

定型的な情報的相互作用のプロセスのマネジメントでは、前節で説明した五つのステップがすべて同じ重要性で必要とはならないだろう。

定型的プロセスでは、外部シグナルが場に入り、それをきっかけに人々がいわば自動的に情報的相互作用を始める。とすれば、「かき回す」「流れをつくる」というようなステップは定型的状況では必要ではないだろう。しかし、定型的かどうかの判断を間違えてその状況でかき回すことを始めてしまうと、「うちのマネジャーは一体何を考えているんだ。必要もないのに騒々しい。うるさくて仕方がない」と場のメンバーが感じてしまい、リーダーとしての信頼感を失わせる。それは場の維持を難しくするだろう。そうなれば、それ以降の定型的なプロセス処理の効率も落ちてしまう。

しかし、「切れ端を拾い上げる」「道をつける」ことが必要なことが定型的状況でもときにあり、さらには「留めを打つ」ことが必要なこともある。たとえば、定型的な仕事の処理を巡って何をどこが分担するかで部署間での意見の相違があるときなどは、プロセス管理者が留めを打たなければならない。あるいは、定型的なプロセスで生まれてくる「切れ端」に、案外大きなネタが隠れていることもある。こうした、いわば定型的プロセスの中での例外管理が、プロセスのかじ取りの主な仕事になるだろう

一方、定型的な情報的相互作用がふつうに回転しているかどうかのチェック、あるいはそもそも定型的な状況と理解していいのかというチェック、などもかじ取りの任務となる。船にたとえれば、定型的な航海でも、海は荒れてこないのか、エンジンはきちんと動いているか、などのチェックがかじ取りの仕事であることと同じである。とくに、定型的と思っていたプロセスがじつは定型的と扱ってはいけない重要なものである場合は、その発見の鍵は切れ端を拾い上げるステップがにぎっていることが多い。

非定型的なプロセスのマネジメントでも、切れ端を拾い上げるステップは新しい秩序への示唆を得るステップとしてきわめて重要であった。定型的プロセスでも、こうして切れ端がときに鍵をにぎる。

それは、場という自律的な情報的相互作用のプロセスとしては当然でもある。場では、メンバーが情報的相互作用の主役である。場のマネジャーはかじ取り役にすぎない。メンバーが自律的に作りだす切れ端が、彼ら主役の行動を映す鏡になるのである。それに目をつけるのが、場のかじ取りとしてはもっとも重要なステップになる。

こうして、場のプロセスの定型と非定型のときにわかりにくい区別をきちんと判断し、そして定型的プロセスの中でも重要な切れ端には目を凝らす。そうした微妙さが、場のプロセスマネジメントには必要とされている。

プロセス下手の構造好き

場のかじ取りのマネジメントの微妙さのもう一つの側面は、かじ取りをうまくするためには、場のディテールがわからなければならない、ということである。たとえば、どの切れ端を取り上げればよいのか。どのタイミングで流れをつくり始めるのか。多くのことが、一瞬の好機を生かせるかどうかにかかっている。そのチャンスを見逃すと、同じことをもっとあとに行っても効果は小さい。場のかじ取りではディテールとタイミングがきわめて大切である。

そうしたディテールの重要性は、そのディテールを熟知していることを場のマネジャーに要求する。しばしば企業組織の現場で、現地・現物・現実といった現場の重要性が指摘される。その指摘の意味は、企業組織の現場のマネジメントを場のプロセスマネジメントと考えてみると、結局、場のディテールの重要性を指摘していることにあるのだろう。現場のディテールを知らないことには、場のかじ取りはできないのである。まことに、「神は細部に宿る」。

しかし、ディテールが苦手な人たちが世の中には結構いる。その人たちは、面倒なディテールへの対応が鍵をにぎるような場のプロセスマネジメントをつい避けようとする。あるいはそれが大したことではないとつい考えてしまう。そして、場のプロセスマネジメントが下手なそういう人たちは、マネジメントの改革というとすぐに「大上段に構えて」組織の構造をいじりたがる。つまり、かじ取りがうまくなく、その意味でプロセス下手の人ほど、「構造」に解決策を求めようとする傾向がある。それがじつは問題をさらに悪化させることも多い。

たとえば、その典型的な例が第5章の冒頭で紹介した、事業部制をとっているために事業部間の協力が生まれにくくて困っている企業の例である。そのとき、協働をより円滑にするための対策として、当然、事業部制の変更という組織構造の改革が考えられる。構造好きな人が考えそうな改革案である。

たしかに、そうした構造改革をしなければならないような抜本的な問題を抱えている組織もある。しかし、組織構造を変えなくとも、場のプロセスマネジメントを少し変えてやるだけで十分なこともある。

例を挙げれば、協力の必要な事業部の長を彼らの間に場の生まれそうなメンバーから選んでやること、彼らが相互に接触する機会を多くするように配慮する、などすでに第5章で挙げたことである。

つまり、キーパーソンの間に情報の共有が起きて情報的相互作用が始まるように場のプロセスマネジメントを工夫するのである。

組織構造を変えることにしか注意がいかないのは、経営の細かな機微を知らない人である。人の配置や会議の仕方を微妙に変えるだけで、組織の構造などは変えなくても組織としての動きには変化が出せる。場が生まれ、場が変わり、場のかじ取りが変わりうるからである。

もちろん、第2章（図2-1の組織の経営の全体像と場の関連の図）でも述べたように、経営の手段としての「構造」は大切である。しかし、かじ取り下手の人はかじ取りがうまくいっていないために発生するさまざまなトラブルの原因を、「構造」に押しつけがちである。構造面での手を打つことが、解決策と勘違いする。「プロセス下手の構造好き」である。そして、問題はじつは放置されたままになる。

さらに悪いことに、そうして改変される構造がますます人々の情報的相互作用の自由度とエネルギーを殺すこともよくある。場のプロセスがうまく機能しなくなる方向に、それとは気づかずに構造を作り替えてしまうのである。

こうした「プロセス下手の構造好き」がしばしば陥る微妙な落とし穴は、たんに構造改悪を招くというだけでなく、かじ取り行動というプロセスマネジメントがうまくいかないことによって、場そのものを崩壊させることである。

それは、かじ取りの具体的行動がうまくいかないとどういうことが起きてしまうかを表6-2に沿って考えてみればすぐわかる。たとえば、切れ端を拾い上げようとして取り上げた意外な成功が、じつは意外な成功でも何でもなく、ただ運がよかっただけでその人が成功したとか、ごまかして成功に見せている、と場のメンバーは思っている場合を想定しよう。あるいは、道をつけようとして提示した全体戦略が、場のメンバーには納得性が低いもの、妥当とは思えないものだったとしよう。さらには、遅すぎるタイミングで全員参加のキャンペーン運動を始めてしまった、としてもいい。

いずれの場合も、場のかじ取りが下手、あるいは間違っている場合である。そうしたときに、もちろん場の中の秩序形成にはマイナスの効果が生まれるのは当然であるが、それだけでなく、場のメンバーの間に白けが生まれたり、マネジャーへの信頼が失われたりするだろう。それは、場がそもそも成立する基礎条件を欠くことになってしまうことを意味する。そのため、場のプロセスへの参加意欲を低下させ、場そのものがゆらぐことになりかねない。つまり、場の崩壊が起きかねないのである。

場は情報的相互作用の容れものであると同時に、その相互作用の中で場そのものが維持されている。あるいは、いい循環が効き始めると、場が「熟成」していくことがありうる。悪い循環に入れば、場は崩壊していく。

そうした場のかじ取りがもつ、場そのものの維持や熟成への効果を、次の節では考えよう。

4 かじ取りから場の熟成へ

場の中で起きる二つの「変容」――秩序形成と場の熟成

この章で「場のかじ取り」と言っているのは、場の中の情報的相互作用のかじ取りであり、人々の間の相互作用が場の中に秩序（つまり、共通理解や組織的情報蓄積という情報的秩序と心理的エネルギーという心理的な一種の秩序）を生みだしてくるプロセスのかじ取りである。議論の想定としては、場が生成したものとして、その場の中での秩序形成のプロセスのかじ取りとして説明をしてきた。

しかし、そのかじ取りはじつはいったん生まれた場そのものが変容していくプロセスと密接に結びついている。場のプロセスのかじ取り行動は、秩序を生みだすばかりでなく、場そのものを微妙に変化させていくことが多いのである。そうして場が変容していくことによって、じつは秩序形成プロセスがさらに促進されていくこともあれば、場が悪く変容することで秩序形成が阻害されることもある。

つまり、場の中の情報的相互作用が進行していくと、二つの変容が同時並行的に起きる。第一の変容は場のメンバーの間の情報と心理の秩序の変容（つまり、共通理解が共有され、組織的情報蓄積が大きくなり、心理的エネルギーが生まれてくるという変容）であり、それが秩序形成プロセスの結果である。第二の変容は場の「構成」そのものの変化である。たとえば、アジェンダや解釈コードの共有が進んでいくのが、第二の変容の例である。あるいは、場のプロセスが進行していくと、ミクロマクロループでフィードバックし合う人々の間の接触パターンも変わっていく可能性がある。たとえば、人は自分と意見が違う人より意見の同じ人とより多くの接触をもちたがる傾向がある。したがって、場の中で相互作用をしているうちに、誰と誰との接触が多いか、ということが変化してくる可能性があるのである。

こうした第二の変容が場の中の秩序形成の進行と共に起きていることを理解するには、たとえば、さまざまな外部からの信号を皆で解釈しているうちに場のメンバーの多くが環境動向について共通の理解に達するようになる、というマクロ情報秩序形成の典型例を考えてみればよい。こうした共通理解に至るとしばしば、人々はその共通理解からある意味で逆算して、「外部からの信号はこう解釈すると皆と同じ解釈になる」というようなことを学習していくのである。それは、解釈コードの共有が進んでいることを意味する。つまり、場の要素の一部である解釈コードとして共有されている部分が変容しているのである。

人々の解釈コードの共通性が高まるということは、場の構成の基本要素の共有が進んでいくことを意味している。それは、すでに場と呼んでいい程度に成立していた場が、より熟成して場としての練度を上げ、「ますます場らしく」なっていく、と言ってもいい。つまり、この第二の変容は、場の熟成とでも表現すべき場の構成の変化なのである。しかも、この現象は場の秩序形成プロセスと密接不可分に起きている。秩序形成という第一の変容と分かち難いプロセスで第二の変容としての場の熟成が起きていくのである。

二つの変容の間の関係は、相互促進の関係にある。秩序形成が進めば場の熟成が進み、そして場の熟成はさらなる秩序形成の進展へとつながるだろう。場の中で起きる二つの変容は、コインの表裏のように密接不可分でなのである。

二つの変容の間の相互促進あるいは正のフィードバックは、場の本質的な特徴である。それは、場の中のかなり自律的な秩序形成がどのようにして可能になっているかの論理を考えれば、当然のことでもある。

場の中でかなり自律的に秩序形成ができていくのは、人々の自律的な情報的相互作用の動きが全体として一つのまとまりをなしていくからである。そうした人々の動きを左右し、律しているのが場である。その中から全体としてのまとまりを生みだすのは、場の機能である。場が機能するからこそ秩序が生まれる。それを逆から見れば、場が熟成してこなければよりまとまりのある秩序は生まれない、とも言える。場が一応存在しても、その熟成度が低ければ、その熟成度に応じた程度の秩序しか生まれてこないのである。したがって、秩序形成のためのかじ取りステップが秩序を生むことに貢献するのは、じつはそのステップによって場の熟成が進み、場の機能が高まるからである、という側面があるのである。

つまり、場の中で秩序形成プロセスは、二つのことによって促進される。一つは、場がうまく機能することによって、である。第2節で議論した場のかじ取りステップが第一義的にイメージしているのはこれである。第二に、場が熟成してくることによって、である。そのより熟成した場が機能して、マネジャーのかじ取りから離れた自律的な秩序形成がさらに進む。そうした場の熟成に向けて、場のかじ取り行動が貢献をする側面があるのである。

こうして、場のかじ取りは二重の意義をもつことになる。一つは、ある構成をもった場を機能させるための行動としての意義。それと同時に、場の熟成への効果という意義。その二つの意義をきちんと理解し、二つの変容の間の相互促進効果をテコのように使うマネジメントが、場のプロセスマネジメントとして望ましいのである。

かじ取りステップの場の熟成への効果

第2節の表6-2で、場の秩序形成のための典型的なかじ取り行動の例を挙げた。その行動のそれぞれがどのように場の熟成に関係するかを例示的に示したのが、表6-3である。表6-2がコインの表とすれば、表6-3はそのコインの裏側である。

この表は、表6-2で挙げられた五つのステップの具体的な行動例ごとに、それらの経営行動が場の熟成の観点からどのような意味をもつかを場の言葉で書いてある、と読めばよい。

たとえば、「かき回す」というステップで、既存秩序への疑問を提起するということは、場に存在する先行的理解への疑問提出という意味をもつ。そして、挑戦的な目標の提示は、場のアジェンダが具体的に向かうべき方向のアイデアを提示したことになっている。あるいは、現場の何かをとにかく変えさせることは、その変更のプロセスからさまざまな効果が生まれてくることを狙うのであるが、その一つが新しい自発的グループが生まれるための刺激であり、その変革から新しいミクロマクロループのための接触のパターンが現場で生まれることを狙っているのである。

「切れ端を拾い上げる」ステップ以下も、同様に読めるように表6-3は作ってある。小さな変化や意外な成功を皆で考えることは、新しいアジェンダや解釈コードの発見のプロセスでもある。また、自発的グループの意見を尊重するのは、自発的グループがこうして創発的に場に持ち込んだ新しいものの中で有効なものを場全体に広めていくことが、拾い上げる作業として重要だからである。彼らのもたらしたアイデアだけが場の全体にとって重要なばかりでなく、彼らのような相互接触と

表6-3　かじ取りステップの場熟成効果

	かじ取りのステップ	場の熟成行動としての意味
1	かき回す	・先行的理解への疑問提出 ・アジェンダのアイデア提示 ・新しい外部信号と情報のキャリアーの導入 ・自発的グループ形成への刺激
2	切れ端を拾い上げる	・新しいアジェンダや解釈の承認 ・新しい情報のキャリアーの発見 ・自発的グループサイクルの場全体への採用
3	道をつける	・アジェンダや解釈コードのまとめの提示 ・ミクロマクロループの新原則提示 ・心理的共振への接触づくり
4	流れをつくる	・心理的共振のさらなる手配り ・ミクロマクロループの回転を早める ・アジェンダの最終確認 ・情報のキャリアーの拡大
5	留めを打つ	

相互作用のパターンもまた、ミクロマクロループのあり方として重要だということを場の全体に教えるために、自発的グループの意見の尊重は意味をもちうる。

「切れ端」までの段階で断片的に出ていたアジェンダや解釈コード、ミクロマクロループなどの新しくかつ有効なものを集め、従来の基本要素のあり方との統合をした上で場のメンバーに提示することが、「道をつける」ステップの行動が場の熟成にとってもつ大きな意味であろう。

この提示の具体的な手段は、たんに新しいプロセスを場のメンバーに「説明する」というようなことでは不十分であろう。説明しただけではプロセスの中核として人々が取り入れるかどうかわからない。場の熟成として場の中の情報的相互作用にきちんと組み込まれるような手配りが必要である。

そのための手段の例が、じつは表6-2の「流れをつくる」ステップの欄にある。たとえば、小さな成功を集めてアジェンダの示す方向を具体的に指摘する。あるいは、新しい動きのキーパーソンを中心に据えてヨコ展開を図るという手段は、そのキーパーソンを中心に据えることによって彼が場全体の情報的相互作用のネットワークの中心に位置することを狙っている、と理解できる。それは、彼を中心とするミクロマクロループをつくったことになるし、彼の理解が場全体の共通の重要な部分になることを認めたことになる。つまり、ミクロマクロループの新原則や解釈コードの新しい提示、に実質的になっているのである。全員参加のキャンペーン運動は、ミクロマクロループの回転を早めるための手段として、そして心理的共振へのさらなる手配りとして、意味をもつことが多いだろう。

最後に、「留めを打つ」ステップには場の熟成への貢献がとくにないことについて。

表6-3でわかるように、留めを打つステップの場熟成効果は空欄にしてある。それには、二つ意味がある。

一つは、留めを打つのは行動へと移るためで、場の熟成を狙った行動ではないからである。留めとは、秩序形成という場の仕事がある意味でいったん終わったことを意味するわけで、それは場が熟成したからこそ可能になるわけだが、留めが打たれるからといって場がさらに熟成していくことにはつながらない。

もう一つの意味は、場は継続するからである。場の中の秩序形成プロセスはリズムをもって収束と再開を繰り返す。留めが収束を意味し、一つの秩序形成が終わって組織が組織としての協働的行動を起こすからといって、場そのものが終わるわけではない。場のプロセスにはいったん留めは打たれても、場の構成そのものに留めが打たれるわけではない。場の構成が熟成していくためには、あるいはさらなる進化のために場のアジェンダが変わり先行的理解が変化していくためには、場には留めを打つよりはさらに熟成を進める、という言葉のほうがふさわしい。

さらに言えば、留めを打つどころか熟成がさらに進んで、場の組み替えへ、つまりは新たな場の設定や創発につながるような「大きな場の構成の変容」へと、拡大していくことが必要となることもあるだろう。留めを打つのではなく、螺旋階段を上がるとでも表現すべき現象が、場の熟成の最終段階であろう。それは、次なる場の生成へとつながるのである。

プロセス上手の構造好き

以上、場のかじ取りステップが、プロセスマネジメントの基本に沿ってさまざまに多面的な役割を果たしていることを説明してきた。場のかじ取りはまず、場での秩序形成と心理的エネルギーの生成をきちんと機能させるために必要である。つまり、場を生かし、場を動かすためのマネジメントとしてかじ取りマネジメントの第一義的意義がある。しかしそれだけではない。場そのものを維持させ、熟成させることも、かじ取り次第で決まってくる面がある。逆に言えば、かじ取りが下手なために、せっかく生まれた場が崩壊していくこともありうるのである。

場のかじ取りマネジメントの基本ステップはまた、多くのプロセスマネジメントの基本である、「刺激」「方向づけ」「束ね」という経営行動を、場ならではのステップとして具現化したものでもある。プロセスマネジメントの一つの典型である。場のかじ取りがうまいということは、プロセス上手だということなのである。

場のかじ取りマネジメントと私がこの章で表現した経営行動の重要性は、もっと認識されていい。場のかじ取りマネジメントのもっとも具体的な例の一つは、会議の進め方であろう。会議の進め方のまずい人に、すぐれたマネジャーはあまりいない。会議の進め方という、一見どうでもいいような細かく見えることが大切なのは、それがさまざまな場のプロセスマネジメントの原型だからである。その原型を「会議という場」で有効に機能させることができるマネジャーは、会議の場のみならず、多くの状況で場のマネジメントができる人である。

マネジャーは、プロセス上手になるべきである。かじ取りのステップが場を機能させるためにも、場を熟成させるためにも、二重に重要であることを認識し、かじ取り上手になるには場のマネジャーとしてどうしたらよいかを考えるべきである。

そしてその上で、「プロセス上手の構造好き」になるべきである。わざわざ「構造好き」という条件をつけるのは、意味がある。それは、プロセス上手の人はしばしば構造をバカにすることがあるからである。「組織図など無視して、自分の力で権限を勝ち取れ」などと威勢のいいことを言いたがる。しかし、それではまずい。

構造は、基礎として大切である。構造こそが、場を生成させる最も基礎的な条件になることが多いからである。その構造をどう設計するかを懸命に考えるという意味での「構造好き」の上に、プロセス上手になれば、それは場のマネジメントとして最高の姿であろう。

つまり、プロセス上手の構造好きとは、構造をうまく設計することによって場の生成のマネジメントをきちんと行い、プロセス上手であることによって場のかじ取りマネジメントをもきちんと行える、ということなのである。

構造も大切、プロセスも大切。場の生成も大切、場のかじ取りも大切。

それが、場のマネジメントの基本である。

第7章 場における情報蓄積

場のマネジメントをテーマとするこの第II部で、マネジメントの議論は三段階で行われている。第5章では場という構築物、場という情報的相互作用の容れものをつくりだすためのマネジメントを論じた。第6章では、そうしてできあがった容れものの中で起きる情報的相互作用のプロセスマネジメントを考えた。その相互作用の中から生まれてくる共通理解や心理的エネルギーを「場の生みだすもの」と主にイメージして、それらを生みだすための場のかじ取りのあり方を議論した。

この章では、場が生みだすもう一つのものを考える。それは、場の中に、場のプロセスによって生まれてくる組織的な情報蓄積である。第1章の図1-1「場の機能基本図」に即して言えば、図の左半分にある、情報的相互作用から個人の情報蓄積と共通理解を経由して組織的蓄積に至るプロセスを考えるのが、この章の主な役割である。

1　情報蓄積の創発体としての場

場が生みだす情報蓄積と人材

前章までの場のマネジメントの議論では、場の中に共通理解が生まれてきて、人々の間の組織的な協働が可能になり、かつ心理的エネルギーが高まるようなマネジメントのあり方を中心に考えてきた。それが、場のマネジメントのもっとも基本的な効果である。

しかし、場の中で人々が情報的相互作用をするプロセスから生まれるものは、たんに共通理解と心理的エネルギーだけではない。場のプロセスがうまく機能すると人が育つ、場の中から新しい知識が生まれてくることもまた、場の大きな機能である。それがじつは第1章の図1-1の左側のルート（個人の情報蓄積から組織的蓄積へ）の意義なのである。

たとえば、序章で紹介した一五〇〇人の毎週会議をしているセブン-イレブンの鈴木敏文は、すでに引用した文章の前段で、ＯＦＣ（オペレーションフィールドカウンセラー）の育成について、次のように語っている。

「（セブン-イレブンの）強さの秘密としてよく指摘されるのが、ＰＯＳ（販売時点情報管理）システムを駆使して、単品ごとに販売情報を把握する単品管理の徹底ぶりだが、ＰＯＳシステムはやろうと思えば、どこでも同じことができる。商品力の強さも言及されるが、商品開発には各社とも非常に力を入れている。

では、どこに違いがあるかといえば、私が自信を持って第一に挙げたいのが、人の能力の問題である。なぜなら、経営者として、情報システム以上に一貫して力を入れてきたのが、人に関する部分であるからだ。(中略)

店舗経営はもちろん、オーナーの資質にもよるが、総じてその店が伸びるかどうかは、じつはOFCの力によって大きく左右される。強いOFCが担当する店は強い。セブン-イレブンの場合、強いOFCを多く確保しており、ここに、知られざる強さの秘密がある。

強いOFCはどのようにすれば育つか。ここにも、一つの秘密がある」(『プレジデント』二〇〇二年四月二九日号)。

こう言って鈴木は、序章で紹介した一五〇〇人参加の毎週会議のことをつぎに話すのである。つまり、毎週の会議の場が生みだすものは、組織の中の情報共有という共通理解だけではなく、そこに参加している個々のOFCたちが個人として育っていくことでもある、と鈴木は考えている。あるいは、序章の同じ項で紹介したトリンプ・インターナショナルの吉越浩一郎も、すでに引用した発言の中で、「会議の場がOJT(職場内訓練)だと言われる」と言っている。ここでも、会議の参加者の個々の人間が育つことが会議という場の効果の一つと意識されているのである。

人が育つということを、この本で語ってきた場の言葉で表現すれば、それは「個人としての情報蓄積が大きくなること」と理解してもいいだろう。人間の能力とは、つまるところはその人が蓄積した情報の量と質に依存するのである。たとえば、OFCのコミュニケーション能力という鈴木が強調する能力も、どのようなコミュニケーションのあり方が効果的かという情報をその人なりに咀嚼して身につけたもののことを指す、と考えればいいのである。

次項で解説するように、場が生成しているかどうかとはひとまず関係なく、すべての仕事のプロセスは同時に人間にとっての学習のプロセスとしても機能する。しかし、場がうまく生成していて、場のプロセスが効果的に回転している状況では、仕事を通しての学習プロセスが「ことさらに」効果的に機能するようになる。だから、場を生みだし、場のプロセスを適切にかじ取りすることが、人々の学習と情報蓄積のためにもきわめて重要になってくるのである。

なぜ、場がそうした「ことさら」の働きをできるのか。それを考えるのが、この章の役割である。

仕事のプロセスは、同時に学習のプロセス

今、誰か一人の人が仕事をしている状況をイメージしてみよう。工場で生産作業をしている作業者。顧客回りの販売活動をするセールスマン。研究所で開発プロジェクトに従事して実験をしている技術者。あるいは、大きな事業の全体の統括の仕事をしている役員でもいい。誰でも、その仕事をするプロセスは、同時に情報の流れのプロセスになっている。

人間はきわめて高い感覚機能と学習能力をもった存在である。その点で、機械とは全く違う。人間は、実行するプロセスで同時に観察をし、考えている。手が動くと当時に、目も頭も動いているのである。その目と耳あるいは手から情報が入り、頭で処理される。作業者は扱っている器具や材料について、観察している。セールスマンは販売のために顧客に会うプロセスで顧客の感じていること、顧客のニーズを観察している。技術者はもちろん実験からさまざまな自然の振る舞いを観察

している。役員は事業の環境の動きを観察している。そうした観察が起きるということは、その人個人によって情報の流れが起きていると表現できる。その観察などの情報の流れから、個人は学習している。つまり、人間にとって、行動することは学習することでもあるのである。

では、その仕事が複数の人間によって行われている組織的な状況を考えてみよう。その状況の中では、仕事の遂行のために人々は自然にコミュニケーションをとるだろう。セールスマンは上司に営業報告をし、技術者は実験レポートを書くのである。あるいは、さまざまな会議が仕事の連携のために開かれるであろう。

つまり、情報は個人に流れるだけでなく、組織的な協働作業では情報的相互作用がいや応なしに始まる。しかも、すでに第1章で強調したように、人間同士の間の情報交換の様式はさまざまで、言葉に表現してのコミュニケーションだけではない。顔の表情や仕草、声のトーンなどでの情報交換もあるし、ボディランゲージもある。さらには人間には観察能力があるので、一連の出来事を見せること、それを観察することが情報交換になったりもする。人間は五感をもったじつに高性能の情報受発信装置なのである。それゆえに、語られぬ言葉、もの言わぬ仕草、暗黙の了解、といった微妙な情報交換の手段すら可能になる。

こうしたさまざまな様式をとっての情報的相互作用は、人々が集まれば、自然発生する。つまり、仕事のための組織的状況では、働く人たちの間の情報的相互作用が自然発生する。その情報的相互作用の結果、学習がさらに促進されるだろう。一人で仕事をしている状況と比較すれば、集団作業の状況は個人の学習をより促進させるのがふつうである。

では、その集団作業の状況が、この本で「場」と呼んでいるような濃密な情報的相互作用の容れものにきちんとなっている場合はどうであろうか。もし仕事の状況に場が生まれてくるような状況、つまり場が生成している状況であれば、人々の間の情報的相互作用は濃密に持続することになる。したがってそこから生まれる個人の学習活動も大いに促進されるだろう。そのようにして場の中から生まれてくる個人の学習活動の成果を、図1-1では「個人の情報蓄積」と呼んだのである。それは、人が育つこと、と言ってもいい。

つまり、場の中の情報的相互作用から、人々が学習して個人としての情報蓄積がさまざまな形で起きる。いわば、自学が起きるのである。それが、情報蓄積と人材育成について場が貢献するもっとも直接的な効果である。

その上、場はもちろん、図1-1の真ん中のルートが示すように、共通理解を生みだす。人々の個人的情報蓄積を個人だけのものにせずに、共有し合ったり互いの蓄積を理解する共通の基盤ができていることが、「共通理解」があるということである。

そうした共通理解のある組織と、共通理解のない組織では、仮に各人の個人としての情報蓄積は似たようなものであっても、組織として有効になる情報蓄積は全く異なるだろうことは容易に推測できる。各人の情報蓄積についての共通理解があれば、個々の人間のもっている情報蓄積をどのように組み合わせればいいか、皆が考える出発点となりうる。それは組織として有効な全体の情報蓄積を大きくしていることになるだろう。あるいは、組織の進むべき方向についての共通理解があれば、個々の人間の情報蓄積のどの部分を組み合わせると組織全体として望ましいのか、各人が理解していることになる。それもまた、組織全体として有効になる情報蓄積を大きくすることになる。

つまり、共通理解と個人的な情報蓄積の掛け算として、組織としての情報蓄積が決まってくる。個人の情報蓄積が平均的に大きい組織は組織的情報蓄積も大きくなるだろうが、しかし共通理解の程度が小さければ、個人蓄積は大きくとも組織蓄積はそれほどでもない、といった事態が生じたりするだろう。

別な表現をすれば、組織としての情報蓄積とは組織的学習の成果と考えることもできる。そうした組織的学習は、個人の情報蓄積の大きさと組織内の共通理解の程度の、二つの基礎要因によって決まると考えられる。つまり、個人情報蓄積に共通理解を掛け合わせると、組織的学習が活発になり、その結果として大きな組織的情報蓄積が可能となる。その組織的蓄積は、組織としての知識創造を可能にする源泉にもなる（組織としての知識創造と場の関係については、野中・紺野［二〇〇〇］を参照）。

個人の情報蓄積が生まれる。場の中の共通理解が生まれる。いずれも場の中の濃密な情報的相互作用の第一次的成果である。そしてさらに、この二つ（個人情報蓄積と共通理解）が掛け合わされると、大きな組織的情報蓄積という第二次的成果が生まれてくる。情報的相互作用の容れものとしての場が生まれ、そのプロセスがうまくかじ取りされると、組織的学習がさかんになって組織としての情報蓄積が大きくなる、と考えられるのである。

前章までの議論では、場が情報と心理の「秩序」の創発体として機能することを中心に場のマネジメントを考えてきた。しかし、場は、情報の「蓄積」の創発体でもある。人々の自律的な相互作用と自己組織的なプロセスの結果として、情報蓄積が創発的に誕生してくるのが、場のもう一つの側面なのである。

では、情報蓄積の創発体として、場はどのように機能するのか。場がいかに組織的情報蓄積を生みだすのか。そのメカニズムをよりくわしく考えてみよう。

2　場の中の情報の流れのダイナミズム

情報の流れの三つのダイナミズム

場というものが成立しているような状況かどうかにかかわらず、人々が情報的相互作用をしているとは、人々の間にさまざまな情報の流れが起きているということである。場が成立していると、その情報の流れはダイナミックに大量に起きるようになり、情報的相互作用が濃密になる。その濃密な情報的相互作用から場の機能が生まれてくる。

濃密な情報的相互作用の背後にあるのは、多種多様な情報の流れのダイナミズムである。そのダイナミズムには、一般的に三つのパターンがあると私は考えている。「情報の流れがダイナミックだ」と多くの人が感じるような状況を概念的に整理をしてみると、典型的には三つのパターンに分かれる、と言いたいのである。

それは、

(1)　情報の流れの同時多重発生

(2) 情報の流れの誘発・加速

(3) 情報の流れと感情の流れとの相互作用

という、三つのダイナミズムである。この三つのダイナミズムのいずれもが、場がうまくできているような状況では、活発になる、というのがこの節で説明したい私の仮説である（この情報の流れのダイナミズムと戦略との関係を議論したものが、伊丹［二〇〇四］である。戦略と情報の流れのダイナミズムを知りたい読者は、そちらを参照）。

まず第一に、場の中では、「複数の」情報の流れが「同時に」発生することが多い。それが「同時多重発生」である。同時でかつ多重だから、「ダイナミズムがある」と言っていいだろう。たとえば、第5章でくわしく解説したようなホンダの大設備投資の例では、一つの大きな決断をしたという経営者の行動から、多種多様な情報の流れが同時に、多重に発生している。ほんのいくつかの例を挙げれば、開発部門へはその設備を利用できる車の開発の方向の情報の流れが生まれ、工場には準備すべき設備購入の規模の大きさの情報の流れが生まれる。しかも、その情報のもつ意味の深刻さを、巨額の資金のコミットメントが表現している。

一つの行動がもつ情報的意味合いの解釈は多様である。だから、一つの行動から情報の流れが多重発生する。また、一つの行動を観察している人々の数もまた複数である。だから自然に複数の流れが起きる。つまりは、情報の流れの多方向発生、と言ってもよい。しかも、場の状況のように多くの人々が互いに情報的相互作用ができるような状況では、一つの業務行動やメッセージ伝達行為から複数の情報の流れが同時多重発生するのは、自然である。

第二に、複数の情報の流れの間には、相互作用が生まれて、一つの情報の流れが別な情報の流れを誘発したり、加速したりすることがある。誘発や加速というダイナミックな相互関係が情報の流れ全体の内部に起きうるのである。たとえば、一つの情報の流れを受けた人が、それに触発された新しいことを自分で考え、その結果を直ちに他人に発信する。発信が誘発されるのである。会議で意味のある議論が活発に行われ、議論が深まっていく過程の例を考えてみると、それはまさにこうしたことが起きている状況である。別の例を挙げれば、ある分野の技術蓄積の深い研究開発担当者が、その技術の市場での利用法を探索するために営業担当者に発信をすると、それに触発されて営業担当者は顧客との情報の流れを活発に起こすようになる。研究開発担当者から発信された情報の流れのインパクトの大きさが、さらに営業部門での市場との情報の流れを誘発・加速しているのである。

第三に、情報の流れが大量に起きるようになると、その流れを担っている人たちの「感情の流れ」が励起されて、情報と感情の間に相互作用が生まれることがある。感情の流れとは、人々の間に共有されたり共振したりする、心理的な動きのことである。仕事に伴って、人々の間には感情が流れている。その感情の流れが、さらに情報活動を活発化することもある。

たんに別の情報の流れが活発だから、自分たちの担当する情報の流れが誘発されるというのではなく、自分たちの心理状態との相互作用で情報の流れが活発になるという現象が、ここで述べている現象である。たとえば、自分たちの担当する情報の流れをさかんにした結果、それが成果を生みだしたとする。その成果を見て、人々は喜び、元気になる。その元気から、ますます情報の流れを活発にしようとする意欲が生まれる。すでに第1章でも強調したように、仕事をしている人々にとって、仕事の場ではたんにカネや情報が流れているだけではなく、感情もまた流れている。その同じ場で、情報の流れと感情の流れの間には相互作用があることが多いのである。

第三のダイナミズムでは、情報の流れの相互作用の範囲が、たんに情報の流れの世界だけにとどまらず、人々の感情の流れの世界にまで広がっている。そこまで広がって考えると、情報の流れのダイナミズムは真にダイナミックに感じることができるであろう。

第一の同時多重発生のダイナミズムは、場というものが成立していると多くの場合、自然に起きるであろう。人間というものが多様な感覚器官をもっていて、高度な情報処理能力をもっていることから、自然に出てくるダイナミズムである。とくに場という空間の大切さは、この同時多重発生を容易にすることにあるのである。あるいは逆に言えば、この本での場のプロセスの解説はすべて、いかにこうした情報の流れの同時多重発生が起きるのかの解説であったともいえる。

第二と第三のダイナミズムについては、そうしたダイナミズムがどのように生まれてくるのか、場というものの中でそれが「ことさらに」うまくいく可能性がどのように説明できるか、少し説明が必要だろう。

誘発・加速のメカニズム

情報の流れの誘発・加速のダイナミズムは、以下に述べるような三つの原理が組み合わさって起きると思われる。それぞれの原理はいずれも、一つの情報の流れが何らかの刺激をその情報の流れに関連した人間にもたらし、その刺激に反応して関係する人間が新たな情報の流れを起こす、というものである。

第一の原理は、「同じ情報チャネルでのレスポンス」とでも表現すべき現象である。一つの情報チャネルである人と別の人の間に情報が流れると、その情報の受け手が送られてきた情報に刺激されて反応し、同じ情報チャネルを通してレスポンスを送り返す、というものである。いわば、情報の流れが一方向にまず起きると、そのチャネルの逆方向に情報が流れるケースである。たとえば、技術のシーズの市場化についての問いかけを研究開発側がすると、営業はそのレスポンスを送り返す、という例である。

誘発・加速の第二の原理は、情報の流れの活発化の結果としての大きな情報蓄積・情報共有が、すでにある情報チャネルから入ってきている情報の深い解釈を可能にする、というケースである。「解釈可能性の拡大による情報チャネルの機能の実質的向上」とでも表現すべき原理である。

これは典型的には、一つの情報チャネル（たとえば、研究開発から営業への情報のチャネル）を念頭に考えると理解しやすい。営業から研究開発へのある情報チャネルを通して研究開発側に市場情報が蓄積されてくると、その蓄積の全体が一つの基盤となって新たに入ってくる顧客ニーズの情報の解釈力が増してくる、といったようなケースである。したがって、市場情報の読みが深くなる、ということになり、それは実質的に市場との情報チャネルの機能が増したのと同じ効果をもつのである。ある程度知識が集積すると急にいろいろなことが理解できるという、一種のブレークスルー現象がしばしば個人の知識集積でも観察されるが、それと同じことと考えればよい。

誘発・加速の第三の原理は、「新しい情報チャネルの励起」、とでも表現すべき現象である。ある情報の流れが起きると、その情報を受けた人、あるいはその情報を受けた人の反応を見ている人が、それに刺激されて別な情報チャネルを起動させて、その結果、その別な情報チャネルで新しい情報の流れが発生する。市場情報の大量の流入が営業から技術開発陣へあったとしよう。そうした情報の流入は技術者を刺激して、彼自身が直接市場への情報探索を営業ルートとは別に始めるかも知れない。営業が送ってくる大量の情報の中でどれが最も重視すべき情報かを判断するための情報を研究開発側が欲しがるようになり、営業とは独立した情報チャネルをつくるようになる、といった例である。一つの情報チャネルの活性化が別の情報チャネルを活性化させているのである。

この現象を、ここでは励起という言葉で表現しよう。励起とは、「一つのものの活動の活発化が他のものに影響を及ぼして、その他のものの活動が活発になる」という意味の言葉である。たとえば、ある原子の動きが別な原子の動きを励起する、という具合に物理学で使ったりする言葉のイメージである。

以上のように、誘発・加速の原理は、「同一チャネルでの逆送信」「同一チャネルの実質機能向上」「別チャネルの励起」という三つのものに大別できるのである。もちろん、一つの情報の流れから、この三つのタイプの誘発・加速がすべて起きることもあるだろうし、一部しか起きないこともあるだろう。だが、原理的には三つがつながり合って起きることも可能なはずである。

この三つの原理の全体を考えると、二つのことが指摘できるであろう。一つは、三つの原理のそれぞれが生みだす情報の流れのダイナミズムのパターンの性格の違いである。もう一つは、三つの原理が逐次的に起きて結果としてスパイラル状につながるという最もダイナミックな展開の可能性があることである。

まず、誘発・加速の結果起きる情報の流れのダイナミズムの性格については、「局所的深化」と「組織的広がり」という二つのダイナミズムのパターンがありそうである。

第一と第二の原理はいずれも、同一チャネルでの情報の流れについての誘発・加速である。したがって、そうした誘発・加速の結果として起きるのは、そのチャネルに関する部分の「局所的な深化」というパターンと言っていいだろう。深化とは、流れる情報量の拡大という意味の深化もあるだろうし（第一の原理）、あるいは同じ情報からくみだせる意味の深まり、解釈の拡大という意味の深化もあるだろう（第二の原理）。どちらも、その情報チャネル関連の深掘りになることである。

第三の原理から生まれる情報の流れのダイナミズムは、それが「別なチャネルの励起」という原理だけに、情報の流れの刺激が他への広がりを見せる可能性がある。つまり、「組織的広がり」というパターンが起きるのである。そして、新たに励起された情報チャネルを流れる情報にさらに別な情報チャネルが励起される、という玉突き現象のようなものが起きる可能性もある。この場合、組織全体に広がる情報の流れの活発化現象、情報共有化現象が起きやすいであろう。とくに場が生まれているような状況では、一つの情報チャネルの情報的相互作用を多くの他の場のメンバーが観察していることが多い。その場合、二人に人間の間に交わされる情報交換を見て、第三の人間が情報発信を始めるということは十分ありうるのである。

三つの原理がスパイラル状につながるということもありそうである。一つの原理が働くと、その結果として次の原理が起動され、さらにその波及効果としてさらに別の原理が起動されてくる、といったようなスパイラルである。その一つの例示が、すでにこの項で取り上げた例に表れている。

たとえば、営業と研究開発の間の情報のチャネルに研究開発側から大量の発信をすると、それに対する「レスポンス」という同一チャネル内の逆送信が起きる（第一の原理）。そうして研究開発側に市場についての情報蓄積が大きくなると、それが同じ情報の読みを深めさせてくれる（第二の原理）。そうして読みが深くなって顧客ニーズの本当のところを理解し始めると、そのニーズに応えるためにと研究開発側が新たな情報チャネルをつくろうとし、情報の流れが新たに励起されてくることもある（第三の原理）。

もちろん、別チャネルの励起は、同一チャネルでの深化がなければ動き始めない原理ではない。たった一つの情報の流れでもその意味が巨大なインパクトをもてば、それを誰かが受け取ったことをきっかけとして多くの別のチャネルの情報の流れを励起することは十分にありうることである。しかし、こうしたスパイラルが可能になるという視点はもったほうがいい。

こうした誘発・加速の原理が機能する基本的な理由は、一つの情報の流れが活発になると、その情報のやり取りをしている人の情報のやり取りの相手方か、あるいはその情報のやり取りを見ている傍らの人か、いずれにしても情報の流れの発信・受信の当事者でない「他人」が影響を受けてしまうことである。その影響を受けた他人が、自ら情報の流れを起こす、あるいは参加してくる、という現象が起きるために、その追加的な情報の流れが、誘発・加速と呼ばれるような現象として見えることになるのである。

つまり、ヒトとヒトとの間に、情報的相互作用が起きることが、誘発・加速の基本的な理由なのである。こう考えると、誘発・加速のメカニズムが起きるためには、そうした人々の間の情報的相互作用が生まれることが重要であることがわかってくる。そのためには、人々が濃密な情報交換を行うための「容れもの」としての場が重要であることが直ちに理解できるだろう。

場が成立していると、こうした誘発・加速のメカニズムが起きやすい、あるいは活発化しやすいのである。それが、場の中では情報のダイナミズムが「ことさらに」回転しやすい、もっとも基本的な理由である。

心理的エネルギーと情報の流れの双方向メカニズム

情報の流れと感情の流れの相互作用というダイナミズムについては、場という容れものの基本的な機能として、すでに繰り返して説明をしてきた。人間が情報的存在であるだけでなく、同時に心理的存在であることも考えると、場には情報が流れるだけでなく、感情もまた流れている。その感情の流れの大小が、じつは情報の流れの大小に影響を与えていく。情報の流れと感情の流れの相互作用が起きるのである。

仕事の場に感情が流れているということが経営にとって意味をもつのは、その感情の流れが人々の心理的エネルギーの水準を左右するからである。第1章の図1-1の右側の心理ルートとして、すでに説明してきた。

したがって、感情の流れと情報の流れの相互作用を考えるということは、感情の流れが生みだす心理的エネルギーが情報の流れにどのような影響を与えるか、そして逆に、情報の流れの勢い次第でどのように心理的エネルギーが変わるか、その二つの相互作用を考えることになる。つまり、心理的エネルギーと情報の流れの間には、つぎのような二つの双方向のメカニズムが一般的に存在すると思われる。

(1) 心理的エネルギーの高まりが情報の流れを活性化する
(2) 情報の流れの活性化が心理的エネルギーの高まりをもたらす

第一のメカニズムはわかりやすいであろう。人々の仕事や学習の達成意欲が心理的エネルギー水準と共に高まることはしばしば観察される現象である。いわゆる、やる気が出るという現象である。エネルギー水準の高まった人々はますます情報の流れを活発にするように動くであろう。学習の達成意欲が高まるというのは、そうしたことを意味する。たとえば、情報の探索や情報の交換、さらには蓄積した情報からの解釈可能性の拡大、といった情報の流れが活性化するような行動がすべてここに含まれている。それは、図1-1で心理的エネルギーから情報的相互作用へと向かう矢印が意味していることである。

情報の流れの活性化が心理的エネルギーの高揚につながるという第二のメカニズムもまた、すでに図1-1の中に示されている。情報的相互作用と心理的相互作用をつなぐ矢印を起点に、心理的共振が生まれ、結果として心理的エネルギーの高まりをもたらすのである。

その論理の中核も、すでに第1章で説明した。人間は、他者との関係の中でものを考える、感じる存在で、周囲に自分と類似の見方、類似の感じ方をする人々を見つけたとき、あるいは周囲の人々と情報を深く共有していると感じるとき、他者に対するシンパシーを感じやすくなる傾向をもっていると思われる。つまり、情報の流れが活発化すれば、人々の間に共通理解が生まれる。その共通理解が心理的共振につながることがある。つねに、ではないが、その可能性がある。そうなったときに、その心理的共振が人々の心理的エネルギーの水準を高めるのである。

心理的共振の背景には、心理的な連帯感があるのであろう。つまり共感である。共感をするから、心理的エネルギーが生まれる。さらに、そうした連帯感をもっていると、他者からの心理的エネルギーの注入を受けやすくもなるだろう。心を許した友が元気でいる姿を見ると、赤の他人が元気な姿を見るよりも自分のエネルギー水準は高まりやすくなる。もちろん、赤の他人でも元気な人のそばにいると自分もつい元気が出るという現象はあるであろうが、心理的連帯感があれば他者からの心理的影響はさらに加速するであろう。そして、その心理的連帯感の基礎の一部に、共通理解の存在がある。同じような理解をしている、同じように考えていると思えばこそ、連帯感が増す、という論理である。

以上のような双方向のメカニズムが心理的エネルギーと情報の流れの間に存在することを考えると、場には情報が流れるだけでなく、感情もまた流れている。その感情の流れの大小が、じつは情報の流れの大小に影響を与えていく。情報の流れと感情の流れの相互作用が起き、心理的エネルギーと情報の流れの間には双方向のダイナミックスが生まれうるのである。

そうしたダイナミックスがあるような状況での情報の流れを、情報の流れだけに焦点を当てて観察してみると、あたかも自己加速現象が起きているように見えるだろう。背後に人間の心理が働いているから、情報が余計にダイナミックに流れているように見える。だから、情報の流れのダイナミズムがあるという結果に見えるのである。

情報の流れのダイナミズムを機能させるのが、場

以上述べてきたような情報の流れの三つのダイナミズムが実際に起動するには、さまざまな条件整備が必要である。自然発生的にこうしたダイナミズムが簡単に起きるわけではない。

たとえば、全員がフレックスタイムか在宅勤務で仕事をして、組織の他のメンバーと交わす情報は電子メールが中心、といった組織でこうした「共感」を重要なベースにするような情報の流れのダイナミズムが十分に起きるだろうか。とてもそれは、無理そうだ。フェイスツーフェイスの重要性、ボディランゲージの重要性、集うこと自体の重要性、そんなものもありそうだ。

その条件整備の大きな一つが、この本で強調してきた「場の生成」と「場のかじ取り」なのである。

人々が、きわめて大きな努力を意識的にしなければ情報の流れを起こせないような状況では、情報の流れと感情の流れとの相互作用など起きにくい。感情の流れは、意識の外の、かなり自然な現象だからである。さらにそれ以前に、そもそも情報の流れのダイナミズムの第一のメカニズム（同時多重発生）と第二のメカニズム（誘発・加速）ですら、実際に起動するかどうか疑わしい。したがって、情報の流れを起こそうと人々が自然に思えるような状況、そしてその流れを大きな努力をせずに起こせる状況が整っていないと、同時多重発生も誘発・加速も起きない。ましてや感情の流

れとの相互作用に至っては、人々の間の接触と共感のパターン、その基盤整備がきちんとできていないと、とてもこんなことは起きないと思える。

だからこそ、濃密な情報的相互作用の容れものとしての場の存在意義がある。場の中でこそ、人々は容易に情報的相互作用を行い、そこから情報の流れのダイナミズムが生まれうる。もちろん、場が生まれていなくても、若干のダイナミズムは発生するだろう。しかし、そのダイナミズムが経営上重要と思われる程度にまで大きくなるためには、場のマネジメントが必要となるのである。情報の流れの三つのダイナミズム（同時多重発生、誘発・加速、感情との相互作用）のすべてが場の中では創発的に起きうるし、その場のマネジメントのあり方次第で三つのダイナミズムの大小、効果などが左右されるのである。

組織の中で組織的情報蓄積が活発に行われ、そこからさまざまな知識創造が可能となるためには、情報の流れのダイナミズムが起きる必要がある。その情報の流れのダイナミズムを起こすためのインフラとして、場の存在意義がある。情報の流れのダイナミズムを機能させるのが、場なのである。

3　場と戦略の双方向ダイナミックス

戦略と情報蓄積

では、組織的情報蓄積はなぜ大切なのか。

それは、個人の情報蓄積が個人の能力と同義語にとらえられる面があったのと同じように、組織的情報蓄積が組織能力の大きな部分を占めると思われるからである。企業の実際の業務の執行能力、競争相手との競争に打ち勝つ能力、イノベーションを起こして新市場を創造する能力。そうしたイノベーションのために知識を創造する能力。さまざまな組織能力が企業には必要とされる。その能力の源泉は、組織が培ってきた組織的情報蓄積とその背後の個人の情報蓄積にある。

こう書けば、組織的情報蓄積の経営上の重要性は多言をする必要もないかも知れない。それだけ重要な組織的情報蓄積を実現する大きな鍵を場がにぎっている。場が、共通理解という秩序を組織の中に生み、そして心理的エネルギーを生みだす機能をもつということに加えて、企業の経営にとっての重要性をさらにもつゆえんである。

そして組織的情報蓄積の重要性は、企業経営の生命線ともいえる経営戦略と組織的情報蓄積の関係を考えると、ますます具体的に理解できるようになるであろう。

経営戦略とは、企業活動の基本設計図のことである。その基本設計図に描かれるように実際の企業活動が実行できるかどうかは、そのための組織能力が企業に備わっているかどうかによって決まる。戦略はプラン、その実行可能性を決めるのが組織能力なのである（経営戦略の定義など、経営戦略のくわしい議論については、伊丹［二〇〇三］を参照）。

その組織能力を、情報蓄積ととらえ、その蓄積を「情報の流れ」という観点から考えようとする概念枠組みに、私は四半世紀前から注目し、情報の流れのフレームワークとして戦略論の世界で主張してきた。企業の成功と失敗を分ける「目に見えない財産」の重要性を強調し、その「見えざる資産」を情報という観点からきれいに整理できる、と主張してきたのである（情報の流れのフレームワークの詳細を述べた最初の著作である拙著『経営戦略の論理』の第一版は、一九八〇年に出版されている)。

情報の流れのフレームワークとは、企業はその事業活動のプロセスの中で環境との間に情報の流れをつくり、組織の中にも情報の流れを生みだし、そうした流れの結果としての情報蓄積が企業にとっての見えざる資産となる、という考え方である(この点の詳細は、伊丹[二〇〇四]にも解説がある)。そして、経営戦略は見えざる資産の蓄積を一つの中核的概念とするものである、と主張してきた。この章で問題にしている組織能力との関連で言えば、そうした組織能力の構築こそが経営戦略の肝になる、という考え方である。

しかし、組織的情報蓄積はたんに戦略を実行する基盤として戦略と関係するだけではない。企業が戦略を実行するプロセスそのものが、じつは組織的情報蓄積を生みだす源泉にもなっている。戦略と組織的情報蓄積の間の関係は、双方向の因果関係なのである。

双方向の第一として、組織的情報蓄積が実行可能な戦略を規定するという「情報蓄積から戦略へ」という因果がまずある。それに逆らうと、戦略は失敗する。実行可能でない戦略に従った行動をとってしまうからである。しかし、双方向の因果の第二として、「戦略から情報蓄積へ」という因果もまた存在する。なぜなら、人間は学習する存在で、戦略の示す活動を実行している間に、情報の流れが起き、自学が起き、組織が学習し、組織的情報蓄積が大きくなったり小さくなったりするからである。

この第二の因果の大要は次のような論理である。まず、「企業活動の基本設計図」と定義される経営戦略は、企業の人々の仕事の内容の大枠を決める基本方針である。その基本方針としての戦略は、企業組織の中の情報の流れがどんな事業分野で、どんな業務のために起きるか、その基本的な枠組みを決めている。仕事のプロセスは学習のプロセスであることを本章第1節で強調した。とすれば、仕事の内容の大枠を決める経営戦略は、人々の学習の起きる範囲の大枠や学習の焦点を決めていることになるのである。

たとえば、運送会社がその経営戦略として商業貨物の長距離輸送便だけでなく個人相手の宅配便ビジネスに乗りだすことを決めれば、宅配便の運営の仕組みを人々が学習することが自然に要求される。個人のお宅からお宅へと荷物を集荷して配送する仕組みを磨き上げなければ、ビジネスとしてそもそも成立しない。さらに、宅配便ビジネスの差別化の鍵を「スピード」と戦略が決めれば、スピードを上げるための学習が働く人々の学習の焦点となるだろう。

仕事の実際の活動に合わせて、組織の中の仕事の現場でさまざまな情報の流れが起きる。その情報の流れのダイナミズムを機能させるには、前節で強調したように場のマネジメントが大切なのだが、そもそもどんな情報の流れが発生するかは、経営戦略が決めている部分が大きいのである。つまり、戦略が見えざる資産という組織的情報蓄積のあり方を決め、その組織的情報蓄積がどんな戦略が選択可能かを決めている、という双方向の関係が経営戦略と情報蓄積の間にはあるのである。

このダイナミックな双方向関係があるからこそ、戦略がいったん成功し始めると良循環が生まれてくる。戦略の成功が、情報蓄積を大きくする。その大きくなった情報蓄積はさらに戦略の選択の範囲を広め、企業の発展の源泉になる。そうして発展した経営戦略をとると、さらに成功が生まれ、それが新しい情報蓄積を可能にしていく……。

多くの企業が小さな一つの事業分野の企業として誕生して、しかし長い歴史の中で組織能力を事業活動の中から蓄積していって多角化し成長していくのは、こうした良循環が典型的に機能した結果である。

戦略が場を生み、場が情報蓄積を生む

こうした戦略と情報蓄積の間の双方向の関係の中で、場のマネジメントはどのように位置づけられるのだろうか。それを図で示したのが、図7-1である。

前節で述べたように、まず、戦略が企業と環境の間の情報の流れ、あるいは企業組織の内部に発生する情報の流れの大枠を決める。図7-1で言えば、戦略から情報の流れのダイナミズムへ出ている矢印は、戦略が情報の流れを〈発生〉させることによって、情報の流れのダイナミズムの大枠を直接的に左右していることを示している(〈 〉は、図7-1の矢印の説明用語)。その情報の流れのダイナミズムがうまく機能すると、組織的情報蓄積が可能になる。それが、情報の流れのダイナミズムから見えざる資産(情報蓄積)へ〈蓄積〉という名の矢印が出ていることの意味である。

その組織的情報蓄積の大小は、情報の流れのダイナミズムの活性・不活性が左右している、と考えられる。そして、情報の流れのダイナミズムの活性・不活性を左右する重要な組織マネジメントの課題が、場のマネジメントである。それを示すのが、この図で場から情報の流れのダイナミズムへの矢印である。場の中での情報的相互作用が創発的に起きることを表現するために、この矢印の

図7-1　戦略、情報の流れのダイナミズム、場

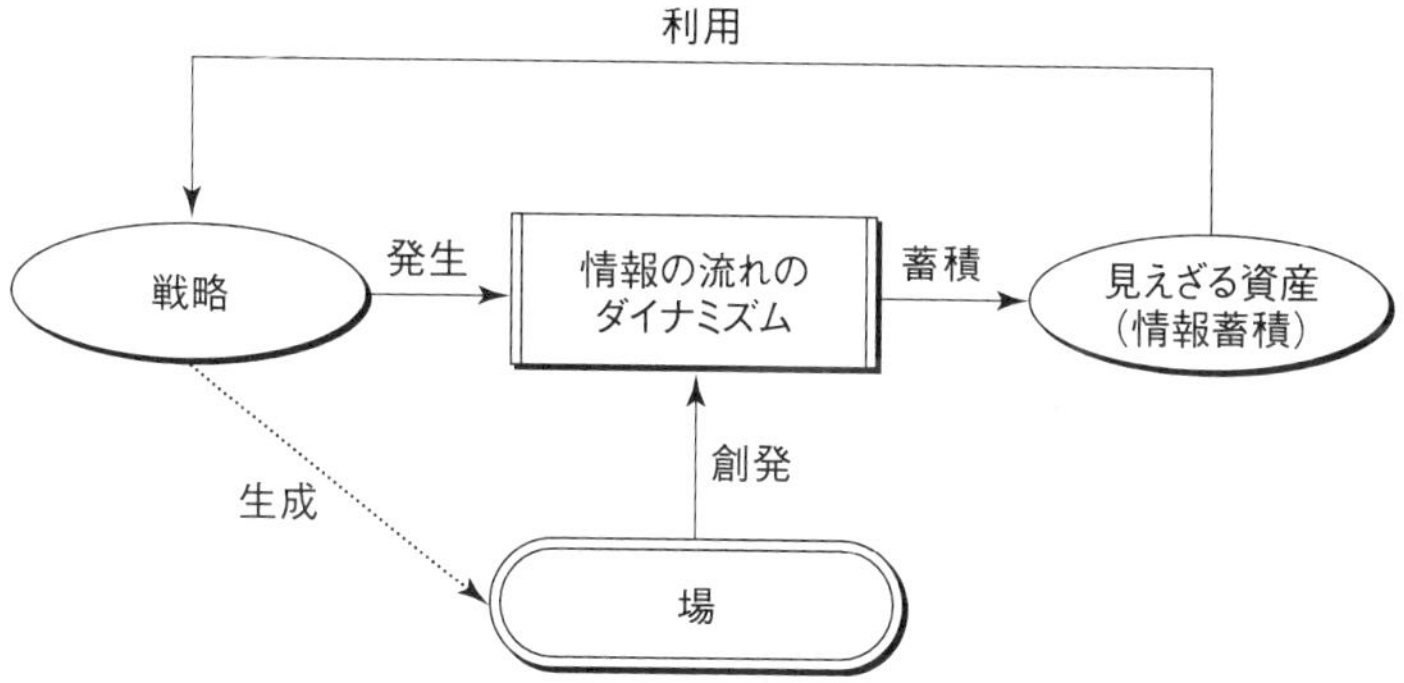

名を〈創発〉と名づけている。

つまり、戦略が情報の流れのダイナミズムのポテンシャルを生み、場がそれを顕在化させる。場のマネジメントは、この見えざる資産と情報の流れのフレームワークの中で、主に組織的情報蓄積を実現するための組織マネジメントとして、位置づけられるものである。

組織的情報蓄積が大きくなると、すでに前項で述べたように、戦略の選択範囲が広がる。あるいは、情報蓄積という見えざる資産を利用して新しい戦略が可能になっていくのである。それが、図7-1で情報蓄積から戦略へと〈利用〉という名の矢印が伸びていることの意味である。

こうして、戦略から情報の流れのダイナミズムを経由して、情報蓄積と戦略の間に「ぐるぐる回り」の双方向ダイナミックスが存在することを、この図は示している。それが、前項で説明した戦略と情報蓄積の双方向の因果関係である。戦略が時間の経過と共に情報蓄積を牛み、その情報蓄積が戦略を変えていく、というダイナミックスである。

このフレームワークでの戦略の意義は、情報の流れのダ

イナミズムの大枠を直接的に指定する、情報の流れの〈発生〉という効果だけではない。じつは、戦略は場の生成に深く関係している。それを、図の中で戦略から場へ伸びる〈生成〉という矢印が示している。

ここで、第2章の図2-1をふたたび見て欲しい。この図は、戦略をはじめとする経営の設計変数が場が生まれるかどうかを左右していることを示している。図の最下部の経営の設計変数から場へと伸びる矢印のことである。その矢印と同じものが、図7-1で戦略から場へと伸びる〈生成〉という名の矢印である。

では、戦略はどのようにして組織の中の場の〈生成〉に関与するのか。

それは、戦略が「企業活動の基本設計図」として、仕事の場の実際の骨格を決めるものだからである。その仕事の現場の中での人々の情報的相互作用の枠組みを、戦略が実質的に作りだすからである。

その事例として、たとえばホンダの大設備投資の例を思い起こせばよい。一つの戦略が、組織の中の人々の仕事の内容と相互接触のパターンを実質的に決めている部分がかなりある。その仕事の現場で人々が情報的相互作用をしている。戦略があまりにバラバラな活動を人々に強いるようなものであれば、人々の間に相互接触は起きにくく、したがって場は生まれにくい。戦略の内容が人々の活動をある部分に集中させるようなものであると、自然と場は生まれやすくなる。

あるいは、第2章で挙げた三井化学の研究開発センター集結戦略も、場を生成させる効果をもつものとして、わかりやすい。一〇〇〇人を超える研究開発担当者が一つの場所という物理的空間で仕事をすることによって、情報的相互作用の機会は自然に高まるのである。

さらには、戦略の示す方向がきわめてチャレンジングで魅力的であると、人々のモチベーションを高める効果があるだろう。ホンダの大設備投資のケースでは、たんに仕事の内容を戦略が決めたというだけでなく、四輪車生産への不退転の決意の表明になっていることにより、人々の高揚感あるいは危機感を誘発するという心理的効果もあっただろう。つまり、戦略は情報的、心理的な「場」を組織の中に〈生成〉させ、その中で人々が相互作用を十分に行う基盤を作りだすのである。

もちろん、つねにすべての戦略が生き生きした場をつくりだすとは限らない。戦略の作られ方とそこでの人々の仕事と接触のパターン次第では、生き生きとした場が生成することがある、と限定的に考えるべきであろう。そして、この戦略から場への因果関係は、戦略の設計の際の主要な考慮要因ではかならずしもないかも知れない。戦略はやはり企業の環境の中の活動の基本設計図で、環境への適切な対応が一番重要だからである。だから、図ではこの矢印は点線で書いてある。しかし、重要な戦略論理として、戦略による場の生成という問題がありうることを明示するために、この点線が書かれている。

こうして「戦略が場を生成させる」という論理が機能すると、戦略と場の間にはやはり双方向のダイナミックスが存在することになる。すでに説明してきたように、場が生まれると、情報の流れのダイナミズムが活性化されて、組織的情報蓄積につながる。その組織的情報蓄積を利用すべく新しい戦略が練られていく。つまり、場が次の戦略を生むための基礎的な貢献をするのである。

したがって、経営戦略が場の中に流れる情報を決め、かつまた場そのものの生成に貢献するという「戦略から場への」一方向の関係があるだけではなく、場の機能によって生まれる組織的情報蓄積がさらに将来に企業がとりうる戦略の選択範囲を規定していく、「場から戦略への」因果関係もあるのである。

つまり、戦略と場は、双方向に絡み合って発展していくことができる。その双方向ダイナミックスがうまく回るように思いをめぐらすことが、経営戦略と場の生成のための意思決定の際の、大きな考慮事項なのである。

こうして図7-1を見てみると、情報の流れが実際に生みだされ、機能して、意義のある組織的情報蓄積につながるためには、戦略が二重の役割を果たしていることがわかる。第一の役割は、戦略が仕事の内容を決めて、その仕事の内容が情報の流れの同時多重発生のメカニズムを機能させる。第二の役割は、戦略が仕事の中での人々の相互作用の「場」を生成させることにより、誘発・加速、あるいは感情との相互作用のメカニズムを機能させる。そのような戦略の二重の役割が、戦略から見えざる資産（情報蓄積）につながる戦略論理の核であり、その論理の中で場の役割は大きいのである。

まさにこの項のタイトルにしたように、戦略が場を生み、場が情報蓄積を生むのである。

4　市場における場、市場における情報蓄積

市場にも場は生まれる——消費は学習プロセス

この章のみならずこの本での場の論理とマネジメントの説明はすべて、組織の中の個人の間の情報的相互作用に焦点を当てたものであった。そして、仕事のプロセスがじつは個人にとっての学習のプロセスにもなり、仕事の現場で情報的相互作用が自然発生することを出発点に、場の生成、場のかじ取り、戦略と場の関係を説明してきた。

しかし、個人が情報的相互作用をするのは、何も企業組織の中の仕事の現場にだけ限ったことではない。市場の中でも、消費者という個人は情報的相互作用をすることがありうる。あるいは、産業財の使用者であるユーザー企業同士の間でも、情報的相互作用は十分に発生しうる。たとえば、口コミという現象はまさにそうした情報的相互作用の典型例である。ある消費者が自分が消費した製品の評価を他の消費者に伝えるのが、口コミの本質である。伝えられた消費者が同じような反応をすれば、ますますその評価が共通のものとなり、市場全体を覆うような「この製品はこんなところがいい、あるいは悪い」という評価が生まれていく。

つまり、組織の中で仕事をするプロセスが学習するプロセスであるように、市場の中で消費者あるいはユーザーが消費あるいは使用をするプロセスは、その製品についての学習プロセスなのである。使用体験からしか学べない、製品の特性がある。あるいは生産者である企業にクレームを伝え

たり要望を伝えたりすることによって、企業の反応の仕方を消費者（産業財の場合も以後、消費に含めて考える）は学習している。さまざまな意味で、消費するということは学習するということなのである。

こうした学習プロセスは市場の中で単発で起きるばかりでなく、集団で学習するということもありうる。消費者が相互に情報交換をし合って、情報的相互作用が発生する場合である。その時、その集団には場の論理が成立しうるであろう。つまり、市場の中に場が生まれ、そこに消費者の間の「共通理解」と情報蓄積が生まれてくることが十分ありうるのである。

たとえば、ある製品の評判が高まると、その企業に対してブランドという信頼感の共通理解が生まれる。あるいは、顧客の隠れたニーズ情報の集積という情報蓄積が消費者グループに生まれてくることもありうる。さらには、たとえば熱烈な阪神ファンのように、消費者の間に心理的相互作用も生まれ、心理的エネルギーすら生まれてくることもある。だから、阪神が優勝すると道頓堀にダイビングする人が何千人と出てきたりする。

つまり、市場の中にも場は生まれる。消費者の情報的相互作用の容れものとしての場が生まれうるのである（この点を最初に指摘して、場の論理を利用して分析したのは、西野［二〇〇四］である。以下の議論は西野の論文に多く負っている。くわしくは原論文を参照して欲しい）。

たとえば、西野の挙げているわかりやすい一つの例は、@cosme という化粧品の情報サイトの例である。

「@cosme とは、一ヶ月間のページ・ビューが六九〇〇万、一日では二二二万（モバイル版含む）にものぼるコスメ（基礎からメイク、フレグランスなどを含む化粧品全般）情報専門のポータル・サイトである。情報を提供するためには、最初にサイト上で必要事項を入力し会員として登録する必要があるが、その数は三四万人（モバイル会員含む）にもなる。そしてコスメに関する情報が実に一七〇万件も蓄積されている。

@cosme がこれまでの情報サイトと異なるところは、ユーザーが発信する生の声を集積し、検索・確認することを可能にしたところである。肌質など自分と同じ特性や し好性をもったユーザーを探し出し、それらユーザーがどんなコスメをどのように評価しているかを見ることができる。単に企業主導の広告に頼るのではなく、自分自身の判断で自分に合うと考えられるコスメを選択することを目指した。

そのため情報の整理と検索を容易にするよう、従来の電子会議室のように双方向的にユーザーが意見を交換しあうという形式はとらず、コスメの品目ごとに各ユーザーが評価と使用感想を書き込むという、一方向的な情報の流れとなるような設計にした。（中略）この評価は個別の商品ごとに行われるが、その商品数は六万アイテム、六〇〇〇ブランドにも及ぶという。

このようなサイトの形式をとり、ユーザーが相互に自分たちの利用のための膨大な情報交換をすることを目的として作られているポータルサイトであるが、@cosme はユーザーの情報交換の結果として蓄積された膨大な情報を企業が利用するための仕組みもいくつかつくっている。例えば、企業の要望に応じて@cosme のユーザーを対象に各種リサーチを行っている。会員は詳細な属性分類が可能であるので、企業が求めるターゲットとなるユーザーの抽出もしやすい。対象ユーザーを絞りこんだ上で企業にかわって適当な調査を実施し、企業に報告を行うというものである」(西野［二〇〇四］)。

こうした市場の中の場の情報蓄積を利用してヒット商品につなげたのが、牛乳石鹸共進社のグループ会社であるバイソンのリップグロス「べビーピンク」の商品改良であった。

「この改良のきっかけは、最初@cosmeにべビーピンクについてのユーザーの使用感想が多く寄せられたことであった。バイソンはこの『べビーピンク』をリップクリームと他社のリップグロスの中間ぐらいの五五〇円と価格設定し、販売した。すると、唇のつやつや感と価格の安さを評価する投稿が@cosmeに多く寄せられた。そのうち『ネットを見て私も使ってみました』といった投稿も多くなり、噂が噂を呼ぶ状態となり、たちまちヒット商品となった。(中略) この『べビーピンク』への投稿は当初、よい評価だけではなく『容器から中身が漏れやすい』『塗ったときにベタベタして嫌』といったクレームも存在していた。バイソンはそれらクレーム投稿をヒントにして、容器や成分を変えるなど、商品の改良に生かした。

こうして、大した広告は打っていないという『べビーピンク』は、発売後二年余りで累計二五〇万本を販売するヒット商品となったのである」(同上)。

まさに、市場の中に消費者が情報的相互作用をする場が生まれている。そして、その市場の中の場を、企業が積極的に利用しようとしている。この事例では、新製品開発のために、市場の中の場に蓄積された顧客ニーズについての情報蓄積を利用しようとしているのである。

さらに市場における場の生成の例を挙げれば、世界でもまれな家電・AV・ITの販売店集積である秋葉原そのものも、市場における場の一つの例であると言えるだろう。秋葉原という場の中で、多くの消費者が有形無形にさまざまな情報的相互作用を行っている。その情報的相互作用には販売店も絡み、じつに複雑な情報的相互作用が起きている。この場の中の情報蓄積を、メーカーは懸命に利用しようとする。日本の家電産業の製品開発力がすぐれていることの一端を、じつは秋葉原の存在そのものが担っているとも言えそうである（秋葉原については、山下［二〇〇〇］がくわしい）。

市場における場のマネジメント

こうして市場の中に生まれうる場を、企業の側が何らかの形でマネジしようとする試みも十分ありうる。それが、市場における情報蓄積を促しかつ利用するための、「市場における場のマネジメント」である。

@cosme のような企業の場合は、そうした場をつくること自体が事業活動になっている。つまり、場のマネジメントそのものが事業なのである。あるいは、西野が挙げるもう一つの例である松下電器産業のモバイル・パソコン、レッツノートの場合は、熱烈なレッツノートファンの間に場をつくろう、その場を利用しようと企業側が努力している事例であるが、それは同時に市場の中の場のマネジメントの難しさも例示している。ふたたび、引用する。

「一九九六年六月、『レッツノート』が発売された。（中略）この頃、パソコン通信最大手のニフティサーブには、松下電器のコンピューター製品のユーザーが情報交換を行う電子フォーラムが既に開設されており、レッツノート専用の電子会議室も新設された。その電子会議室ではユーザー同士が使用方法や製品機能について書き込みを行っており、ときに機能上の問題点についても議論がなされていた。実際に、レッツノートにはキーボードやトラックパッドの強度に一部問題が生じることがあって、会議室がその話題でもちきりになることもあった。

こういった性能上のトラブルが一旦起きると、パソコン通信上では瞬時に情報がかけめぐる。しかし、この情報の早さに着目したレッツノートの担当者は、そういった情報を積極的に活用しようとした。マーケティング担当者は毎朝六時に電子会議室をのぞき、悪い情報があれば七時半までに開発担当者や工場の責任者など約一〇〇人にメールを流す、これを日課としたのである。その結果、キーボードの問題に関しては、電子会議室でトラブルが報告された翌日には生産ラインでの対策がほどこされるなど、迅速な対応が可能になった。

(中略)しかし、企業の関与には問題も生じた。それは、あるモデルのバッテリーのトラブルについて電子会議室で議論となっていたとき、レッツノート担当者が直接そのトラブルについての書き込みを行ったことに端を発した。担当者は、トラブルは製造不良によるものであるとし、不良品の交換方法や相談窓口まで書き込みを行った。多くのメンバーはこの行為を好意的に捉えたが、一部ではユーザー主宰の電子会議室にメーカーの人間が公式に発言することへの反発があったという」(同上)。

この事例の最後に例示されているのは、市場の中の創発的行為としての場への、企業の側からの関与の難しさである。組織の中の場であれば、その場への参加者は企業の従業員である。彼らが参加している場に企業の経営の側からの何らかの関与（たとえば、場の設定の努力、あるいは場のかじ取りのマネジメント）があっても、それは経営の当然の行為として問題になることは少ない。しかし、市場の中の場の参加者は企業から命令される立場にある従業員ではない。企業とは独立した他者である個人なのである。そうした独立した他者の創発行為に企業が関与することへの反発は十分にありうることなのである。こうした難しさをもつ「市場の中の場のマネジメント」のポイントは、二つあると思われる。

第一のポイントは、市場の中に場を生みだせる企業努力である。場が自然発生するものならば簡単だが、市場の中の独立した消費者の間の場は、おそらく企業組織の中の働く人々の間の場よりもその生成と維持は難しいだろう。そもそも、場として濃密な情報的相互作用となるように仕向けるのが難しい。

場を生むための企業努力の大きな課題は、場に参加しようとするインセンティブを消費者がもつように、いかに工夫できるか、という点であろう。企業内の組織であれば、働く人々はそもそもその組織にすでに参加しているところから話が始まる。その場合に「場への参加」ということで課題となるのは、組織の中に活発な情報的相互作用の容れものに自発的に参加するような状況をつくることであった。第4章で自由、信頼、情報共有の大切さを強調したのは、こうした自発的参加の基礎条件としてであった。

しかし、市場の中の消費者は、その企業の組織に所属しているわけではない。別に場に参加する義務は全くない。だからこそ、場への参加欲求をいかに引き起こせるかが重要になる。おそらく、自由な消費者が市場の中の場に参加するための一つの基礎要因は、他の消費者との間の連帯欲求であろう。他の人々とつながり合いたいと思う気持ちが根底にないと、自分の側からかなり能動的に市場の中の場に参加することはないであろう。阪神タイガースのファンの中には、こうした連帯欲求の強い人たちが多いのであろう。

その上、企業が妙に場への参加を促したり、場に対して干渉するようになると、「自分たちの創発的行為への関与への反発」が予想される。レッツノートの事例の通りである。したがって、消費者の場への参加を促すプロセス、そしてその後の場のかじ取りは、かなり微妙なバランスを考えることが必要とされる問題である。

市場の中の場のマネジメントの第二のポイントは、その場の中の蓄積を学び、使える企業側の能力である。場が市場の中に生まれ、そこに情報蓄積が生まれても、それにアクセスできる企業の能力、そこでアクセスした蓄積から学ぶ能力が企業の側になければ、それは「豚に真珠」である。

しかも、その場の情報蓄積を企業が利用しようとする姿勢を露骨にすれば、「自分たちの創発的行為への関与への反発」がふたたび大問題となる危険がある。その反発が強ければ、場そのものの維持が立ち行かなくなることもあるだろう。

市場の中の場のマネジメントは、きわめて新しいテーマである。わからないことがまだ多い。しかし、重要なテーマである。この節の主な目的は、このテーマについての整理された結論を述べるというより、「場における情報蓄積」という大きなトピックの中には、組織の中の場での蓄積だけでなく、市場の中の場での蓄積もまた重要であることを、指摘することであった。

第III部

場のパラダイム

第8章 マネジメントのパラダイム転換
――ヒエラルキーから場へ

パラダイムという言葉がある。ひらたく言えば、「ものの見方、とらえ方」である。第I部、第II部、と解説してきた場の論理とマネジメントの内容は、じつは従来の経営の理論で当たり前の経営現象の見方、とらえ方と、かなり異なったレンズを提案していることになっている。つまり、「場のパラダイム」とでもいうべき「ものの見方」「もののとらえ方」で経営を考えてみようという試みがこの本なのである。

では、場のパラダイムは従来の典型的なパラダイムとどのように違うのか。なぜ新しいパラダイムに意義があるのか。新しいパラダイムの副作用は何か、新しいパラダイムのもとでのマネジャーはどのような役割を担うのか。それらを考えるのが、この第III部の役割である。

第8章では、これまでの経営の典型的なパラダイムだと思われるヒエラルキー（階層組織）パラダイムと比べて、場のパラダイムはどのように違うのか、その意義と副作用は何かを考える。続く第9章では、そうした新しい場のパラダイムの中でマネジャーの役割はどのように考えるべきなのか、それを議論しよう。

1　ヒエラルキーパラダイムから場のパラダイムへ

二つのパラダイム

これまで経営学の教科書などで常識的に受け入れられてきたと思われるマネジメントのパラダイムは、ヒエラルキーパラダイムとでも呼ぶべきものであろう。組織を何よりも上下の階層関係ととらえ、その中で上司が部下に命令することが組織のマネジメントの中心である、と考えるようなマネジメントのパラダイムである。もちろん、これは有意義な部分の多いパラダイムではあるが、それだけでいいのか、という疑問が、場のパラダイムの提唱の背後にある問題意識である。

前章まで説明してきた場のパラダイムによるマネジメントの考え方がどのような特徴をもっているかをより鮮明に見るために、ヒエラルキーパラダイムとどこが違うかを考えてみよう。そのために、典型的なヒエラルキーパラダイムと場のパラダイムを五つの観点からくわしく比較したのが、表8-1である。

ヒエラルキーパラダイムは、組織を階層（ヒエラルキー）と考え、そのヒエラルキーの中でのタテの命令系統を中心にかなり中央集権的にマネジメントを考えようとする考え方である。アメリカ的な組織のマネジメントは基本的にこうしたパラダイムであったと思われる。それは、近代組織論のパラダイムでもあった。

表8-1　ヒエラルキーパラダイムと場のパラダイム

		ヒエラルキーパラダイム	場のパラダイム
1	組織とは	意思決定する個人の集合体	情報的相互作用の束
2	マネジメントとは	決定し、命令し、動機づけること	方向を示し、土壌を整え、承認すること
3	経営行動の焦点	システム設計とリーダーシップ	場の生成とかじ取り
4	マネジャーの役割	先頭に立ってリードする	流れを見ながらかじを取る
		中央に情報を集め、自分で決定する	部下に任せ、ときに自ら決断する
5	メンバーの役割	与えられた仕事を遂行する	仕事の細部は自分でつくる
		想定外事項は上司と相談して決める	想定外は周りと相談しながら自分で動く

このパラダイムでは、企業組織を意思決定する個人の集合体と見る。マネジメントとは、その多くの個人の意思決定をマネジすることであり、その内容は象徴的に言えば、多くの決定は自分で下し、部下には命令し、彼らが命令通りに動くように動機づけること、となる。そうした経営行動の焦点となるのは、システム設計とリーダーシップである。部下に影響を与え、指令し、報告を受け、評価するためのシステムの設計がまず重要であり、設計されたシステムの要所要所に有能な管理者をリーダーとして配置し、彼らのリーダーシップでその下の部下をマネジしていく。

このようなヒエラルキーパラダイムのもとでのマネジャーの役割は、自分の組織の先頭に立って個人の集まりをリードしていくことであり、自分は組織の中央にいてそこへ情報を集めて、自分で決定をすることになる。もちろん、ヒエラルキーパラダイムでも権限委譲は起きるのだが、こうした中央集権的志向はどうしても強くなり、象徴的に言えば、「五〇%は部下に任せ、五〇%は自分で決定する」ということになろうか。

そうしたイメージでのもとでの組織のメンバー（つまり部下）の役割は、上司の決定した自分の仕事を遂行することであり、そこで想定されていなかった状況が起きれば上司と相談した上で行動を変えることになるだろう。

多少のカリカチュアはあるものの、こうしたイメージでヒエラルキーパラダイム、アメリカ型近代組織論の経営のパラダイムはとらえられるであろう。

それに対して場のパラダイムでは、組織を情報的相互作用の束と見る。個人は、ある意味で背景に退いてしまっている。その情報的相互作用の集まりを、場によってマネジする。この「場で起きていること」を適切にもっていくのが経営ということになる。第3章の図3-2でイメージ的に述べたように、ヒエラルキーパラダイムでは組織を個人という点の集合としてとらえる組織観をもっている。場のパラダイムでは、点と点をつなぐ線の集合として組織をとらえようとする。

組織を個人という点の間の相互作用の束ととらえると、その「相互作用の束」のマネジメントとは、組織全体としての方向を示し、その方向の中で情報的相互作用が起きやすくなるように土壌を整え、さらに必要な場合にはその情報的相互作用から生まれてくる具体的な行動案に承認を与えることとなる。経営行動の焦点は、システム設計ではなく「場の生成」となり、そうした場を動かしていくためのプロセスのかじ取りが重要となる。

かじ取りは、さまざまな形で行われる。多くの場合は、場のマネジャーが自分の判断で行う操縦操作がかじ取りになるのだが、ときにはもっと集団的なプロセスがかじ取りを実際にすることもある。たとえば、コンセンサスを求めての集団的な合議もかじ取りの一つだし、さらには「組織内競争」が起きて、結局勢力の強い意見に収れんしていくというかじ取りのあり方もありうる。さまざまな形態のかじ取りがありうるので、かならずしも個人としてのかじ取り役の存在だけが経営行動の焦点となる必然性はない。

もちろん、このような場のパラダイムのもとでも、当然マネジャーは必要である。その役割は、場のプロセスの流れを見ながら、そして場をとりまく外部環境の動きをにらみ合わせながら、プロセスのかじを取る作業が中心となる。かじ取りをすべてマネジャーだけでする必要はないが（上で述べたように自然発生的なかじ取りも十分ありうる）、かじ取り役としての役割をマネジャーが担う部分があることはたしかである。

「かじ取り」という言葉で象徴されるように、場のマネジャーに中央集権的なイメージはそれほどなく、多くの具体的行動が部下に任され、ときにマネジャーとして自らの決断が必要となる。象徴的にヒエラルキーパラダイムとの比較を言えば、「七〇％は部下に任せ、二〇％は下からの提案を承認し、しかし残りの一〇％は下に任せず自分が決断する」ということになろうか。

場のパラダイムでの組織のメンバー（部下）の役割は、自律性が高い。もちろん、自分の仕事の大枠は、マネジャーから方向づけを与えられているだろうし、さらに周囲を見渡せば自然と決まってくる部分も多いであろう。しかし、仕事の細部は自分がつくることになろう。仕事のディテールの大部分が他人から与えられているわけではないのである。

そして、事前に仕事の内容を想定した状況とは違ってきた場合には、場のプロセスがうまく機能していれば、自分がとるべき行動が見えてくるであろう。全体の流れを見ながら自分が何をなすかを決めるのが、この本で想定してきた場の中の個人の行動であった。したがって場のパラダイムでは、それを「周りと相談しながら自分で動く」と表現することになる。上司との相談は「周りの相談」の中の部分、しかし重要な部分となるだろう。さらに言えば、「周りと相談する」という表現の中には、「周りを見渡して、自分なりに周囲の意向や状況を勘案する」という意味を込めるべきであろう。相談とは、実際に話し合うことだけに限定する必要はない。

アメリカンフットボールからサッカーへ

スポーツの世界に、ヒエラルキーパラダイムと場のパラダイムとを象徴的に表す絶好の例がある。アメリカンフットボールとサッカーである。

二つのスポーツは、その源流は同じである。サッカーをしていて、手にもってはいけないはずのボールをもって走り出したのがラグビーで、そのラグビーからさらに派生したのがアメリカンフットボールである。源流は同じでも、二つのゲームのマネジメントはかなり違う。アメリカンフットボールのマネジメントはヒエラルキーパラダイム、サッカーのマネジメントは場のパラダイムなのである。

アメリカンフットボールは、細かく分業されたシステムで、オフェンス（攻撃）とディフェンス（守備）という二つのグループに一つのチームの中で分業があり、さらに各グループの中でも各人の役割は細かく決まっている。そして、プレーの進行も時計仕掛けのようにきちんと進む。つまり、ボールが地面につくかサイドラインを割るたびに、自動的にプレーがストップし、新しいプレーにあらためて仕切り直して入る。その際、チームの要であるクォーターバックがつぎのプレーでどのように各人が動くかのパターンを指令する。

そのパターンは、事前にかなりの数を練習しておくもので、パターンごとに各人の動き方が細かく決まっている。その準備されたパターンの中から、どの特定のパターンをあるプレーで実行するかをクォーターバックがそのときの状況に応じて決め、プレーに入る直前に選手が輪を作って集まり、彼の指示を受ける。

プレー開始をクォーターバックが合図すると同時に、選手がそれぞれに決められた通りシステマティックに動きだす。その動きを見て、敵も動きだす。クォーターバックは、あらかじめ決められた通り、ボールをパスをするか手渡す。ボールを受けた人間が倒されたり、パスが通らなかったりして、ボールが地面に落ちれば、プレーはそこでストップする。ボールが地面に落ちればプレーがストップしてしまうので、想定外の事態でプレーが長く進んでいくことはあまりない。したがって、ゲームは細切れになるのである。

攻撃の権利が相手方に移動すると、チームは守備のグループとそっくり全員が入れ替わり、攻撃のグループはサイドラインに退場する。

アメリカンフットボールでは、クォーターバックは中央集権的な命令者である。彼はチームのメンバーに動きの指示をするばかりでなく、プレーの開始のタイミングも彼の指示で決まっている。しかし、いったん指示をしたあとは、彼の中央の命令者としての役割は終わる。指示のあとがどのように実行されるかはプレーヤーの実行次第である。しかし、その実行のパターンには意外性は少ない。事前に想定されたプレーがうまくいくかいかないか、という不確実性だけが主な不確実性である。

ゲームの進行は、このように細切れで中央集権的かつシステマティックとなる。それゆえにまた、選手が細かい分業をすることが合理的になっている。自分に与えられた狭い範囲の仕事以外のことをしなければならないような事態があまり発生しないので、細かい分業が可能になるのである。そして、その分業の中で、クォーターバックというリーダー役の個人の役割はきわめて大きくなっている。

これと比べると、アメリカンフットボールの直接の前身となったラグビーでは状況はずいぶん違う。しかし、サッカーとラグビーのゲームマネジメントは類似している。そこで、アメリカンフットボールと直接的な比較がよりわかりやすい、ラグビーとの対比をまずしてみよう。

ラグビーには、オフェンスとディフェンスのグループ分けはない。一組の選手が攻撃も守備もする。選手の間に役割分担はもちろんあるが、アメリカンフットボールのような細かな分業ではない。プレーの進行も細切れではない。プレーがストップするのは、ボールが動かなくなったり、ファウルがあったとレフェリーが判断したときか、サイドラインをボールが割ったときである。ボールが動かないとは、二つのチームがもみ合ってボールがその中に入り、そして動かなくなったときである。ボールが地面に落ちても、おかまいなしにプレーは進行していく。

プレーがストップしたあとの始まり方も、アメリカンフットボールとはずいぶん違う。ラグビーでは、ボールが動かなくなった地点でスクラムを両チームで組んでスクラムの中へ味方がボールを投げ入れるか、サイドラインを割った地点で外から味方がボールをフィールドへ投げ入れる。ボールを投げ入れる前に、大まかなプレーの方向についてはスタンドオフあるいはスクラムハーフという司令塔から指示はあるものの、クォーターバックのような細かい指示は出すべくもない。第一、投げ入れたボールを敵味方どちらがとるかもわからないのである。

一つのプレーが長く続き、いくつもの思いがけないことが起きる。その最たるものは、前方にキックしたボールが地面に落ちたとき、どちらに転がるかである。ラグビーボールの形が形だけに、どちらへ転がっていくかわからないままにキックしている。そのボールをとり、走り、倒され、倒されてからも味方にボールを渡そうとする。その倒された場所へ敵味方がいっせいに固まって人間の山ができる。その山の中をかき分けて味方にボールを渡せると、その味方が再び走りだしたりキックしたりして、プレーが進んでいく。

そうした長い一つのプレーの間中、個々の選手はボールを見、敵味方の動きを見て、声をかけ合いながら自分の行動を自分で決めていかざるをえない。クォーターバックのように細かい命令を出す人はいない。そうして多くの選手が自律的に自分の動きを決めていっても、でたらめな動きにはならない。「前へ進む」という共通の意志と他の選手の動きを観察する能力が個々の選手にあり、さらに自分たちはどのような基本的なパターンのレパートリーをもっているかという共通の理解があるからである。でたらめどころか、しばしば流れるような美しい動きが生まれることがある。

その秩序ある動きのある部分はもちろん、事前の動きのパターンの準備によるものである。攻めのパターンをラグビーのチームもいくつかもっている。そのうちのどれが特定の状況で使われるかはしかし、特定の個人がつねに指示を出しているわけではない。スタンドオフが指示を出すこともあるが、クォーターバックのような細かい指示ではありえない。

指示を待つよりも、皆が状況を見ながらたぶんこのパターンだと判断していることも多い。あるいは、パターン通りではないが、他の選手の動きに合わせているうちに一種の秩序が生まれてくることもある。

サッカーのゲームの進行も、ラグビーと基本的には同じである。各プレーヤーは、あらかじめポジションは決まっているものの、バックスが攻撃参加したりしたり、左右のサイドチェンジをミッドフィールダーがしたり、状況に応じてプレーヤーの判断で自由に動く余地はきわめて大きい。ミッドフィールダーのうちの一人が司令塔の役割をすることが多いが、それとて一つひとつの作戦の指示を出すのではなく、ボールをどこへ出すかを考えるのが主な役割である。

ラグビーでモール状態でボールが止まってゲームが中断するように、サッカーではファウルなどで動きが止まり、再開はフリーキックということになる。しかし、それ以外は、ラグビーとサッカーは似ている。

表8-1でまとめた二つのマネジメントのパラダイムの違いは、アメリカンフットボールとサッ

カーでの「プレーのマネジメント」の違いに驚くほど似ている。

アメリカンフットボールがヒエラルキーパラダイム、サッカーが場のパラダイムである。管理者の役割は、アメリカンフットボールではクォーターバックが、サッカーではミッドフィールダーのうちの一人あるいは二人が果たしている。二〇〇六年のドイツワールドカップ日本代表では、中村俊輔と中田英寿がその役割を担うのであろう。

アメリカンフットボールでは、クォーターバックが決定し、命令する。彼の決定が行われ、その通り実行されるような事前のシステム設計がアメリカンフットボールでのプレーのマネジメントの最大の鍵となる。そして、リーダーとしてのクォーターバックの役割はきわめて大きい。メンバーとしての各選手の主な役割は、細かく細分化された分業の役割をきちんと実行することである。

サッカーでは、管理者あるいはリーダーがそれほどには前面に出てこないし、中核的な度合いも低い。プレーの流れを見ながら、かじを取るような行動をする。たとえば、球出しである。あるいは、フリーキックの前にプレーの方向性は指示したりする。しかし、各選手は、自分の仕事の細部は自分で決めざるをえない。フリーキックの前にリーダーが出した方向とは違った展開になることも多い。それでもプレーは続いていく。そんな想定外のとき、周りの様子を見ながら皆が自分で判断して動きを決めていっている。

一方でしかし、サッカーにも事前のプレーのパターンの準備もある。チームプレーに徹底しようという一体感の醸成もある。ラグビーには、「一人は全体のために、全体は一人のために」(One for all, all for one) という言葉がある。いわば、個々のプレーヤーが全体という衣をまとっている。しかし、彼らはあくまで個人である。全体が個のあと押しをしている。サッカーでも事情は同じであろう。プレーのパターンの事前準備や心理的な一体感が、全体という衣をまとう準備になっている。つまり、サッカーのチームの中に「場」をつくりだしている。しかし、その場の中では、個々のプレーヤーは自律的に動いている。

アメリカンフットボールは、その名の通りアメリカで生まれ、主にアメリカだけで人気の高いゲームである。サッカーはヨーロッパで生まれ、世界中で楽しまれている圧倒的な人気のゲームである。日本でもアメリカンフットボールよりもはるかに伝統もあり、人気も高い。

アメリカンフットボールは、中央集権的、分業的、システム的、そしてリーダー中心でメンバーはいわば歯車になっているゲームである。そのイメージは、近代組織論に象徴されるようなアメリカの組織経営を彷彿とさせる。

サッカーでは、分権的で役割は重なり合い判然としないことも多く、そしてプロセスが重要となる。リーダーはヒーローのような役割ではなく、メンバーが自律的に大きな役割を果たしている。そのイメージは、いい意味での日本の経営を彷彿とさせ、そして場のマネジメントを想像させる。

たしかに、表8-1で右側の欄にまとめた経営の考え方は、「場のパラダイム」という表現こそこれまでしてこなかったものの、日本の経営者の考え方にしばしば表われてきていたと思われる。つまり、場が機能できるようにするのが経営の仕事、それさえできればあとは大半は人々がやってくれる、という考え方である。ある意味で場のパラダイムには、これまで日本の経営に暗黙のうちに存在してきたと思われる経営の考え方に概念化の光を当てたもの、という側面があるのである。

ヒエラルキーパラダイムから場のパラダイムへのパラダイム転換は、スポーツの世界で言えば、アメリカンフットボールの考え方からサッカーの考え方への転換なのである。

そうした、マネジメントのパラダイム転換があってもいい。

もちろんアメリカンフットボールがあってもいいのだが、サッカーもまたあっていいのである。そしてスポーツの世界では、アメリカンフットボールは特殊アメリカ的だが、サッカーは世界普遍的で、むしろこちらが中心なのである。

2　なぜパラダイム転換が必要か

パラダイム転換の四つの理由

ヒエラルキーパラダイムと場のパラダイムは、両立しないものではない。パラダイムのミックスがあっていい。現実の経営は二つのパラダイムのミックスによって成り立っている、と考えるべきかも知れない。

しかし、これまでの経営の理論は、ヒエラルキーパラダイムが中心でありすぎた。そこから、場のパラダイムに中心的視座を移して、ヒエラルキーパラダイムを従の立場で使うというミックスはありえていい。そうした視座の移動という意味でのパラダイム転換が、ここで提唱しているパラダイム転換である。

そのパラダイム転換は、四つの理由で、十分ありえていいし、必要でもある。その四つとは、

●場の魅力の普遍性
●構造からプロセスへの視点転換の必要性
●マスのイノベーションという時代状況
●日本の経営の理解と発信

である。以下、説明していこう。

場の魅力の普遍性

第一の理由は、場のパラダイム、場の本質的よさはかなり普遍的に魅力があると感じる人が多い、ということである。それにもかかわらず、こうしたパラダイムがきちんと理論化されることがなかったために、経営理論の世界では表面上は大きな存在になってこなかったのである。だからパラダイム転換が必要だ、という理由である。

私の経験では、経営の現場のマネジャーたちに場の論理とマネジメントのくわしい説明をすると、それに惹かれるものを感じる人が多いようである。それもたんに日本のマネジャーに限らず、多くの国のマネジャーが、とくにヨーロッパの人たちが興味を示す。私が関係していた国際経営教育のプログラム（IMPM＝International Masters Program of Practicing Managers、一〇カ国ほどの四〇名近い多様なマネジャーが長期に参加する多国籍プログラム）で、日本で行われるセッションの講義の場合、かならず私は場の理論の講義をするようにしていた。彼らの反応を見ている印象では、国際的な経験の幅の広い人ほど場に興味を示す傾向があるように見える。

彼らが場のパラダイムの話を聞くと、最初の反応は「それは特殊日本的」、と決まったように言う。しかし、議論を重ね理解が深まってくると、逆に自分たちの周りにも場の概念と理論で理解できる経営現象が多いことに気がつき始める人も多数出てくる。国ごとの表面的な特殊性の背後にある共通部分をかなり抽象的に考えられるマネジャーたちである。たとえば、第5章で国際赤十字連合の国際会議でのパートナーシップキャフェという場のインフラ整備の例を挙げたが、この例はIMPMに参加していた国際赤十字のマネジャーが場の概念に興味をもって、それをテーマに修士論文を書いたときの事例の一つとして私が聞いたものである。

場の概念と論理が魅力をかなり普遍的にもつ理由は、場がもっている三つのよさに起因すると思われる。

場のよさの第一は、場の中では個人の自律と全体の統合という、一見矛盾しているようなことが起きうることである。

多くの現場のマネジャーは、中央集権的なマネジメントにへきえきとしている。人々は自由を欲しがっている。個人の自律性を認めたいと思っている。しかし、そうしたとたん、全体がバラバラにならないかという懸念もある。そこで、「自律の中から統合が生まれる」と説く場の論理に魅力を感じるのである。

つまり、分権、分散をしても全体の統一がとれるマネジメント。それが場のマネジメントなのである。なぜそれが可能になるか、くわしく解説してきたのがこの本である。

場の第二のよさは、共通理解、心理的エネルギー、そして情報蓄積と、三つのものを生みだす可能性が一つの場が提供していることである。その三重の作用ゆえに、場は効率的なのである。このよさは、ヒトが本質的に情報的存在であると同時に心理的存在であることをフルに認め、二つの存在が相乗効果をもつような場のプロセスを提供することから生まれている。

場の第三のよさは、「創発」にある。とくに、予測していなかった事態が生まれたとき、それへの対処として場が自発的グループを創発し、そのグループが中心となって問題解決することがある。それは、場による異常事態への対処能力と言ってもいい。

個人の熟練の世界の話ではあるが、小池和男は日本の労働者の熟練について、類似のよさの指摘をしている。彼によれば、日本の労働者の熟練の最大の特徴は、異常な事態が発生したときの対処能力の蓄積を長期間にわたる熟練形成が可能にすることであるという。

それと同じように、場のメカニズムを備えた組織がそうした対処能力をもつことを強調できる。場が創発する自発的グループによる実験が問題解決をしていく能力である。場のプロセスがうまくできていると、そうしたグループの実験が奨励され、しかもその実験が全体へと波及していくプロセスが確保される。それによって、組織全体が異常事態への対処能力をもちうるのである。たんに、組織のリーダー個人の対処能力をはるかに越えた能力を組織全体として発揮できる可能性を、場が与えてくれる。

別な言葉で言えば、場のマネジメントは組織の自己革新の大きなツールになる可能性を秘めているのである。場の中から新しい秩序が創発的に生まれてくれれば、それは組織が自己革新を起こしていることになる。そして、組織をたんにトップダウンで革新しようとする難しさの原点が、現場の納得性というところにあることを考えると、現場自らが場のプロセスによって新しい秩序をつくっていける、という場の論理は魅力的なのである。

構造からプロセスへ

マネジメントのパラダイム転換が必要とされていると思われる第二の理由は、これまでの経営の理論があまりに「構造」中心的であり、プロセスを軽視してきたことにある。そして、構造中心的になる理由の一つがヒエラルキーパラダイムにあると思われ、だからこそパラダイム転換が必要だということになるのである。

第2章で、組織の経営の全体像の中での場の位置づけを述べた際（図2-1）、経営の手段、設計変数と意思決定・心理的エネルギーとをつなぐリンクが現状の経営の理論的枠組みでは十分ではないと強調した。そのミッシングリンクを提供するのが、場の概念だと主張した。

そうしたリンクがつい欠けてしまっているのは、ヒエラルキーパラダイムがこれまでの中心的なパラダイムで、このパラダイムでは「構造」や「システム」に関する概念が豊富で、プロセスに関する経営的概念がそれに見合うほど豊かでないからだと思われる。ヒエラルキーパラダイムは、そもそもシステム志向、構造志向を育む考え方のようである。

しかし、それらだけでは人々の意思決定や心理的エネルギーがどのように生まれてくるかの「プロセス」の理解は十分にできない。しかも、もの言わぬコミュニケーション、暗黙の了解、雰囲気の醸成など、ともすればマネジメントのアート（芸術）と片づけられそうな微妙で深いそのあり方の理解も、マネジメントのプロセスの本質的な深い理解に依存していると思われる。

きれいな構造の議論からごちゃごちゃしたプロセスの議論へ、と経営の理論は進化を必要としている。その認識は、アメリカでも一部の学者の間にすでに見られる。たとえば、バートレットとゴシャールは『ハーバードビジネスレビュー』の連続論文で、構造とシステム中心のこれまでの考え方からプロセス中心の視点への移動の必要性を説いている。彼らの基本的な問題意識はここでの私の問題意識に近い。

たとえば、彼らは多くのすぐれた経営者の経営の見方を詳細に観察した結果として、次のように言う。

「彼ら（経営者）は組織を静的な役割のヒエラルキーとして見るのではなく、プロセスのポートフォリオと見ている。そのプロセスは、現場のマネジャーたちの間に創造性と企業家精神を生み出すプロセスである。経営者の役割は、そうした企業家精神が発露できる状況（コンテキスト）を提供することにある」（Bartlett and Goshal［1995］）。

彼らと全く同じように、プロセスを中心に置いて視座で経営を考えようとするのが、この本の場のパラダイムなのである。彼らは組織を情報的相互作用というプロセスの束と考えて分析をしているわけではないが、この本では情報的相互作用の束のマネジメントを、場を生成させ、かじ取りしていくことによって行う、という枠組みを提供している。構造からプロセスへと中心的視点を移動させ、構造を無視するのではなくプロセスの議論をさらにその上にのせるための概念枠組みを、場のパラダイムは提供しているのである。

マスのイノベーションの時代

パラダイム転換が必要だと思われる第三の理由は、現代におけるイノベーションや組織変革の本質が、マスのイノベーションであり、それをよりよく理解するには場のパラダイムのほうがより適切と思われるからである。ヒエラルキーパラダイムでも理解不可能ではない。しかし、場のパラダイムで考えたほうが理解が容易な現象が、現代のイノベーションの中には多い。

個人中心のヒエラルキーパラダイムは、環境や技術が通常は安定して推移し、ときにラディカルな大変化を起こす、というタイプの環境でのマネジメントのパラダイムとしては適切だと思われる。安定の時期には効率を追い求め、そして技術がラディカルチェンジを起こすときには、少数の個人が大きな働きをして変化を巻き起こす。そうした状況での経営には、「個人」と「システム」の経営でいいだろう。それは、大半の個人のなすべきことが、安定的な世界ゆえにあらかじめわかっているからである。変わらないからである。その中でイノベーションが起きる場合、それはかなりラディカルなもので、それを担うのは個人、それもヒロイックな個人（企業家）なのである。そのヒーローがリーダーなのである。あくまで個人中心でいいのである。まさに、アメリカンフットボールの世界である。

しかし現代では、組織も技術も、つねに動いている。連続的なイノベーションが積み重なって、波のように動いていく。技術の融合が組織の現場のあちこちでさまざまに起きて、そうした蓄積の累積が全体を波のように大きく動かしていく。とくに大きなラディカルな変化が個人のリーダーシップで突如起きるのではなく、これほどまでに技術基盤が社会のあちこちに浸透した現代は、マスのイノベーションの時代なのである。

そうしたマスの変革全体を担うのは、もはや少数の英雄的な個人ではない。人々のグループであり、そのグループの渦の中から変革が生まれてくる。そうした現象を個人主体のしかもヒエラルキー中心のパラダイムで理解としようとするのは、無理がある。「個人」を「システム」と「リーダー」によってマネジするというヒエラルキーパラダイムより、「情報的相互作用」を「場」によってマネジするという場のパラダイムのほうが、マスの時代のイノベーションの理解にはより適切なのである。

日本の経営の理解と発信

パラダイム転換が必要な第四の理由は、日本発の新しい経営のパラダイムの発信が必要であり、日本が世界の中できちんとした位置づけをもって理解されるためにも必要だからである。日本の経営にはたしかに「場のマネジメント」でも呼びたくなる特徴がある。それがかなり普遍性の高いものであることを理解し、その特徴にベースを置いた理論的枠組みで世界に発信する段階に日本はきているからである。

日本の企業経営をたんに集団主義などというレベルでとらえない、より普遍性の高い枠組みでの理解ができたほうがいい。そして、その枠組みの中での理解から、日本の経営が世界の中である種の特徴をもっていることをきちんと理解し、しかしそれが「特殊」でも「異質」でもなく、ただ

「違う」だけであることを素朴に納得する必要がある。

そうした普遍的な理解と世界の中でのあくまでも相対的な位置づけのために必要な理論的枠組みが既存の理論の中にないのであれば、我々がそうした理論的枠組み自体を作る必要がある。そのうえで、そうした新しいパラダイムがありうることを世界に発信する必要がある。その発信から、外国でも日本発のパラダイムで理解可能な現象がこれまで等閑視されてはいたが、じつは大量に存在することが明らかになるであろう。これまで、レンズがないために見えていなかっただけかも知れないのである。

そうした普遍性のありうる理論的枠組みの候補として、場のパラダイムがありうるのである。

もちろん、場が生まれ機能できる条件には、国によって違いがありうる。たとえば、場の機能に必要とされる初期投資の問題がある。情報のキャリアーや解釈コードが人々の間に共有され、浸透するための投資、アジェンダの共有の努力への投資、連帯欲求の共有の基盤、などである。この「投資」を、企業とそのマネジメントが自らの負担で行わずに済む部分が多い国と少ない国とがある。日本は社会全体がその初期投資をしている部分が多い国だろう。あるいは、その初期投資にかかる時間や負担を外部の市場が許容する範囲にも国による違いがありそうである。ここでも、日本の労働市場や資本市場は許容度が高いほうであろう。そうした条件の違いが、日本で場の現象がより多く観察される原因にもなっているのであろう。

こうした国による違いはあるものの、場のパラダイムそのもののもつ基本論理には、かなりの普遍性があると思われる。それが、第一の理由として述べた、場の魅力の普遍性につながっているのである。

ヒエラルキーパラダイムだけで世界を見る必要はない。場のパラダイムを中心に据えることによって見えてくる経営現象が、日本には多い。それを日本の我々はきちんと理解する必要がある。しかも、その上で世界を見渡してみると、そうした現象が日本に限られているわけではないことに気づくであろう。序章で紹介したノキアの経営がそのいい例だし、バートレットとゴシャールの論文に代表される「経営プロセスへの並々ならぬ関心」はその一つの証拠でもある。

スポーツの世界でも、世界的に人気のあるサッカーに場の論理が当てはまり、ヒエラルキーパラダイムのアメリカンフットボールが世界的にそれほど普及していないという事実は、場のパラダイムの普遍性の一つの間接的証拠のように思われる。

3　場と個人

背景から特異点として現れる個人

場のパラダイムでは集団主義というレベルだけで日本の経営をとらえない、と前節で書いた。そう言われると、場のパラダイムこそ集団主義的ではないか、と疑問をもたれる読者がおられるかも知れない。また、アメリカの経営が個人による経営で、それこそが個人を前面に出す、個を活かす経営ではないか、という疑問が出てくるかも知れない。

たしかに日本の経営を「場のマネジメント」と表現し、アメリカの経営を「個人とシステムのマネジメント」と表現をすると、二つの国の象徴的な違いをついた表現になっていると思われる。しかし、場のマネジメントとは言っても、組織がやはり個人の集合体であるという側面をたしかにもっている。場のパラダイムでは、個人はどう扱われているのか。場とその中の個人の関係は、どうなっているのか。

じつは、場のパラダイムというのは、組織の中の個人というものの位置づけのパラダイム転換にもなっている。なぜなら、場のパラダイムでは、情報的相互作用が起こしているのが「どの個人か」を直接的に問題にしない。むしろ、個人を背景に置いている。個人が直接的にマネジメントの対象になっているのではなく、個人の間に流れる情報の流れ、あるいはその流れを引き起こす個人間の情報的相互作用そのものが直接的にはマネジメントの対象になっている。第3章第4節で説明したように、そうした組織観を場のパラダイムは背後にもっている。それは、個人中心の組織観から見れば、大きなパラダイム転換になっているのである。

それだけに、場のパラダイムは「個人の顔の見えない」考え方といわれるかも知れない。個人が没個性的に扱われている、個人の自由や自律性を無視している、といった批判が飛んできそうである。

しかし、個人を背景に置いていることによって、じつは個人のその背景の中での自律性を認めていることにもなってもいる。個人が経営からの操作の直接的対象になっていないからである。そのために、個人が「マネジメントの拘束」から自由になれている、という面もある。別な言葉で言えば、個人が直接的にマネジメントの対象ではないから、ある人が別の人をどう動かそう、どう誘導しよう、という「操縦的」なにおいが小さくなるために、かえって個人の自律性が本当は重んじられているのである。

場の背景になっている個人の行動は、あくまで自律的・内発的なものである。情報的相互作用の中で、自分の行動を自律的に選択していく自由度をもっている。その相互作用の中で、個人はその個性を主張しようとする。そして、その結果、相互作用の中で浮かび上がってくる個性がありうる。どうしようもなく、ある意味で場の中の光り輝く特異点として浮かび上がる個性。それが場の中で個人が浮き彫りにされる場合である。

そうして浮かび上がる個性以外には、たんにただ「個人」だからという理由だけで個人にとくに光を当てることをしない。個性とは背景から浮かび上がるだけのものがあるときだけ意味があるもの、と場のパラダイムではなるのである。

つまり、場のパラダイムで個人を個人だからという理由だけで分析上の直接の単位にしないのは、個性を重要視しないということとは違う。我々一人ひとりの人間にとって個性というものがきわめて大切なものであることを認めた上で、しかし初めから分析上の直接の単位としないのが、場のパラダイムでの個人の取り扱いである。

その意味で、個人は背景に置かれている。しかし、その背景の中の相互作用の中で大きな存在を主張するような場合にのみ浮かび上がる個性、というとらえ方のほうが、個性に対する敬意をより払った考え方、と考えることもできるのである。

物理学での場と粒子

こうした個人と場の関係のとらえ方は、物理学の量子論での光というものの把握の仕方の中での、粒子と波動、そして「場」(field) の関係に似ている。量子論では、光は粒子でもあり、波動でもある。光の動きは光の場の動きであり、その場の特異点として現れたのが、粒子としての光である。

量子論では、個々の光の粒子は通常は区別できない存在で、光の波動の場の中での特異点として現れざるをえないような状況になると、粒子としての存在を示すようになる、と考える。こう考えることによって初めて、物理学は初めて光をきちんと理解できるようになった。量子論以前の物理学では、光を粒子だけと考えて、理論は行き詰まった。そこで、光を単純に波動と考え、その波動を伝導する媒質として「エーテル」を考えようとする考え方も出てきたのだが、それでもうまくいかなかった。光を波動の場の動きと理解せざるをえなくなったのである（都筑［一九七八］、高橋［一九七九］）。

粒子としての光は、組織の中の個人にもなぞらえることができる。波動に対応するのは、情報的相互作用である。その情報的相互作用の動きからなる全体が、場である。場では、どの個人という粒子の存在は通常は表だって問題にしない。しかし、場の情報的相互作用の特異点として、どうしようもなく現れてくる特異な存在として個性が輝くときがある。それが光の粒子のような個人である。

つまり、場のような一見没個性的なものを考えて、さらにその中の「特異点」としてどうしようもなく現れてくる個性こそが本物である、ととらえる考え方が光の量子論から示唆されている。そのように個人をとらえるのが本当の「組織の中の個人」のとらえ方だと私には思える。ただたんに「俺が俺が」とやみくもに主張する個人だけの集まりとして組織をとらえるのでは、組織現象という集団現象の理解は行き詰まるであろう。背景に置かれ、しかしときに個性を主張する。それが組織の中の個人のとらえ方として、物理学の場の考え方から示唆されるものである。

もちろん物理学では、場は生まれるものでも設定するものでもなく、マネジされるものでもない。そこにあるものである。その点では、物理学の場の理論が組織の中の場のマネジメントにストレートにつながるわけはない。しかし、物理学が光を理解しようとして、粒子の存在とその独立性をことさらに強調するような考え方では行き詰まったのは、示唆的である。

組織を個人の集合と考え、その中でもリーダーという個人をあらかじめ大切な存在と考えるヒエラルキーパラダイムも、同じように行き詰まっているのではないか。

もちろん、日本でもどこの国でも、組織は個人の集まりであることに変わりはない。組織の中の情報処理や仕事も結局は個人が担っていることにも変わりはない。しかし、だからといってその個人を直接的・明示的にマネジメントの対象にしたほうが効果的なマネジメントになるかといえば、かならずしもそうとは限らない。直接的に対象にすることによって、かえってマネジメントを難しくする危険がある。

日本企業の現実——場の硬直化

それでももちろん、個は活かされる必要がある。個人は活かされたいと望んでいる。

その活かし方として、まず場を生き生きとさせることによって、その中で個性が真に輝く機会が生まれてくることを狙う、という活かし方がありうる。それが、場のマネジメントの中での個の活かし方である。

場の中では、かなりボトムアップに共通理解という秩序がつくられていく。そのプロセスの中で、個々の人々が自分の意見をインプットしていく。自律性を発揮する場面である。もちろん、全体のコンセンサスをとるという「全体の統合」が必要であるために、自分の意見がかならずしも最終的には通らないことは十分ありうる。しかしその場合でも、途中のプロセスでは自律性が出せたという納得感はありうる。とくに、トップダウンで決定が「天から降ってくる」ようなヒエラルキーパラダイムの極端なケースと比べれば、個人の自律性はかなり発揮されている。

そしてさらに言えば、特異点とでも呼べるような個性豊かで、かつきわめてまっとうな意見をもった個人のインプットは、場の中で尊重される可能性が高い。場の人々は一方的に自分の意見を言うばかりでなく、全体を眺め、何がリーズナブルかを考えている。その中では、特異点の個人の自律性が発揮される余地は大いにある。

場のパラダイムによる経営は、「場のプロセスのかじ取りのよろしきを得れば」、個人の自律性と全体の統合をうまく融合させる経営のあり方になるのである。

しかし、現在の日本企業の現実は、こうして手放しで喜べるような状況とは言い難い。以前と比べて場が生まれにくくなっている、という感覚が私にはある。ミクロマクロループの動きも鈍い。総じて、場の硬直化が目立っている。

たとえば、静かな独裁者という実例を第2章で紹介したが、こんなケースが、経営者たちにその意図が明確にはない場合も含めて、増えてきている。あるいは、管理職の数が増えすぎて、管理の階層が複雑になり、会議が多くなり、相談をしなければならない人の数が増えてしまった。内向きの仕事ばかりが増えて、しかし組織の動きのスピードは遅くなってしまっている。組織が重くなっていると感じている人も多そうだ。

つまりは、場が機能しなくなっているケースが多いのである。さらには、それがまずいと感じて、個人をことさらに強調し、リーダーの役割やシステムを強調するヒエラルキーパラダイムを中途半端に導入しようとする企業もありそうだ。しかし、その中途半端さゆえに、かえって全体の機能が低下してしまっている。

たしかに、場の硬直性だけを感じるような状況では、個人の自由、個性の発揮、リーダーのきっぱりした決断と統率などが望ましい解決策に見えるかも知れない。経営のパラダイムは、ヒエラルキーパラダイムと場のパラダイムのミックスでいい、と先に書いた。そのミックスのヒエラルキー的部分があまりにも少なくなってしまっている企業では、ヒエラルキーパラダイムを強調する方向がその企業の状況では妥当なのかも知れない。

しかし、多くの経営組織でそう判断してしまう前に、一度立ち止まって考えてみる必要がある。

ヒエラルキーパラダイムへ振り子を振ることが、本当にいいのか。むしろ、場を機能させるという方向への経営改革、そして逆説的だが、場を機能させるためのヒエラルキーの強化という経営改革が適切な企業もあるのではないか（なぜそうした逆説的なことが成り立つかは次節でさらに考える）。

現在の日本企業の多くでは、場の「ような」マネジメントを行って、しかし個人を活かすことに失敗しているケースが多いように思う。場が生まれるような努力を十分にしていないからである。あるいは、せっかく生成した場を十分に生かす努力をしていないからである。そう考えると、個人主体のマネジメント、ヒエラルキーパラダイムのイメージに単純に転換することが今求められているのではなく、場を生かすことによって個人を究極的には活かしていくことこそが求められている、と私は思う。

そうした方向で経営を深く考えるための思考の枠組みを、場のパラダイムが提供してくれるのである。

4　場の副作用

副作用は長所の裏返し

この本で私は、場という概念にベースを置いたマネジメントのあり方を考えてきた。その新しいパラダイムの意義を、強調してきた。

しかし、ものごとには表があればかならず裏がある。場のマネジメントにも、いくつかの問題点がある。本質的に、場ゆえに生まれる可能性がある問題点があるのである。それは場のよさという表の部分のすぐ横にあるいは真裏に、くっつくように存在している。いわば、副作用である。薬の副作用と同じように、つねに出るとは限らない。しかし、ときに出てしまう副作用が、たしかに場の概念にはありそうだ。

そうした副作用の中でも私が深刻だと思う点は、少なくとも二つある。

第一の副作用は、場の中での個人の束縛感である。場のプロセス、なかでもミクロマクロループによる自律的秩序形成というような秩序形成のプロセス「ゆえに」、その副作用として「個の束縛感」がかなり強くなる危険がある。

第二の副作用は、場のプロセスには「見えざる全体主義のにおい」がすることである。場が自律的な参加をいわば建前としているだけに、場のプロセスへの参加を拒めず、しかもその場で決まったことに異論をさしはさみにくい。場の陰に隠れて、隠微な全体主義的な統制が起きることがありうる。隠れているために、「見えざる」と言わざるをえない。見えないだけに対応に苦慮することになる。

こうした二つの副作用が、前節の最後に指摘した場の硬直化を招いている一つの大きな原因ではないだろうか。あるいは、ことさらに人々が日本企業は硬直的だと感じてしまうことの原因の一つが、場の副作用にあるのではないか。それをこの節では考えよう。

個の束縛感

場のプロセスは本来、そこに参加する個人の自律性の高いものである。彼らの間の情報的相互作用からミクロマクロループが機能して共通理解や組織的情報蓄積という秩序が生まれてくる、という自律的なプロセスが想定されているのである。したがって、個人の自由度は高いはずである。しかし、場のプロセス的な経営を実際に行っている多くの日本の経営組織で、そこに働く人々の多くが個としての束縛感をかなり強く感じ、したがって自由感の少なさを感じていると思われる。それはパラドックスである。

そのパラドックスを生みだしている原因の大きな部分は、場の中の秩序形成プロセスの副作用にある。

場のプロセスの中で、二つの事柄が副作用を起こす本質的な原因になりうる。一つは、相互作用の中で個人の反応を決める際に個人がとりがちな態度。もう一つは、相互作用の相手の範囲、あるいは場の境界の存在。

個人の態度という観点からの問題点は、「自己規制」あるいは「自粛」という問題である。場のプロセスが人々との相互作用から一種のコンセンサスのようにまとまりが生まれてくるプロセスであるということを各個人が知っているだけに、そのコンセンサスへ向かうプロセスを下手に邪魔すべきでないという雰囲気がつい生まれてしまうことがある。そのために、オープンで活発な議論にならずに、つい人々が自己規制をして、自分の主張を述べることを自粛してしまう。

とくに、場のプロセスがうまくいくための要件が、人々が全体のことを考えて行動することであればあるほど、「このくらいなら発言をやめよう」ということになりやすい。その自粛が累積したとき、人々が心の底にオリのように沈澱した束縛感を感じることは、十分ありうることである。自粛を自分がしたという感覚が、実際に組織として生まれた秩序がそれほど不満なものでなくとも、自由感だけを奪うのである。

場のプロセスに起因する第二の副作用は、相互作用の相手の範囲が限定されていくことゆえに束縛感が生まれうる、ということである。場のプロセスがうまくいくためにはその相互作用の仲間に加わる人々は互いにある程度の情報をもつ必要があり、そのためにはその相手はしょっちゅう入れ替わってはまずいし、数が多すぎても困る。したがって、比較的限定された人々と相互作用をもつことになることが多いだろう。だとすれば、相互作用の相手の多様性が限定される危険が大きくなり、それゆえに束縛感が生まれる可能性が出てくる。

つまり、場には境界がつきものである。その境界があることが一面では閉鎖性につながる。それが個の束縛感を生みかねないのである。

場のプロセスの副作用は、そのプロセスによるものばかりでなく、秩序が組織に生まれた結果が束縛感につながることもありうる。

それは、場のプロセスの結果として生まれる秩序が、「みんなのコンセンサスから生まれてきた」という理由で、それに従うことを過剰に要求する性質のものになることがあるからである。つまり、つまらない部分も含めて、過度の統一性、秩序服従への要請が生まれやすい場合があるのである。

そこで、「大事なことなら組織の秩序を守るのはかまわないが、こんなつまらないことまで」という感覚が生まれる可能性がある。そのとき、束縛感が生まれる。

こうして、実際には自由度高く自律的な秩序形成のプロセスに参加しているのに、結果として自由感を喪失するという奇妙なパラドックスが生まれることになる。

見えざる全体主義のにおい

場のプロセスのもつ見えざる全体主義の一つの面は、じつはすでに前項の最後に出ている。コンセンサスとして生まれた秩序に過剰服従のにおいが出てくることである。全体が一つの秩序に服従しなければならないかのごとき感覚が生まれるという意味で、それは見えざる全体主義になりかねない。

これは場のプロセスの副作用としての見えざる全体主義の例であるが、場のプロセスの特徴がネガティブに悪用されたり機能してしまった結果、隠微に全体主義的な傾向が生まれてしまっているケースもまたある。

たとえば、多くの団体・組織で、事務局がいつの間にか実質的な権力をにぎってしまうことがよくある。典型例は旧共産主義諸国での共産党書記局である。共産党という組織の事務方にすぎないはずの書記局が、実際には権力の中枢となる。全体主義的な統制を行い始める。

なぜ事務局が実質的な権力をもつことになってしまうのか。

それは、組織の中の意思決定の場の生成とかじ取りの両方の実務を事務局がにぎるからである。

彼らは決して自ら最終決定をすることはない。決定のプロセスは、民主的に全員が参加して行われる建前がある。しかし、最終決定のプロセスを左右できるようなシナリオを書く裁量、そしてその決定の場に参加するメンバーを決める裁量、シナリオ通りに場のかじを取る裁量、こうした三つの裁量をすべて事務局がにぎっている場合、そこには見えざる全体主義が発生する危険がある。

この論理を悪用して権力を隠微に獲得できることがある。場のプロセスが参加的・民主的であるだけに、その建前の範囲の中でこうした現象が起きると、対抗措置はとりにくい。その結果、見えざる全体主義が発生し、そして放置されてしまうのである。

場のプロセスが見えざる全体主義的プロセスのようになってしまう危険は、こうした悪用の事例ばかりでなく、場の中のミクロマクロループの本質からも生まれる。場の中での個人は、「全体という衣をまとった個人」である。つねに全体の動きを見ながら、そして全体に対して自分のインプットもしながら、自分の行動と他者との相互作用を決めている。それがミクロマクロループの本質である。

たとえば、組織や社会の「空気」の中で、誰もがおかしいと思いつつもある方向で全体が流れることがある。それも、一種の場の作用である。その全体の「空気」のようなものを、その場の中の情報的相互作用に参加する人々が感知する。そして、その全体に染まり、結果として人々がその「空気」の見えざる拘束のもとに置かれてしまうことがある。その空気の中で、結果としては誰も望まないアクションがとられていく。

たとえば、第二次世界大戦時の日本がその例ではなかったか。あるいは、バブルの時代の日本のビジネスも、こうした「空気」の拘束を受け、それに流された例かも知れない。

見えざる全体主義を実行してしまう「主体」は、事務局であったり、場に関与しすぎたマネジャーであったり、あるいは「空気」であったりする。しかし、そのいずれの場合にも、場のプロセスのようなプロセスが秩序形成の基本プロセスであるがために、そうした全体主義的傾向が生まれてくることには変わりはない。「全体という衣をまとった個人」という一種パラドキシカルな存在ゆえに、本質的に生まれかねない危険である。副作用である。

コンセンサスへの過剰服従、場のプロセス管理による権力の簒奪《さんだつ》、そして空気。場のプロセスには、いくつもの見えざる全体主義の危険が潜んでいる。

場を生かし、個を活かす

個の束縛感にしろ、全体主義のにおいにしろ、じつはそれは「場だけに」限って発生する副作用ではない。ヒエラルキー型も含めて、組織というものが一般にもちがちな「個と全体の相克」という古い問題が、場でも起きてくるだけのことである。ただ、場ゆえにその問題がやや深刻になる潜在的な危険がある、というのがここでのメッセージである。

しかし一方で場には場としてのよさがある。そのよさとこうした副作用と、差し引きのネットで場のもつ最終的メリットを考える必要がある。場のパラダイムのマイナスとヒエラルキーパラダイムのプラスだけを比較して、後者に軍配を上げるような愚を犯してはならない。ヒエラルキーパラダイムにも、プラスがありマイナスがある。すべて、ネットの勝負なのである。

日本企業の経営は、場の副作用を抑えつつ、場のよさを十分に生かしているだろうか。現実は、そうでもなさそうだ。

個の束縛感と見えざる全体主義のにおいを感じている人は多い。場のようなプロセスにかなり依存する経営を実態として日本企業の多くが行ってきていながら、しかし場が十分には機能していない。その上、副作用が生まれているために場のもつ危険が顕在化している場合がある。前節でも触れたように、場が硬直化しているのである。

悪いことに、場が硬直化しても場のようなプロセスだけは半ば形骸化しながら残っている。すると、場の機能は十分には果たせなくなる上に、共通理解や心理的エネルギーあるいは情報蓄積が十分に生まれることもなく、納得も生まれず、ただ疲労感だけが残る。場のプロセスがもたらす粘着性がことさらに感じられるのである。その粘着性が、個の束縛感であり、見えざる全体主義なのである。

それが人々に閉塞感を与えている。

個の束縛感も見えざる全体主義も、場のプロセスゆえの副作用だ、と私は上で書いた。副作用という言葉が暗示するように、場のプロセスのもつよい面とちょうど背中合わせになってこうした問題点が発生する。したがって、副作用が問題だからそもそも場のプロセスはやめよう、という結論には簡単にはならない。

私自身は、場のプロセスが秩序形成のアプローチとして結局は望ましくないと言うつもりは毛頭ない。やはり、望ましいアプローチだと思う。副作用がいやだからといって薬を飲むのをやめれば、副作用はなくなるかも知れないが、本来の効能も同時に失う。それでは失うもののほうが大きいであろう。

しかし、こうした副作用が潜在的にあることは自覚したほうがいい。そして、その問題に対抗できるような措置を考えたほうがいい。

対応策の一つの例を言えば、個の束縛感という問題に対しては「自由のポケット」を組織の中にわざわざ設けることがありうる。公式に認められているか否かは関係なく、組織の全体としての秩序形成や管理の網の目からの避難港のようなものを、「自由のポケット」と呼ぶことにしよう。それはたとえば、「研究開発に従事する人間は時間の一五％を自分の自由な夢の研究に充てるべきだ」というポリシーかもしれない。あるいは、「費用予算のX％は担当者の自由裁量で使ってよい」という暗黙の了解かもしれない。

自由のポケットの中では、個人の自由な行動への正当性が組織として保証されている。そのために、自由を自由と容易に感じることのできる機会の用意となっている。自由のポケットの中では、自己規制の必要はない。統一性への要求もない。

そうした自由のポケットが存在することによって、パラドックスとしての個の束縛感が少なくなる。そのポケットの中の自由が、じつは広い場でも自分たちには自由度があることを再認識させる。見えざる全体主義のにおいに対抗する手段としては、実質的な権力の分散を図ることが考えられる。常識的な表現をすれば、チェックアンドバランスの機構をもつことである。あるいは、幅広い情報共有を進めることである。情報共有が広範なら、権力は自然に分散するものである。情報は権力の源だからである。

こうしてさまざまな対応措置が考えられる。それらの対応措置の本質は、「場を生かす」ことである。それによって、本当の個人の個性の発揮の、つまり個を活かすことの、基盤を作ることである。

私は第4章で場のマネジメントの基礎条件を論じた際に、自由、信頼、情報共有の三つの条件が非常に大切だと述べた。場の硬直化は、しばしばこの三つの条件を欠いたまま、場らしきプロセスが動いていくことによって起こる現象である。

そんなとき、場のプロセスはいわば魂の入らない形骸化したプロセスとなり、場は硬直化する。そこで、個の束縛感が生まれ、見えざる全体主義がにおうことになる。

場を生かすとは、場に魂を入れることである。それは、場の中で、自由、信頼、情報共有という基礎条件が満足できる水準で満たされることである。第4章で書いた通り、自由、信頼、情報共有が大切だとは、あらゆるマネジメントで言えることである。しかし、場のマネジメントではことさらに重要だとそこで述べたが、その最大の理由は、この三つの条件がそもそも場を生成させるために必要だし、場の副作用を抑えるためにも必要だからである。プラスを生むためにもマイナスを抑えるためにも、二重の意味で大切な条件なのである。

そうして場が生かされて、初めて個が活きる。

ヒエラルキーの重視というパラドックス

場の副作用の結果、かなり場が硬直化しているような組織では、じつはヒエラルキーをより重視した経営をすることによって、結果として場が活性化されるというパラドックスが起きることがある。

私の所属している一橋大学の日本企業研究センターで現在、「組織の重さ」プロジェクトという大きな研究プロジェクトが動いている。日本の大手企業を中心に組織内部の実態に迫った非常にくわしいアンケートデータを提供していただいて、組織が重いと人々がなぜ感じるのか、組織が軽い企業とはどんな経営を行っているのか、それを深く掘り下げようというプロジェクトである。

そのプロジェクトの面白い発見の一つに、ヒエラルキー組織に典型的なマネジメントのやり方をきちんと行っている企業（たとえば、上の命令がきちんと下に届く企業、経営計画をきちんと作って皆がそれに準拠している企業、評価システムがきちんと動く企業、上下のタテ方向のコミュニケーションがしっかりしている企業など）のほうがそこで働く人々が組織を軽いと感じる傾向がある、という事実がある。

それは、ヨコの相互作用のマネジメントである場のマネジメントを強調してきた本書の主張とは逆のメッセージになりそうな発見である。

しかし、こうした組織の軽い企業では同時に、ヨコのプロセス、場的なプロセスもまた機能していると思われる節がある。

つまり、場のパラダイムとヒエラルキーのパラダイムのミックスがどうも最適であるようである。ヒエラルキー型のマネジメントが場のプロセスを助けると思われるからである。しかし、なぜなのか。そこにパラドックスがある。

そのパラドックスを解く鍵は、場を生成させる努力を誰がしているか、を考えることにあると思われる。

つまり、組織が重くなっている組織では、場を生成させる努力までもが、現場の人々の創発的努力、ボトムアップの努力に依存している度合いが高い。しかし、場の生成を創発的に行うというのはよほどの場の創発のインフラがすでに備わった組織でないと難しい。したがって、現場の人々は途方もない「根回し」的努力を強いられている。だから、組織が重いと感じている。

逆に、ヒエラルキカルな仕組みがきっちりしていると、それは場が生まれる条件を整えていることがある。場の生成のマネジメントをヒエラルキーの上のほうできちんとしていることが多いと思われる。つまり、場の生成のマネジメントを上司がきちんと行っている。あるいは、行いやすいような構造が作られている。

しばしば、一見、ヒエラルキーに見える仕組みがじつは、場の生成を助けていることがあるのである。場の参加者たちが自分たちだけで場を生もうとするのは大変なのである。

こうしてヒエラルキカルな仕組みに助けられて場が生まれやすくなると、その後は場の貢献で、人々は組織が軽いと感じることになるだろう。場のマネジメントがうまくいくと人々は次の三つの理由で組織の動きは軽いと感じると思われる。

第一に、場での自己組織的プロセスゆえに、人々が自律感を感じ、その自律感が「軽さ」を感じさせる。

第二に、場のマネジメントがうまくいくと、場の中に共通理解が生まれてきて、そのために各個人は全体の中の自分の位置づけがより明確になる。別な言葉で言えば、全体を見通せるという透明感が生まれやすい。その透明感が組織の軽さ感覚につながる。

第三に、場のマネジメントがうまくいくと、場の中に個人の情報蓄積と組織的情報蓄積の両方の蓄積が生まれてきて、それが組織の軽さ感覚につながる。なぜなら、両方の情報蓄積が大きいということは、組織能力が高いということになり、一つの仕事をなしとげる手間ヒマや調整のための時間が少なくて済むということを意味する。また、意義の大きいことを達成できる可能性も高まる。とすると、時間が浪費されずに意義の大きいことを達成できるという達成感が生まれやすくなる。その達成感が、組織が軽いという感覚につながる。

以上三つの理由のキーワードは、自律感、透明感、達成感、である。場のマネジメントがうまくいくと、こうした感覚を働いている人々がもてるようになる確率が高くなる。それが、場と組織の軽さの関係なのである。

しかし、その関係が成立するためには、そもそも場が生成していなければならない。その場の生成の努力をヒエラルキーが助ける、という点がパラドックスのミソなのである。

この章ではマネジメントのパラダイム転換の必要性を強調したが、それは決して「排他的」な転換の必要性ではない。このパラドックスに見える現象の理解の鍵が、じつは二つのパラダイムのミックスにあったことの意味は大きい。

あるべきパラダイム転換は、ヒエラルキー一極集中から二極のミックスへの転換、と表現されるべきなのであろう。

第9章 場の中のマネジャー——四つの顔

1　マネジャーの役割——人間の神経系から考える

中枢神経系、自律神経系、そして脳

この本で私は、生命の摂理に学んだ、場の論理を展開している。そこで、場の中のマネジャーの役割を考える出発点として、やはり生命組織の中でのマネジメント的な部分に発想の原点を求めてみよう。それは、人間の神経系の統合機構という「神経系のマネジメント」である。

つまり、神経系のモデルから経営組織についてのどのようなイメージを我々は描けるか。そして、その経営組織のイメージの中に場という存在がどのように位置づけられ、そしてその場の中のマネジャーはどのような顔をもつものなのか。我々は、我々自身の神経系からかなり学べそうなのである。

人類も含む脊椎《せきつい》動物は、三種類の神経情報処理システムをもっている。中枢神経系、自律神経系、そして知識をつくりだす脳である。この三つのシステムは、そのシステムとしての全体の秩序を作りだす統合機構（つまりマネジメントの仕組み）が、それぞれに異なっている。

中枢神経系では、神経系を構成する部分システムは中央のプロセッサーと常時コミュニケーションをし、その指令を受けて情報処理を行う。中央のプロセッサーが「中枢」である。たとえば、火に手を近づけると熱いという皮膚の知覚が中枢に伝わり、そこから手を引っ込めるように筋肉へ指令が行く。こうした情報処理をしているのが中枢神経系である。この神経系では、情報の処理は行うが、それ以上のことは行われない。システム全体の統合機構は、中枢そのものがすべて担っている。

自律神経系では、この神経系を構成する部分システムは中央からのコントロールなしに自律的に行動する。たとえば、心臓の制御のシステムは、脳のどこかからこのように動けと指令を受けているわけではないのに、自律的に動いている。しかし、自律的に動きながらも、複数の下部単位の行動は相互につじつまが合うように、自律的な調整ができている。たとえば、心臓の動きと肺の動きは互いに調整のとれたものになっていて、血液の動きが潤滑に進むように自律調整されている。どこかで中枢神経系のような中央集権的統合機構があるわけではない。しかし、相互に調整がとれるようにいわば分業の仕組みがあらかじめ設計されている。それが統合の機構となっている。その設計図に従って、各部分は自律的に動いている。

脳は、最も複雑な情報処理と知識創造のシステムである。知覚をし、感情を感じ、記憶をして、さらには思考をし、知識をつくりだしている。たとえば視覚一つをとっても、我々の脳はなぜある光の束から画像を見ることができ、そのうえ見た画像がたとえば人間の顔なら顔と認識できるのか。

脳のニューロンを知覚する脳の構成単位と考えれば、彼らは相互に作用し合うことによって、全体としてばらばらの情報の断片から秩序と意味を見いだすことまでやってのける。どこかに中央のニューロンがあるわけではない。どこからかの中央制御もなしに外界のイメージを感覚情報から自己組織化しているのである。その自己組織化は、あらかじめ設計されたパターンだけを組織化しているのではない。さまざまな断片から意味を見いだし、知識をつくりだしている。その結果、たとえば、こうした光のかたまりは顔と解釈する、という法則を自分で作りだし、それを自分で適用して解釈をしている。

中枢神経系も自律神経系も、ハードとしては脳の中に存在している。しかし、脳の他の部分で、知覚、記憶、認識というとんでもない複雑な作業が自己組織的に行われているのである。その部分を指して、ここでは限定的に「脳」と表現することにする。

その脳の統合機構は、ニューロンの間の自己組織プロセスという統合機構である。そして、その自己組織プロセスには、自分で意味を見つけようとするという目的性をもっている。つまり、脳は意味を情報の切れ端から求めようとする、高度に自己組織的な情報処理システムなのである。その自己組織の目的、意味、なぜそうした自己組織化を脳としてそもそもするのか。その目的と意味というう名のエネルギーを与えているのが、脳の統合機構の一番核心の部分と言ってもいいだろう。

経営組織の三つの純粋型

こうして人間の神経系を三つに分類してみると、それとのアナロジーで経営組織の中の情報処理と情報的秩序形成のあり方の三つのタイプを考えることができるだろう。中枢神経型、自律神経型、脳型である。

中枢神経型組織では、中央のプロセッサーが存在して、そこにすべての情報が集まる。現場は中央に情報を伝え、その指令を待つ存在である。中央のプロセッサーは集まった情報をベースに全体の意思決定を下し、ある現場にはその現場に関する決定だけを伝える。現場はその指示の通り、行動をする。経営のヒエラルキーパラダイムで典型的にイメージされるのは、こうした経営組織である。この組織の基本原理は、中央集権と言っていいだろう。

自律神経型組織では、中央のプロセッサーは存在しない。各現場が自律的に判断して動く。しかし、自律的といっても、全くでたらめなのではない。あらかじめ相互の調整がとれるように分業の設計図が描かれている。その設計図の範囲の中で、自律的に判断している。それでも各現場の動きの間に事前には設計されていない調整の必要が生じたときには、調整役があらかじめ決められている。その調整に従って各現場は動く。ただし、調整役はあくまで調整役であって、中央集権的な決定者・命令者ではない。調整という役割を分業によって任された人である。この組織の基本原理は、分業自律といっていいだろう。自律ではあるが、その自律の範囲はあらかじめ分業設計図に書いてあるものに従う。

脳型組織では、中央のプロセッサーも存在せず、調整役も存在しない。各現場が自律的に動き、かつ自律的に相互作用を行って、自己組織的に調整をとっていく。全体としての秩序ある行動をとっていく。その自己組織的な調整は、組織の目的に照らし合わせて、それに意味があるように各人が考えて行われる。この組織の基本原理は、自己組織である。自律分散の上に、秩序を自己組織的に形成していく。

ただし、そうした自己組織の目的は、現場にとって与えられている。組織の存在の目的自体を現場の集まりが自己組織的につくっているわけではない。それはちょうど、脳のニューロンにとって彼らの自己組織の目的が「生命体として生きていくこと」として与えられているのと似ている。ニューロンにそうした目的が外生的に与えられていなければ、ニューロンたちはどう動くべきかの原理をもたないことになってしまう。

こうした組織の三つのタイプは、あくまでも純粋型であって、現実の組織は三つのタイプを同時にもちうるし、また実際もっている。それはちょうど、一人の人間が中枢神経系、自律神経系、ここでいう脳、という三つの情報処理と知識創造のメカニズムを同時にもっていることと同じである。しかし、三つの純粋型のミックスのありようは、経営組織によって違うようである。

図9-1は、この三つの純粋型を頂点とする三角形の内部の点として現実の経営組織をイメージするための図である。三角形の内部のある点から三つの頂点への距離が短いほど、その純粋型に近くなる、として三つの頂点からの距離に応じて三つの純粋型のミックスが表現できる。

たとえば、この図に例示してあるAという点では、脳型にもっとも近く、そのつぎに近い頂点は

図9-1　組織の三つの純粋型とそのミックス

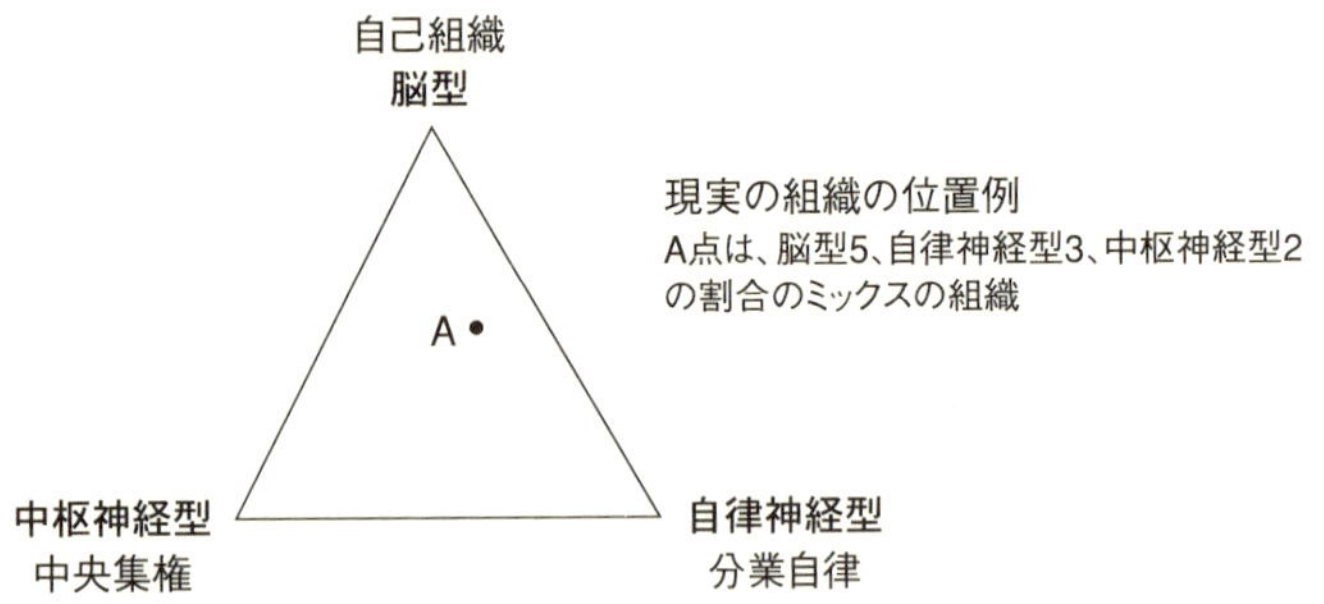

自律神経型でそこへの距離は脳型への距離の一・七倍程度、そしてもっとも遠いのが中枢神経型頂点への距離で、脳型頂点への二・三倍程度の距離である。三つの純粋型のミックスの比重で表現すれば、A点はおよそ、脳型五、自律神経型三、中枢神経型二、というミックスとなっている。

A点は場のパラダイムで想定している経営組織のイメージに近い。場のパラダイムは、脳型組織のイメージをもっとも濃くもっている。場のメンバーの自律的情報的相互作用とそこからの秩序形成が場の基礎にあるプロセスなのである。しかし、経営組織としては、中枢神経型の要素も自律神経型の要素も必要となる。ただ、その比重が脳型よりも小さいのである。

経営組織の進化——中枢神経型から脳型へ

経営組織の多くは、その発生からの進化の歴史の中で、最初は中枢神経型として始まり、次第に自律神経型の要素を多くし、最後には脳型の側面を多くもつようになる、という進化の歴史をたどるようである。図9-1の三角形で言えば、最初は左下の頂点から出発して、次第に右方向へと動き、そして最後は上方向へと進むのである。

それは、次第に複雑でそしてより不確実になっていく環境に適応していくための組織の進化で、「より自律性の高いタイプをつけ加えていく」という経路をたどるのである。つまり、中枢神経型に近いところから出発した組織に、環境が複雑になるにつれて自律神経型が加わっていく。そして脳型が可能になりそして必要とされるのは、かなりの程度自律神経型を経験したあとであろう。あとで述べるように、脊椎動物の神経系の進化の歴史の経路がこれと同じ経路であった。

この発展のプロセスでは、脳型の比重が高くなっていくのが進化のパターンである。しかしもちろん、純粋な脳型にまで到達するのは、ちょうど純粋な中枢神経型だけでとどまる経営組織がめったにないのと同じように、考えにくいことである。

中枢神経型の優位性は、他の条件を一定にすれば、比較的ルーチンの外界の信号への対応の効率にすぐれていることである。外界の複雑さが増していっても、それがあまりに多様で不確実にならない限り、中枢神経型組織でも情報システムの工夫などによって効率性を維持できる余地は十分にあるであろう。しかし、いずれは、外界の複雑さと不確実さにコミュニケーションロスや人間の限られた情報処理能力という限界が耐えられなくなり、中枢神経型組織の効率は落ちてくる。それは、中枢を担う人々の個人的な情報処理限界に近づくからである。

そこで、自律神経型のような分業自律の原理を入れざるをえなくなる。経営組織の中のヒトは情報的存在であると同時に心理的な存在でもあるので、彼らの自律的な情報処理は心理的エネルギーを引きだすという点でもすぐれている。

しかし、自律神経型はまだヒトのポテンシャルを十分には使っていない。彼らの間の相互作用が生みだすメリットを使わず、分業と自律のメリットだけを使っているだけである。ヒトは、場のパラダイムでたびたび言ってきたように、彼らの間の自律的な情報的相互作用によって自己組織的に情報秩序を形成できる可能性をもっている。さらに、心理的エネルギーの面でも、心理的共振というまさに相互作用によって、「相互励起」をできる可能性をもっている。したがって、脳型の組織の原理がさらに入ってくるのが自然の進化ということになる。

中枢神経型組織の効率は、中央に位置するプロセッサーの情報処理の能力に強く依存する。そればかりでなく、このプロセッサーの個人的な限界が組織の柔軟性（つまり自己変化の可能性）の限界にもなってしまう。中央の個人の考え方の幅の限界と硬直性が、そのまま組織の限界になるからである。もしこの個人がきわめて非凡な人なら問題は小さいかも知れない。しかし、人間の歴史では、そうでないケースが大半である。

自律神経型のもつ問題点は、分業の設計図を誰が書くのか、という点にある。その設計図自身が環境の変化に応じて変わっていかなければ、組織の柔軟性は維持しにくい。しかし、自律神経型の原理そのものの中には設計図を変化させていく原理はない。その原理を自己組織的にもっているのが、脳型である。したがって、脳型のほうがより自己組織的でまたより柔軟であろう。

しかし、脳型のように中央で統御する個人が存在しないケースでは、ルーチンの環境への対応ではどうしても情報効率の面で劣ってしまう危険がある。もちろん、人間の脳のように、そういった環境にも効率を落とさずに対応できるような自己組織のメカニズムをつくれば話は別であるが。

こうして考えてみると、効率性と柔軟性という二つの要求を環境が組織にどのように突きつけるかによって、それぞれの純粋型の優位性が決まり、それらの総合として三つの純粋型のミックスを現実の組織がどのようにもてばよいかが決まってくると思われる。

組織が中枢神経型から自律神経型を加え、さらに脳型の側面をもつようになっていくという組織の進化のありようは、ちょうど脊椎動物の情報処理のメカニズムの進化のパターンと似ている。脊椎動物も中枢神経系から出発して、より自律的な神経系をもち始め、そしてつぎに知識をつくりだせる脳が発達してくる。そして、ついに人間に至って、脳が巨大な存在となったのである。ヒトとサルの違いは、前頭葉を中心とする脳の部分の大きさの違いである。

脳型組織の比重が高まるような進化のパターンは、おそらく自然の摂理である。それとのアナロジーでいえば、経営組織についてもヒエラルキーパラダイムから場のパラダイムへの進化もまた、自然の摂理の方向性に沿ったパラダイム転換なのである。

マネジャーの役割——決定者、設計者、調整者、哲学者

組織のマネジャーの役割は、いずれの純粋型でも、その組織の基本原理に従って組織全体の統合を図り、組織全体を生かしていくこと、と定義できるであろう。しかし、その同じ定義のもとで、それぞれの純粋型組織ごとに組織の原理が違うためにマネジャーの役割もまた異なることになる。それをまとめたのが、表9-1である。

中枢神経型組織では、中央集権が組織の原理であるため、マネジャーの役割はまずもって中央の

表9-1　純粋型組織のマネジャーの役割

組織のタイプ	組織の原理	マネジャーの役割
中枢神経型	中央集権	決定者
自律神経型	分業自律	設計者、調整者
脳 型	自己組織	哲学者

プロセッサー、つまり意思決定者である。さらにつけ加えれば、そうした中央での意思決定のために必要な情報を中央へ送らせる情報システムの設計も役割ではあろう。しかし、それは純粋型としてはすべての現場から情報を送らせるということになるから、設計がそれほど難しいことはない。そこで、表9-1には設計者としての役割はあえて明記せず、決定者とだけ書いてある。

自律神経型では、分業自律が組織の原理であるため、マネジャーの役割はまずもって設計者としてのそれである。この組織が生きていくためには、その分業の仕組みの設計がうまくできているかどうかに根本的にかかっている。その設計を終え、分業を分担させたあとは、基本的には自律でいくのである。自律的に調整ができるような相互連絡の仕組みの設計もまた、分業の仕組みの設計に含まれていると理解すればいい。しかし、自律的調整では組織全体の動きのつじつまが合わなくなって統合が難しくなることがある。そのときには、マネジャーは調整者として登場することになるだろう。それが、自律神経型のマネジャーの役割の欄に二つの役割が設計者、調整者という順序で書いてある理由である。

脳型では、組織の原理は自己組織である。組織の統合は基本的にはメンバーの間の自己組織的行動で生まれてくることが想定されている。しかし、この場合、何を目的に自己組織をするのか、自己組織の意味は何か、を組織のメンバーに与える必要がある。脳のニューロンが自己組織の目的を外生的に与えられる必要があるのと同じである。

人間が行うことの意味を考えるのは、一般に哲学者の仕事であるといわれる。人間いかに生きるべきかの意味を問うのが、哲学の本質である。そこで、脳型組織のマネジャーの役割として哲学者という表現を使っている。意味を付与する役割、目的を与える役割、というほどの意味である。なぜこの組織は存在するのかという経営理念を考えるのが経営者の役割の一つとよくいわれるが、それと同じである。

すべての現実の経営組織は三つの純粋型の要素を何らかのミックスでもっている。したがって、経営組織のマネジャーは、表9-1のマネジャーの役割をすべて何らかのミックスで果たす必要がある。

その望ましいミックスは、その経営組織が図9-1の三角形の中でどの点に位置づけられるかによって変わる。あるいは、同じ役割（たとえば決定者）といっても、三角形のどの位置の組織であるかによってその役割がもつニュアンスあるいは特徴づけが変わることになるだろう。たとえば、その組織が中枢神経型に近ければ、決定者としてのマネジャーという役割がミックスのきわめて大きな部分を占めるのが望ましいだろう。そして、中枢神経型の決定者は、すべての情報を集めて全部を自分で能動的に決めるというニュアンスを色濃くもった決定者となるだろう。下から上がってきた案を追認するというニュアンスの決定者ではない。

場としてイメージできる組織でも、三つの純粋型がそれぞれに存在している。脳型ばかりではない。場としての組織でも、分業がある。自律分散的な情報処理もある。しかし、場もまた階層組織の面ももっている。中央がやはりあるのである。場の自律分散は、単純な分散ではなく、相互作用もある。そこから自己組織的な面が生まれている。

したがって、場の中のマネジャーも、表9-1の四つの役割をすべてもっている。その点はどの経営組織とも同じである。しかし、この四つの役割それぞれのニュアンスや四つの役割相互の間のバランスのとり方に、場ゆえの特徴もまたありそうだ。次節以降でそれを考えよう。

2　場のマネジャーの四つの顔

場の生成役、かじ取り役としての「修飾句」

場のマネジャーの基本的役割はもちろん、場のマネジメントを行うことである。場のマネジメントは、場の設定と創発からなる生成のマネジメントと場の中のプロセスのマネジメントと、二つに大別される。したがって、場のマネジャーの基本的役割は、場の生成役と場のかじ取り役である。

生成役とかじ取り役は、前節で挙げた四つのマネジャーの役割との間にどのような関連をもっているのだろうか。それをまとめたのが、表9-2の左部分である。

場の生成のマネジメントとは、場の設定と創発のマネジメントである。そのマネジメント役としては、基本的には設計者と哲学者という役割が当てはまる。場としての経営組織は、脳型組織の側

表9-2　場の中のマネジャーの四つの顔

場のマネジメント役	マネジャーの役割	場のマネジャーの顔	何でないか
場の生成役	設計者	ヒトの間の「空間」の設計者	ヒトの行動を操る設計者
	哲学者	大義を伝える哲学者	即物的な目標設定者
場のかじ取り役	調整者	最後の声を発するプロセス調整者	間に入ってかけずり回る調整者
	決定者	10%の独断決定者	ものわかりのいい追認者

面と自律神経型組織の側面が強い、と前節で述べた。したがって、場を生成させるとは、脳型組織と自律神経型組織の要素を経営組織の中に大きく取り入れる、ということになる。それに平仄《ひょうそく》を合わせて、自律神経型組織でのマネジャーの役割としての設計者と、脳型組織のマネジャーの役割としての哲学者が、場の生成のマネジメント役としての場のマネジャーの役割になるのである。

場を設定するとは、まさに「設計」である。場の基本要素の設定やそれの共有促進のためのマネジメントは、そうした要因とその全体の関連の設計なのである。もちろん、第5章でくわしく述べたように、マネジャーによる設計の手が加わりすぎると、創発のよさという場本来の特徴が薄まってしまう。しかし、萌芽の設定にしろ、成立の設定にしろ、そこで行われることの多くは場の設計者としての経営行動である。

しかし、場の生成のマネジメントのきわめて基礎的な部分に、自由、信頼、基礎的情報共有という面があることを指摘した。人間としての基盤のようなものをがっちりと固めないと、場のプロセスへの参加意欲、参加の基本的目的がなくなってしまうのである。それらを提供するマネジャーは、哲学者としてのマネジャーの役割と言っていいだろう。場の目的、場の自由、場の信頼、そうした基盤の提供なのである。

さらにより具体的なレベルでは、組織のアジェンダを指し示すのも場の生成のための大きなステップである。そのアジェンダは理念的なものでもいい。それが与えられてこそ、人々が場に集う、場の中で動く。そうした理念的な場の基本要素の提供も、哲学者の役割と呼ばれるのにふさわしい。

場のかじ取り役としての場のマネジャーの役割は、調整者と決定者の役割であろう。場のかじ取りは基本的にプロセスのかじ取りである。それは、半自律的な情報的相互作用のプロセスのかじ取りであり、それは自律神経型組織のマネジャーの役割である「調整者」という役割が大きな部分を占めるだろう。とくに、プロセスの調整者というにふさわしい。さらに、場のかじ取りでは「道をつける」とか「留めを打つ」というステップが重要なのだが、それはまさに決定者としての役割をマネジャーが要求されていることを意味する。道を決める、留めを打ってとられるべき行動を最終的に決める、いずれも決定である。

ただし、その決定は完全に中央集権的な決定ではなく、場のマネジャーとしてさまざまな情報を見ながら、しかし最後は彼自身が決めなければならない部分がある、という意味での決定である。前章の表8-1（二つのパラダイムの比較）で言えば、部下に任せながらもときに自ら決断する必要がある、そういう意味での決定者である。

こうした場のマネジャーの四つの役割のそれぞれには、さらに「場らしいニュアンス」が加わる。

同じ決定者という言葉でも、すべて自分で決めるという ニュアンスと追認するというニュアンスと、純粋型組織のどの型に近いかでニュアンスが変わると前節で述べたが、それが場にもあるのである。そうしたニュアンスが加わったマネジャーの役割の表現を、場のマネジャーの「顔」と呼ぶことにしよう。表情をもった、その意味でニュアンスの加わった、顔である。その「顔」は、設計者、哲学者、調整者、決定者という役割ごとに、場らしいニュアンスを表す修飾句をそれぞれの役割の冒頭につけることによって表現することにしよう。

それぞれのニュアンスは、場が三つの純粋型のミックスをどのようにもったものかを反映したニュアンスになるだろう。場のミックスは、「比較的脳型が強く、その次に自律神経型で、そして最後には中枢神経型の部分もある」、というものであろう。それをベースに考えると、たとえば、場のマネジャーにとっては「すべてを知ってすべてを自分で決める」という修飾句を決定者という言葉の前に置くのは、どうもそぐわない。それは、中枢神経型組織のマネジャーにつけられるべき修飾句である。場の中のマネジャーはどのような修飾句で特徴づけられるのか。

場らしいニュアンスを考えると、場のマネジャーの四つの顔は、

「ヒトの間の『空間』の設計者」

「大義を考える哲学者」

「最後の声を発するプロセス調整者」

「一〇%の独断決定者」

となる。それが、表9-2の右部分でまとめられている。そしてこの表には、「何でないか」という

否定されるべき特徴づけも書いておいた。

なぜそう言えるのか。どのような意味を込めて私がそれぞれの修飾句の表現をとったのか。

ヒトの間の「空間」の設計者

設計者としての場のマネジャーは、空間の設計者となる。空間という言葉にカギカッコをつけたのには、意味がある。物理的空間という意味だけではない、と言いたいからである。

空間は、物理的空間はもちろん、情報の連結空間でもいいし、想像の空間でもよい。とにかく、人と人との間をつなぐ仕組みを考える、というほどの意味での「『空間』の設計」なのである。別な言葉で言えば、人々の間を目に見えない形でつないでいる「空間」を何で満たすかを考える設計、と言ってもいい。その満たされたものによって、情報がキャリーされ、あるいは感情のやり取りが人々の間に起こる。情報の流れと感情の流れの両方を起こし、その結果として情報的共振と心理的共振を生みだせるような空間のあり方、人々のつながり方を考えるのである。

それが場にとって重要であることは、場が相互作用の容れものであることからもはや説明の必要はないであろう。

注意すべきは、設計されるものが単純な情報の流れだけではないことである。「空間」にもちろん情報は流れるだろう。「空間」のあり方次第では、じつに豊かな情報のキャリアーがその空間を満たすことも可能であろう。しかし、情報だけで終わっては不十分である。感情のやり取りが起きやすいように「空間」を満たすこともまた、重要な条件なのである。

場のよさは、それが情報秩序（共通理解と情報蓄積）を生むばかりでなく心理的エネルギーも発生させる可能性があることであった。だから、上で「心理的共振」とわざわざ書いたのである。情報と心理の一石二鳥を意図して狙う設計が必要である。

空間を設計するということは、その空間の中で「起きること自体」は設計しない、操らない、ということを意味する。空間を設計するとは、「あいだ」のあり方を設計するということなのである。その「あいだ」でつながりをもち、「あいだ」で動くのは、個々のヒトである。そのヒトの行動そのものを操ろうと設計をするのではない。それを強調する必要がある。だからこそ、その空間の中でヒトは自由になれる。自律的に動けるのである。

したがって、表9-2では「何でないか」という項に「人の行動を操る設計者」と書いておいた。場に限らず、経営の仕組みの設計を考えるとき、「ヒトを操る」という視点からものを考える人がいる。それは、ここでのマネジャーのイメージの対極にある考え方である。まず第一に、「ヒトを操る設計」では、ヒトという「個点」を設計の対象に考えている。空間の設計では、「あいだ」つまり点をつなぐ線の集まりが設計の対象である。第二に、そしてこれがもっとも重要な点だが、ヒトを操ろうと仮に思っても、そうは問屋が卸さないのである。ヒトは頭がいい。すぐに見破られる。逆手にとられる。そんな浅はかなことはやめたほうがいい。

「空間」の設計者としての経営者が、部下たる役員たちの物理的空間、部下たる研究者たちの物理的空間を「大部屋」として設計したのが、第2章で紹介した花王の丸田芳郎であった。そして、すでに大設備投資の例で紹介したホンダの藤沢武夫もまた、役員室を大部屋にした、「空間」の設計者であった。

藤沢は、次世代の経営者づくりのために、役員を一つの大部屋で執務させる役員室制度を一九六四年に発足させた。各取締役は、部や工場の職制上の長は解かれ、現業部隊をもたないまま一つの大部屋に集められた。会社にとって大切なことは何かを考えてくれ、というのが藤沢の注文であった。

役員室制度は後に一九八三年に発展的に解消したが、その効果について藤沢はこう言う。

「工場がふえるたびに常務の数がふえたりして、忙しそうにハンコを捺したりしているのですが、そんなことはだれだってできる。では、重役とは一体なんだろうかといえば、未知への探求をする役です。(中略)そういう人の担当部門をなくし、部下を管理するわずらわしさから離れてもらって、身一つで大部屋に集まってもらおうというのが役員室です。

雲をつかむような話でもあるので、やはり反対はありました。「いままでは毎日仕事があったのに、ここに来て何をすればいいんだ」というわけです。(中略)

とにかく、みんなで大部屋に入って、毎日ムダ話をしていてほしい、といってるうちに、いろいろなことが出てきます。それは重役の共通の話題です。それまでは各部のなかにおける話題だったものが、つまらないことでも重役としての話題になると、そこに共通の広場ができて、共通の話題がどんどん分厚になっていきます。

たとえば、現場の人が本社の経理や営業の実情を知り、営業の人が工場や研究の状況を知るので、共通の広場のレベルがますます高くなっていきます。アメリカでの売行き不振とか欠陥車などの大問題が起こったときも、この役員室で非常にレベルの高い集団思考が行われた。もし私が会議の主導権を握っていたら、それほどレベルの高い判断は出てこなかっただろうと思います。（中略）こうして、もはや本田なり私なりが決めるのではなく、下からのアイデア、上からのアイデアを、いろいろなものをこねまわし、集団思考でやっていける体制づくりが完成していったわけです」（藤沢［一九八六］）。

全役員が同じ部屋にいるから、振り向けば顔が合い、遠慮なく誰にでも話しかけられる。すぐに会議が始まる。情報の共有も進む。そして、役員室としての意思決定機関は専務会として、集団指導体制をとった。この専務会のメンバーから、本田・藤沢の引退のあとのトップマネジメントが生まれるのである。

そして、この大部屋役員室の流れの中に、飛行機格納庫のような大空間をもつ栃木研究所（ホンダの開発の中心拠点）がある。この研究所には数千人の研究員がいるが、彼らは仕切りのあまりない、だだっ広い空間で皆仕事をしている。立てば、誰がどこで何をしているかわかる。そして、壁際にはガラス張りの会議室がずらりと並ぶ。廊下を通る人は、ちらりと横目で見るだけで、中で誰がどのようなテーマで議論をしているのか、見当がすぐつく。

こうした巨大空間は、それを意図してつくろうとする空間の設計者としてのマネジャーがいなければ、つくられることはないだろう。

大義を伝える哲学者

場の生成のマネジメントをきちんと行える場のマネジャーの第二の顔は、大義を伝える哲学者としての顔である。哲学者が伝えるべきは、場の大義である。

場の中の情報的相互作用は、考えてみればかなり面倒なプロセスとも思える。自己組織とは、混沌という結末を呼ぶ危険をもったプロセスである。なぜこんな面倒くさい相互作用をしなければならないのか。むしろ、上司の命令を鵜呑みにして聞いているほうが楽かも知れない。そしてさらに、そもそもそんな面倒なプロセスをとりながら自分がやっている仕事は、何の意味があるのか。

組織で働く人々が自己組織的なプロセスに参加して、そこから秩序をつくり上げ、協働をして仕事を遂行していくためには、彼らがそもそもその活動に参加する十分な意欲をもつことが必要である。そのために重要になるのが、「意味を与える」ということである。意味をもってこそ、人間は動く。

そこで「哲学者」がどうしても必要になる。場のマネジャーは、場にとっての哲学者にならなければならない。その哲学の内容は、その場に応じてさまざまであろうが、しかし多くの人が「意味」や「意義」を感じる必要があることを考えれば、その内容は組織の仕事についての「大義」に関するものが適切であろう。大義というやや大げさかつ理念的なものが、じつは人を動かす。ヒトはパンのみにて生きるにあらず。

たしかに、その大義をさらに具体的に翻訳した「仕事の目標」を場のマネジャーは供給する必要があるだろうが、即物的な目標だけでは哲学にはならないことが多いだろう。だから、「何でないか」の項に即物的な目標を設定するだけのマネジャーと書いてある。そんな目標設定だけでは、人々に意味を与えることにはならない。

哲学といっても、何も抽象的な概念用語を多用するという意味での哲学者ではない。わかりやすい表現でよい。表現のありようも、言葉だけで伝える必要はない。自分の行動で、したがって背中で示すのでもよい。場のメンバーに「伝わる」ような方法と内容でいいのである。しかし哲学を示す必要がある。

古来、経営者の多くが経営理念の重要性を説き、正義の大切さを語ってきた。それが、人々が結集する核になることを知っていたからである。それが「大義」である。

この本で冒頭に掲げたホンダの藤沢武夫も、同じく創業経営者の本田宗一郎とともに大義を伝えることにまだホンダの組織が小さい頃から心を配ってきた。創業後一〇年も経っていない頃に発表された経営方針の中に、「正義を大切にすること」が入っているほどである。

松下電器産業を創業した松下幸之助も、経営の大義の大切さを語り続けた経営者の代表格である。松下では、幸之助が産業人の使命という経営理念を発表した年を「命知元年」としている。使命を知ったという意味である。

大義にも、大きな大義と小さな大義があるであろう。場のマネジャーは、自分の場にふさわしい、場のメンバーの真の共感を得られるような大義を考え続け、伝え続ける必要がある。それがあってこそ、ちょうど脳が驚くべき複雑さの情報の自己組織化をやってのけるように、その場もまた脳型組織に一歩近づくのであろう。

最後の声を発するプロセス調整者

場のかじ取りを行う場のマネジャーは、場の中の情報的相互作用のプロセスの調整者である。それがかじ取りの根幹の部分である。それはプロセスの調整であって、人々がとる実際の「行動」を細かく調整することではない。そこに、場のマネジャーの第三の顔がある。

そのプロセス調整を根幹に行う場の調整者も、最後には自分の声で「声を発する」必要がある。留めを打つなり、自らの行動を決めて伝えるなり、声を発する必要がある。そして、それは「最後の声」であることが望ましい。したがって、最後の声を発するプロセス調整者、というのが場のかじ取りの調整者としての場のマネジャーの望ましい姿である。

「最後の声を発する」という表現には、三つの意味が込められている。

まず第一に、最後のときまでは声を発しない、ということである。第二に、最後には声を発する、ということである。第三に、その声は「最後」の声であること。つまり、発したあとで外からの圧力で変えたりしない、ということである。それぞれが重要な意義をもった三つの意味である。

第一の、最後のときまでは声を発しないというのは、もちろん比喩的なのだが、場での相互作用のプロセスが煮詰まるまで決定的な発言をしない、ということである。場の調整のために時々口を出したくもなるかも知れないが、場のマネジャーの立場にいる人の発言は皆が重きを置く。その人が不用意に決定的なことを発言してしまえば、それが結論を誘導してしまう。それでは、自律的な場のよさが失われる。自律性がもたらすエネルギーが出ない。場の自律性を確保するために、最後まで我慢が必要である。

もちろん、場のかじ取りのプロセスとして、「切れ端を拾い上げる」、あるいは「迷う背中を押す」「道をつける」、そうした声を発することは必要である。しかし、それらの声は決定的な声であってはならない。決定的な最後の声は最後まで待つ必要がある。

第二に、しかし、場のマネジャーは最後には声を発しなければならない。場のプロセスに終止符を打ち、一応のまとめをし、行動のときが来たことを告げるために、声を発する必要があるのである。終止符を打つのは、実際的にプロセスを収束させないといつまでも小田原評定が続いてしまうという理由もあるが、もう一つの理由は場のリーダーとしての信頼確保のためでもある。頃合いのいいところで終止符を打ってくれるという信頼があればこそ、情報的相互作用に参加する気になる、ぐしゃぐしゃしたミクロマクロループを皆が回す気になる、と言ってもいいだろう。その信頼がなければ、いつまでもぐしゃぐしゃが続くという予想をもってしまい、それでは場の情報的相互作用に参加してエネルギー浪費をしてしまうと考え、場には積極的な参加をしないだろう。

第三の意味として、「最後」の声であることについて。

マネジャーの最後の声は、その場にとって「最後」である必要がある。その声のあとで「場の外」からそれをひっくり返されるようであれば、彼が声を出していることには何の意味もないと場のメンバーが感じてしまう。そうすれば、最後の声が終止符を打てることにならなくて行動にも移らないだろう。あるいは、リーダーへの信頼がなくなって、場の相互作用への参加の意欲すらなくなる危険がある。

「場の外」とは、しばしば組織の上層部である。ある場の中で集約的結論が出てきて場のマネジャーが最後の声を出してまとめたあとは、場のマネジャーはさらに上の人間に対しても自分たちの結論を守る必要がある。もちろん、例外はあるかも知れない。しかし、それはあくまでも例外といえるものでなければならない。場で出てきた結論を守るということは、その場を守るということである。場をマネジャーが守れなかったら、場の中で活発な相互作用は起きないであろう。アホらしいではないか。

調整者としての場のマネジャーのイメージをこのようにとらえると、その対極にあるのは「間に入ってかけずり回る調整者」、である。「間に入って」とは、もめている部下たちの間であったり、自分の上司と自分の部下の間である。「かけずり回って」調整する対象は、しばしば決定そのもの、行動そのものである。プロセスの調整ではないのである。これでは自律的なプロセスにはならない。最初から命令したほうがまだましかも知れない。そうして命令するだけの権威や知見をもたない人が、かけずり回る調整者になるのであろうか。

一〇%の独断決定者

場のかじ取りを担う場のマネジャーの第四の顔は、独断決定者としての顔である。

もちろん、つねに独断ではまずい。しかし、イメージ的に言えば事柄の一〇%くらいは、最終的に独断で決めるべきである。部下の意見は情報として聞いてもいい。相談はしてもいい。しかし、意見として取り入れよう、集約しようとしすぎてはならないときが、一〇%くらいはあるのである。そのとき、場のマネジャーは独断決定者になるべきである。

もちろん場のプロセスは、基本的には自律的なプロセスである。したがって、場の中で決められるべきことの九〇%は場の人々が自分たちの相互作用の結果として生まれてくる共通理解にもとづいて決めればいい。場のパラダイムの表8-1にいう、「部下に任せてときに自ら決断する」の、「任せる」部分が九〇%なのである。しかし、「ときに」の部分が一〇%なのである。しかも、それは独断であることがしばしば重要となる。

なぜ、一〇%は独断であるほうがいいのか。それは、逆説的だが、じつは場が自律的なボトムアップ的なプロセスだからこそである。そこには、理由が二つある。一つは情報的な理由。一つは心理的な理由である。

情報的な理由は、場の全体を見ているのはマネジャーだけだからである。全体を見ている人が、全体に関することを決める。そのとき、全体は全体を見ることができるが部分は部分しか見ることができない。だから、独断のほうがいい。

つまり、場のマネジャーは全体を見ている。場の人々の一人ひとりは自分の周りの部分を見ている。逆に言えば、全体はマネジャーしか見ていない。もちろん、部分の情報を集めると単一の視点(たとえその視点が全体を見る視点だとしても)より、正確に全体がわかるということはありうる。その種のことは、場のプロセスで自己組織的に決定が生まれてくればいい。しかし、つねにそうとは限らない。全体を見る視点でしか見えてこないものもあるだろう。それを見て、場のマネジャーは自分で決めるのである。全体を見ているのはマネジャーだけなのだから、独断でいくべきである。全体を見ていない人の意見を聞いては、かえって思考が混乱する。彼らの意見は情報という形で、場のマネジャーが場の様子を見るプロセスで吸収すればいい。

一〇%の独断の心理的な理由は、この一〇%の決定の内容が場にとって意味する重要性がもたらす、場のマネジャーのリーダーとしての信頼度への影響である。重要なことを一人で決めた、そうした決断をマネジャーがしていること。そのこと自体が、リーダーへの信頼を高める。第5章で強調したように、リーダーへの信頼が場のメンバーが相互作用に積極的に参加しようとする気になる一つの基礎的条件である。自分ではろくに一人で決断もできない人間の下で、メンバーが積極的に自己組織的な面倒なプロセスに努力を注ぐ気になるだろうか。

さらに、決断の勇気が人々の心理的エネルギーを高める、ということもあるだろう。そして、決断の勇気が大切なのだから、独断の部分がなければ意味がない。

一〇%の独断という考えを不用意に拡大すると、中央集権の決定者、単純なワンマンになってしまう。しかも、多くの人がついつい権力欲をいつの間にかもってしまう。したがって、必要な決断を独断でしているうちに、独断専行となってしまう危険もある。だから、独断は一〇%で止めておく。最初から三〇%の独断などと言っていては、五〇%を容易に超える事態になりやすい。しかも、三〇%も独断で決めては、自律性を中心とするという場の本来の趣旨にも反する。

こうした一〇%の独断決定者というイメージの一つの対極にあるものが、ものわかりのいい追認者である。ものわかりのいいのは人に好かれるかも知れないが、組織を任せるには不安が多い。しかも追認ばかりでは、人々に自律的相互作用を要請する場のマネジャーの立場としてはまずい。人には自律性を要求し自分は他律的に追認ばかりか、と言われてしまうだろう。

3　場のマネジャーの微妙なバランス

四つの顔の間のバランス

場のマネジャーをめぐっては、いくつかの微妙なバランスが必要とされるようである。それは、場の特質にもよるバランスであり、あるいは場のマネジャーに要求される難しさゆえのバランスでもある。この項では、まず場のマネジャーの四つの顔の間のバランスを考えよう。

前節のように場のマネジャーの四つの顔を析出してみると、すぐに素朴な疑問が生まれる。「その四つの顔を等しく、一人の人間がもたなければならないのか」。

それは、かなり非現実的な要求となるだろう。一人の人間でこの四つの顔すべてを、等しく高いレベルでもてる人の数は少ないと考えるのが自然だろう。設計者でもあり、哲学者でもあり、調整者でもあり、決定者でもある、それができる人の数は少ない。

人間には得手不得手がある。こうして望ましい場のマネジャーの条件を知った上で、マネジャー候補者は自分がどの側面がもっとも得意かを考えてみる必要がある。そして、自分の不得手の顔を補完する手だてを考える必要があるだろう。それは、不得手な部分を補ってくれる副官をもつ、という形の補完かも知れない。あるいは、自分が不得手の顔の機能を果たしてくれる何らかの装置を確保する、ということかも知れない。

つまり、四つの役割のバランスを、自分が果たすものと他人あるいは他の装置にそれを補完してもらうものと、仕分けして全体のバランスをとることが必要となるマネジャーが多いであろう。

しかしその際にも、四つの顔のいずれかを「全く欠いてしまう」のでは、場のマネジャーとして望ましくないだろう。たとえば、哲学者としての顔が苦手ではある人は、哲学を何らかの形で補うための努力をすべきであろう。しばしば、経営理念がそうした哲学の役割を果たしてくれるので、企業組織の下部単位の場のマネジャーであれば、企業全体の経営理念を場の指導哲学として使うことも考えられる。しかしそのときでも、哲学者としての役割を全く果たさなくていいということではない。自分で哲学を一からつくらなくてもいいが、経営理念のようなさらに上級の経営者がつくった哲学を、自分なりに咀嚼して自分の担当の場に伝える「伝道者」の役割は果たすべきであろう。

あるいは、設計者としての顔も、しばしば企業全体で用意される経営の仕組みや組織の構造によって、かなり補完してもらえるものである。たとえば、企業全体で朝の会議を定期的に開くことが慣行となっている企業ならば、その中の下部組織での「空間」の設計はある程度すでに済んでいる、とも言える。あるいは、人々の物理的配置のように、やはり企業全体の経営の仕組みの中ですでに決まっている空間の設計の部分もあるだろう。

それでも、場のマネジャーは自分の担当の場での空間の「詳細」設計を心がける必要はあるし、企業全体の経営の仕組みの中で設計されている空間の意義の理解を、きちんともつ必要はある。その意味では、設計者そのものでなくとも、「設計意図伝道者」にはなる必要があるのである。

このように、場の生成についての基本的な部分は、ある特定の場のマネジャーの関与を超えた大きな設計によってかなりできていることもある。場のマネジャーとしての四つの顔のバランスで言えば、組織の下部のマネジャーになるほど、場の生成のマネジメントの枠組みは企業全体で与えられていることも多いのである。

しかし、場のプロセスのかじ取りのための場のマネジャーの顔は、他の人による補完ということが効きにくい部分であろう。四つの顔のバランスとして、調整者および決定者としての顔は、まず重視されるべき顔なのである。

それは、場というものがプロセスのマネジメントの容れものであることから、当然となる。かじ取りのプロセスができなければ、場のマネジャーたる資格はないのである。この本で、場のマネジメントの事例として会議の話題がさまざまな形で出てきたのは、偶然ではない。会議の進行役は、まさに場のかじ取りの進行役で、そこで大切となるのは、プロセスの調整者であり、最後の声の発声者なのである。

自由と権力のバランス

こうした四つの顔の間のバランス以外にも、場のマネジャーについて考えなければならない微妙なバランスの問題は、かなりある。その一つは、場に与えられる自由と場のマネジャーの権力の間のバランスである。

場のマネジャーはある意味での「権力」を多少なりとももつ必要がある。場の設定にしろ、かじ取りにしろ、人々が彼の設定やかじ取りについてくるための基本的な条件の確保のためである。もちろん、組織として彼に与えられる権限がそれほど大きくなくても、場のマネジャーの個人的な器量だけで実質的な権力をもてる場合もあるだろう。しかし、個人的器量だけに権力の確保を担わせるのは現実的でない。そのとき、組織の権限という権力の基盤をある程度上から提供する必要がある。

そうした権限を組織全体が場のマネジャーに与えるというのは、場のマネジメントといえども組織の中のマネジメントで、組織はそもそもヒエラルキーの部分をもっているのであれば、当然でもある。そのヒエラルキーの本質は、上下の権力関係にあるのである。

こうして何がしかの権力が場のマネジャーにも必要だとしても、それが過大になった途端に、場の機能は大きく低下するだろう。場はそもそも創発的な自律的なプロセスであるところにその長所の源泉がある。そこで場のマネジャーの権力が過大になれば、彼（彼女）は場のパラダイムのマネジャーではなくなり、ヒエラルキーパラダイムのマネジャーになってしまうであろう。それでは、元も子もなくなる。マネジャーの権力を牽制するために、場には自由もまた与えられる必要がある。

こうして、場のマネジャーをめぐって、自由と権力の微妙なバランスを考える必要が出てくるのである。これを場のマネジャーの役割という観点から見れば、場のマネジャーは自分の権力と場に与えるべき自由の間の微妙なバランスをきちんと取れる人でなければならない、ということになる。だからこそ、たとえば前節の「独断的決定者」の議論の際に、独断の部分は一〇％、というような考えが出てくるのである。一〇％という小さな数字に、権力と自由のバランスの機微が込められている。

場のマネジャーの権力の大小が具体的に問題となりやすいのは、場のメンバーの選択権限の問題であろう。場のメンバーを誰にするかという問題は、場の境界の設定の問題になる。この境界設定を場のプロセスマネジメントを担当する場のマネジャーが自分で行うようになると、権力の過度の集中の危険が高くなる。

なぜなら、場のプロセスでメンバーが自律的に動けるためには、その場からマネジャーの勝手な判断ではずされるという危険がないほうがいいからである。はずされる危険があれば、場のメンバーの活動の実質的自由度は下がるのがふつうであろう。その場にいたいと思っていれば、場からはずされる危険を冒してまで、自律的に相互作用に参加したくなくなるだろう。とくに、場のプロセスの細かな統御をできる立場にある場のマネジャー、そして場のプロセスでの細かな出来事を知りうる立場にいる場のマネジャーが、あるメンバーが場に属すべきかどうかを選択できるようになると、場のマネジャーの意向通りのメンバーだけが選ばれてしまう危険が高くなる。それでは、場の多様性は減り、場の自律性も減り、場の自由が結果として失われ、場は死ぬであろう。

現実には、日本の企業組織の中の多くの場ではメンバーを選ぶ権利は場のマネジャーにはないことが多い。メンバーの選定は、上層部あるいは人事部の仕事である。その上で、自分に与えられた組織、そのメンバーの中で、その組織を生き生きとした場にするのが、多くの組織のマネジャーの役割である。それはそれで、なかなか知恵のあるやり方でもある。

この点を考えると、ヒエラルキーパラダイムがより一般的なアメリカでは、メンバーの人事権を現場のマネジャーがしばしばもっているのは、じつに示唆的である。アメリカのマネジャーはそれだけの権力者になっているのである。そうした人事のあり方のもとで不用意に場のパラダイムのマネジメントを行うと、マネジャーに権力が集中しすぎる危険がある。かえって、システムがしっかりしたヒエラルキーパラダイムのほうがより適合的なのかも知れない。

自由と権力のバランスについては、場のマネジャーに与えられる権力と場の自由のバランスという観点からではなかったが、すでに前章第4節で見えざる全体主義のにおいに対する対抗措置として、自由のポケットの重要性や権力の分散の重要性を論じた。

場という、自律的プロセスによって全体的統合を果たそうとする、という一見矛盾に満ちた経営のあり方では、権力と自由のバランスはさまざまな局面で本質的な問題であり続けるのである。

場のあるワンマン、場のないワンマン

場のマネジャーの微妙なバランスのもう一つの問題は、場のマネジャーの強さと場そのものの強さの組み合わせの問題である。これも、前項で論じた自由と権力のバランスの問題の一つのバリエーションとも言える。

つまり、マネジャーのリーダーシップの強弱と場のプロセスの強靭さ、自由さ、多様性、とのバランスの問題である。そしてどうやら一般的な解答は、強いリーダーシップと強い場の組み合わせがもっとも望ましい、ということになりそうである。

この本では、場のマネジメントと思われる経営の実践例として、ホンダや花王の例をたびたび引いてきた。この二つの企業は、長期間にわたってかなりの企業革新を全員参加型の経営で行ってきた企業として評価が高い。そしてまた、ホンダや花王はその創業から発展の段階で、「ワンマン的経営者」と一見解釈されそうな強いリーダーシップをもった経営者に率いられていた企業である。ホンダの本田宗一郎と藤沢武夫という共同創業者の強いリーダーシップは有名である。また、花王の中興の祖といわれる丸田芳郎の強いリーダーシップと経営理念は、現在も花王に語り継がれている。

ワンマン的な側面をもつほどの強力な経営者が場を重んじる経営をしている、というのは、これまたきわめて意味深長である。たとえば、両社に共通に見られる大部屋役員室という空間設計を考えても、それは役員の間の場の強さをつくろうとする経営と理解できる。それは、ワンマンの弊害への対抗措置としようとしたのか。あるいは、場の機能を強化することによって、トップのリーダーシップがさらに生かされるように考えたのか。あるいは、場を強くしても、自分の立場が弱くなることをおそれる必要などないトップであったからこそ、こうした場の機能の利用ができたのか。

どうやら、場のあるワンマン（つまり強い場が自分の下にはあって、しかしそこではしばしば最後の発言者として振る舞う）と、場のないワンマンとは基本的に違うようだ。

場のあるワンマンは、たとえ最終的には自分の決断で、ときに独断に見えるようなスタイルで多くの経営判断をしても、間違った判断をする危険が小さい。自分の下にある強い場が、間違った判断に対する強力な警告シグナルを出してくれる可能性が大きいからである。強い場であればこそ、強いリーダーシップにもかかわらず、「共通理解」として警告シグナルが出てきやすい。

また、強い場がワンマンの下にあれば、その強い場が経営者の指し示す戦略の方向に適合するより具体的な方策を生みだす可能性も高い。弱い場では、その具体的な方策を情報的相互作用の中から場自身が生みだす力が弱いだろう。さらにたとえば、場のあるワンマンには、後継者で問題が生まれにくい。場があるから、その中で後継者予備軍が育っている可能性が高いからである。場の情報蓄積効果である。

場のないワンマンでは、すべてが逆になる。自分の間違った判断に対する警告のシグナルが下から発せられる可能性は小さくなる。自分の戦略的判断が正しくても、その具体化のプロセスが場でスムーズに行われるということも起きにくい。だから、自分が細かなことにまで口出ししなければならなくなる。場がないから、そこで後継者が育つ機会も小さくなっている。

第2章で紹介した静かな独裁者は、まさに場のないワンマンの例になっている。そしてこの人の場合もたしかに、間違った判断への警告シグナルは出ず、自分自身が細かいことに口出しをしなければ実務が動かないようになっていき、そして後継者が育たなかった。

強いリーダーの下には強い場を意図的につくるのが望ましい。

それもまた、権力と自由のバランスという本質的問題が、場のマネジャーの要件と場のあり方に投げかける要請の一つの例である。

終章

経営を超えて、ダイコトミーを超えて

場の普遍性

この本では、経営の一つの概念として、「場」について論じてきた。しかし、場の概念は経営組織の中でだけ意味のある概念ではない。経営を超えて、もっと普遍的な意義をもっている概念だと私は思う。

人間の社会組織の中で「まとまりが生まれるとき」「事が起きるとき」「流れが変わるとき」、多くの場合いくつもの出来事の集積のようなものの結果、そうなることが多い。一つひとつは小さなことが、いくつも積み重なって、一つのまとまりとなり、それが全体として事を起こし、流れを変える。

その出来事の集積は、一つの空間の中に積み重なる。その空間は、物理的空間でもいいし、抽象的な空間として人々の頭の中に共有された意味や関係の集まりでもいい。何らかの「空間」の中に小さな出来事が集積し、その集積に人々が反応し、全体としてまとまりや流れが生まれてくるのである。

その空間が、この本で語ってきた「場」の本質である。

たとえば、日本の近代の歴史の中での大きな変革となった明治維新への流れの中で、京都という場所がそうした空間のいい例となっている。薩摩も長州も土佐も会津も、そして朝廷も幕府も新選組も、みな京都という物理的空間の中に集積し、その空間で人々は相互作用をし合い、刺激し合い、心理的に反発や協力を繰り返し、「事が起きていった」。

さらにさまざまな場の例が、私も編者として参加した『場のダイナミズムと企業』という本にはくわしく説明されている（伊丹・西口・野中［二〇〇〇］）。

たとえば、東京の秋葉原には狭い地域に家電大型店やパソコンショップがひしめき合い、そしてそれをめざして消費者が群がり、秋葉原の空間は巨大な電気製品の取引空間となっている。その空間があればこそ、流通業者と消費者のさまざまな駆け引きと価格交渉が濃密かつスピーディに起き、その結果としての市場の勝者がたちまちにして明らかになり、それが需要者の反応をすばやくメーカーに伝えることになって、メーカーの新製品開発がきわめて早いサイクルで回転していく情報的な基盤となっている。秋葉原という空間の中で、事が起き、流れが変わっている。

秋葉原という場は、消費者と流通業者という個にとっての意味空間であり、かつ物理的空間である。その場のおかげで、個々の客と店の間の交渉の中からあちこちでばらばらにつけられる価格が、秋葉原全体としては連関性をもつことになり、しかもじつに迅速に相場価格が形成されていく、と山下（二〇〇〇）は分析する。

さらには、西口・ボーデ（二〇〇〇）が明らかにしているように、突発的な事故が危機を生みだし、その危機の中から場が生まれてきて企業間の連携が見事にとれていくこともある。一九九七年二月、アイシン精機というトヨタ自動車の系列部品メーカーで、あるブレーキの基幹部品の工場で大火災が発生し、工場が壊滅的打撃を受けた。そして、その部品の供給が全面停止したために、トヨタ全体の生産が長期中断に追い込まれそうな危機的状況となったのである。そのとき、それまではブレーキ部品を作っていなかったトヨタの下請けメーカーの間で自発的に協力行動が生まれ、自己組織的に無数の緊急対応手段がさまざまな企業の現場のあちこちでとられ始め、彼らがその部品を生産し始める。結果として生産中断は最小で済んだ。トヨタ自動車とその協力会社の間に培われてきた関係の中で、さまざまなことが起き、流れが変わっていって、結果として誰も予想もしなかったようなまとまりが生まれ、全体の生産復旧がみごとに行われたのである。その関係の全体が、「場」なのである。

それは、トヨタのサプライヤー・ネットワークに長年蓄積された潜在能力が、突発事故によって一気に呼び起こされたから可能になったのである。それが可能になったのはトヨタの直接的な指導監督が顕著だったからではなく、トヨタのサプライヤー・ネットワークの関係者が自発的に相互作用を行う基盤が存在し、彼らが場を再構築して潜在能力を顕在化させた。つまり、企業間の場がグループ各企業の潜在能力を呼び起こす中心的役割を果たしたのである。

あるいは、大田区などの中小企業の産業集積の中では、中小企業の親父さんたちの間に、場が生まれている。彼らがさまざまな取引関係とつき合いの中で、お互いに情報交換し、協力し合って、きわめて柔軟に仕事の連結が行われ、集積全体として高度なニーズに応えられるようになっている。それが可能になっているのは、その集積の中に場が生まれ、その「場の情報」を各中小企業が獲得でき、そしてうまく使えるからだ、と額田（二〇〇〇）は分析している。「場の情報」のもつ特徴は繊細さ、質感、文脈性などであり、そうした特質のある情報ゆえに解釈の柔軟性や情報の新結合を促進し、さらに他者への深い理解を生むことによって自己と他者の間に架け橋を架けやすくし、かつまた心理的エネルギーを育んでいるのである。

組織の中の個人、市場・産業の中の企業と個人

組織の中、市場や産業の中で、人々はさまざまな相互作用をしている。人々はお互いの動きを観察し、お互いに情報を交換し合い、さらに暗黙のうちにお互いの思いを推し量っていく。それらの総体の総合判断の結果、人々は自分の考えや行動を決めていく。その決め方は、最終的には自律的である。自分としては最後はこう思う、と言って決めている。

しかし、その最終判断に至るまでには周囲の人々とのさまざまな相互作用がある。主に情報面で、しかしときには心理的な相互作用がある。だが、個人は自律的でもある。そうしたプロセスのすべてを考えると、人々は自分の周りの人々全体の意向をも考える存在だが、しかし個としての自律性も同時にもっている。その意味で、そこには全体との関連を考えた上での自律性があり、個人はたんに野中の一本杉のような「他から全く独立した個」ではなく、「全体という衣を着た個」である。

「全体という衣を着た個」であるがゆえに、個々の人はそれなりに自律的な行動をとっていても、組織全体、市場全体としては無秩序になるのではなく、誰かが明示的な指示や命令を出さないのにけっこうまとまりが生まれてくる。さらに、多くの人々が共同して何かをすることによって、相互に刺激し合う心理的共振のようなものも生まれる。

それはサッカーやラグビーのプレーの中の個々のプレーヤーの動きとチーム全体としてのまとまりあるプレーとの関係と同じである。個々のプレーヤーは自分の周りの動きを見ながら自分で判断して動いている。いちいちコーチの指示通りに動いているわけではない。しかし、そうした個々の自律的判断の結果にもかかわらず、チーム全体の連係プレーが生まれる。全体としてのまとまりが出てくるのである。それは、個々のプレーヤーが全体のことを考えながら動いているからである。その結果、しばしば流れるような見事な全体の動きとなり、ゴールが得られる。

じつは、生命体の中での細胞の動き方、細胞たちの連携の仕方もこれと同じであることは、第1章でも指摘した。人間の体には六〇兆個の細胞があるという。それらはすべて同一のDNAをもっている。そして、その細胞の一つひとつに指示を出している存在などありはしないのに、個々の細胞のDNAの発現の仕方は自分の置かれた場所と周りの細胞の動きに応じて適切に決まっていく。細胞たちは、ある意味で相互作用をし、連携をとっている。その相互作用の結果、細胞たちの動きの全体に秩序が生まれ、我々の体の機能が保たれている。

こうした相互作用のプロセスとそこから秩序が生まれてくるというプロセスが、組織の中にたしかにある。市場の中にもある。あるいは、社会の中にもある。

このように現実には存在してしかも大きな機能を果たしていると思われるプロセスについて、これまで我々はそれを理論的に考える枠組みを十分にはもっていなかった。そのために、大切なプロセスでありながら組織の経営の理論的議論の対象になることもあまりないし、市場や産業のプロセスを理解する議論にも明示的には登場しにくかった。

そのプロセスを、「場」という概念を用いて、幅広く分析できるのではないか。それが、本書の一つのメッセージである。

生命の摂理に学ぶ

場がかなり普遍性をもった概念でありうるのは、じつは当たり前かも知れない。場の概念は、生命の摂理の背後にある概念の一つと思われるからである。

少なくとも私は、場の論理をつくる上で、生命現象の背後にある論理としてのバイオホロニックスという分野の考え方を大いに参考にした。清水（一九九〇）が言うように、バイオホロニックスは生命を情報的な現象と考えて研究しようとする学問で、そこでは多様な性質をもった個々の要素がいかに要素間の関係を選択していくかが自己組織のプロセスで重要な役割を果たす。その、個の関係性の中から全体の秩序が生まれてくるという考え方が、この本の場の論理の基礎にある。

我々は、社会科学の分野でももっと生命の摂理から学ぶ必要がある。しかし、社会科学の多くの分野で中心的な視点であったのは、生物的な世界観ではなく機械論的な世界観だと思われる。機械論的な世界観がベースにある物理学の圧倒的な成功の歴史を見れば、それも当然であったろう。とくに経済学を中心として、市場にしろ組織にしろ、物理学の言葉と概念にヒントを得て、人々はものを見ようとしてきた傾向がかなりある。

しかし、それが唯一の視角なのだろうか。さらに言えば、そういった視角が、市場や企業の最も重要な側面の大半を理解するのに最も適した視角なのだろうか。おそらく、機械論的見方の長所を強調する人々ですら、その視角だけでいいとは言わないだろう。

たとえば、企業が行うダイナミックで発展的な秩序形成のプロセスを考えてみよう。企業は、新技術を開発し、組織構造を変え、事業自体を変えていく。しかも、それは混乱の中で行われるのではなく、何がしかの秩序を保ちながら、企業は自らを変えていく。環境の変化に適応しようと新しい秩序をつくりだしていくのである。

その秩序形成のプロセスを我々はどう理解したらいいのか。企業組織には、さまざまな人々が働いている。皆自分の利害をもっているし、知識も行動様式もさまざまに異なる人々である。しかも、その組織は階層的ではあっても分権的になっているのがふつうである。そういった組織が、不確実で変化していく環境の中で新しい秩序を形成していけるというのは、考えようによっては驚くべきことである。

しかし、生物はもっと驚くべき存在とも言える。彼らが生まれ、変化し、進化していくさまは、まことに複雑なプロセスである。それを事もなげにやって、次々と新しい秩序を自分で生みだしている。それもただの機械論的な秩序ではない。

機械論的な秩序を象徴するのは結晶や時計であろう。二つとも秩序は、静的で、しかも固い。時計は確かに動いているのだが、しかし、同じ秩序を繰り返しているだけである。それに比べると、生物はしばしば極めて複雑な秩序を発展的にかつ柔軟につくっていく。たとえば我々の脳は一五〇億個のニューロンが二〇〇種類に分かれて、つながり合っている。そのつながりの中で、脳は新しい情報を自分で作っている。我々自身が、何か新しいことを毎日、理解し、記憶を変化させている。脳という複雑なシステムは、ダイナミックに動いて、しかし爆発せずに秩序立って新しい情報を生みだしているのである。

我々は生物体から、あるいはホモサピエンスとしての我々自身から、もっと学べるはずである。

ダイコトミーを超えて

機械論的な秩序にばかり目がいきがちだった社会科学の分析の偏りは、おそらくこの本でたびたび問題にしてきた、「構造中心主義」的なものの見方を生みだした一つの理由でもあったと思われる。時計を考えるとき、人は時計の部品の相互間の関係としての構造を考えるであろう。構造がわかれば、時計という静的秩序は再現できる。

経営の世界で、経営の手段変数・設計変数の主なものは組織の構造変数である。それが、これまでの経営組織の理論が主な考察の対象としていたものと言っていい。組織の権限体系としての組織構造、人事管理システムの設計、インセンティブやコントロールの仕組みの設計など、経営組織や経営システムの「構造」に関する変数である。それらがこれまでの経営組織理論の中で中心的な注目を浴びてきた変数であった。

しかし、こうした構造がわかれば、企業の中のさまざまな出来事、秩序が再現できるだろうか。それは無理だろう。これらの構造変数は、それが直接的に経営組織の振る舞いや業績を決めるわけではないからである。企業の発展という動的な秩序にとって最終的に意味があるのは、個々の人々の決定であり、エネルギーであり、そこから決まる人々の行動である。

そして、「経営の手段」変数のレベルと「決定」や「エネルギー」というレベルの変数の間には、膨大な現象が起きていると考えるべきであろう。人々の行動に現実に影響を与えるさまざまな「プロセス」が起きている。個々の人間のさまざまな行動の集積とその相互作用のかたまりとしての「プロセス」が起きているのである。

プロセスに関する議論は複雑である。それは、構造の議論がかなりシンプルであるのと対照的であると言ってもいいだろう。シンプルな構造論と複雑なプロセス論。その二つの議論の間には、論理的にも距離がかなりある。たとえば、ある組織構造を設計すると、どのような論理経路で人々の意思決定や心理的エネルギーを生みだすプロセスに影響が及ぶのか。かなり複雑な論理経路が想像され、それはわかりにくい。だから、構造に関する理論を理解したとしても、「経営現象についてものが見えた気がしない」、というしばしば実務家から聞くコメントが生まれることになる。構造の議論だけでは経営現象の理解には不十分なのである。

しかし、経営組織論の世界では、構造とプロセスというダイコトミー（二分法、さらには二項対立）でものを考え、構造に議論に重きを置き、プロセスの議論はサブの立場に置かれる、という傾向が強い。このダイコトミーで考えれば、まず現実の一応整理はたしかにつく。整理した上で、構造の議論をすることの入り口にはなる。しかし、プロセスを軽視しては、現実をきちんと理解するのは難しい。構造とプロセスのダイコトミーは、じつは現実の深い理解を阻害しているとすら、言えるかも知れない。

この本の一つの目的は、このダイコトミーへのアンチテーゼを、場の理論によって提示することにあった。構造とプロセスをつなぐ概念として、場の概念を理論装置として、それもこのダイコトミーの二分の間の連結概念として、提示することにあった。

しかし、組織論よりもさらに広く経営の理論全体の世界を眺めてみると、戦略論の世界でもダイコトミーがあることに気づく。「コンテント」と「プロセス」というダイコトミーである。コンテント、つまり戦略の内容（たとえばどんな事業ポートフォリオをもつか、競争上の焦点をどこに絞るか、武器を何にするか）を決めるための論理と、その戦略を実行するプロセスをきちんと考える組織的な手配りの論理とは違う論理である、とするダイコトミーである。コンテントはすなわち戦略の構造であり、プロセスとは分離された世界で、そのつながりが議論されることはほとんどない。

もちろんこのダイコトミー自体は、議論の第一歩としては基本的には間違ってはいない。しかし、コンテントの論理は主に経済的な市場の論理であり、プロセスの論理は組織内の論理で組織論的な世界であると考え、コンテントを考えるのは戦略家で、プロセスは現場の人間に任せる、と分離してしまう危険をはらんだダイコトミーである。そして、ダイコトミーの分離ゆえに、現実に戦略の実行が思うようにいかず、戦略は結局のところ絵に描いた餅になってしまうことがしばしばある。

ここでも、組織論の世界で構造がメイン、プロセスはサブの立場に置かれてきたのと同じように、戦略論ではコンテントがメイン、プロセスはサブ、という位置づけが暗黙のうちになされることが多かったように思う。そのために、コンテントとプロセスの関係とか、二つの変数の間の相互作用などについて、十分な理論的な検討が行われてきたとは言い難い。

つまり、戦略論の世界でも組織論の世界でも、きれいなコンテント論や構造論が混沌としたプロセス論に優位する、というプロセス劣位になるようなダイコトミーが存在し、そのために肝心のプロセスへきちんと影響が及ぶようなコンテントや構造の理論とか、プロセスとコンテントあるいは構造との間の相互作用の理論などが軽視されてきた。

それは、アメリカでの経営理論の世界ではとくに強い暗黙の特徴であったようだ。その傾向は、プロセスが最終的に成果を決めることをよく知っている実務家からすれば、不満の大きな理論状況であったろう。それゆえ、多くの実務家からプロセス軽視の批判の声が漏れてくるのである（最近はそのダイコトミー自体を乗り越えようとする理論的な動きが、たとえばBartlett and Goshal [1995] のように始まってはいるが、おそらく主流とは言えないだろう）。

もちろん、アメリカ経営理論の世界でも、時代をさかのぼるとたとえばバーナードのようにここでいうプロセス論に重大な関心を寄せていたと思われる理論家もいる（Barnard [1938]）。しかし、近年の状況は、戦略論では経済学、組織論では社会学、とそれぞれの理論的影響が大きくて、ともにコンテント優位、構造優位に傾いてきたのが大きな流れであったと思われる。

しかし日本では、プロセスへの関心は相対的にはアメリカよりも強かったように思われる。日本発の経営理論の代表例の一つである野中郁次郎による知識創造のSECI《セキ》理論（野中［一九九〇］、

Nonaka and Takeuchi［1995］）は、組織的な知識創造現象について基本的にプロセス中心の論理を作ろうとしたものと理解してよいであろう。戦略論での日本発の経営理論の一つの例は、伊丹（一九八〇、二〇〇三）、および Itami（1987）、であろう。そこでの理論的発信の一つは、戦略の内容自体を決める論理の重要な要素として「戦略の組織適合」というプロセスの論理を埋め込んだ戦略の論理を提唱したことである。戦略の実行プロセスの確保をたんに組織的な手配りに委ねるのではなく、戦略のコンテント自体が組織のプロセスに適合的な内容をもたねばならない、という論理である。

私はこの本で、プロセスと構造をつなぐ概念としての場の概念の重要性を強調し、構造からプロセスへと流れる論理の全体を考える必要性を強調してきた。私が戦略論の世界で提唱した「戦略の組織適合」という概念も、コンテントとプロセスをつなぐ概念であった。つまり、プロセスと構造・コンテントをきちんとつなぐ中間変数・連結概念の重視が、戦略論と組織論に共通した私の議論の特徴と言ってもいい。共に、構造・コンテントとプロセスとのダイコトミーを超えようとする理論的試みなのである。

なぜダイコトミーなのか

なぜ、戦略論と組織論でそれぞれダイコトミーがアメリカの経営理論の世界で長く続き、しかもプロセス劣位で終始してきたのだろうか。

一つの基本的理由は、プロセスの論理が複雑すぎて、メッシー（ごちゃごちゃ）になりやすいからであろう。だから、理論家はニート（きれい）な世界にとどまりたがる。しかも、プロセスの論理の中核になると思われる人間の間の相互作用の一般理論は作りにくい。だから、プロセスの理論化は余計に骨が折れそうで、理論家に敬遠される。

第二の理由は、アメリカの企業経営は、プロセスがあまり重大な鍵をにぎらないように構造を作ろうとする伝統と性向、そしてそれを可能にするような技術・事業状況、人間観が背後にあったことであろう。つまりあらかじめ役割分担と責任の体系をかなり詳細に決め、その決められた範囲で人々が行動すれば全体の調整が結果としてとれるような経営システムをつくることを重視する経営を行ってきたのである。そこでは、構造をきちんと作ることが最優先であり、プロセスはメッシーなノイズと理解されかねない。

その経営の考え方は、第8章でヒエラルキーパラダイムと呼んだ経営のパラダイムにつながると思われる。ヒエラルキーの役割分担と責任の体系をはっきりさせ、その中で個人が与えられた役割さえしっかり果たせば、全体は機能する、という考え方である。このパラダイムがアメリカ社会に浸透していることの象徴的現象は、スポーツの世界でアメリカで最も人気のあるスポーツがアメリカンフットボールであり、アメリカンフットボールが第8章で述べたようにヒエラルキーパラダイムの典型であることであろう。しかし、世界的に見れば、スポーツの世界ではサッカーが最も人気のあるチームスポーツであろう。ヒエラルキーパラダイムは、決して世界標準ではない。

アメリカでヒエラルキーパラダイムが主流となり、プロセスにあまり依存しないように経営のあり方を考えようとする傾向が強くなったのは、アメリカという国の形成と発展の歴史的状況と無縁ではないように思われる。

その状況の一つは、人的多様性である。アメリカという国には、プロセスという自由裁量の余地の大きなものに依存しにくい、人的多様性がある。人種のるつぼといわれる建国の歴史がその背後にある。もう一つの事情は、アメリカ企業の事業活動そのものが早い時期に全国化、大規模化、国際化、そして多角化をしてしまい、経営の対象になるべき事業活動の多様性の大きさを世界で最初に大規模に経験した国だということである（Chandler［1977］）。それゆえに、システムによる経営、構造とコンテント重視の考え方が自然に広まるのである。その考え方を構造は戦略に従うという基本命題にまとめたのは、他ならぬチャンドラーであった（Chandler［1962］）。

さらに言えば、組織のあり方の暗黙のうちの常識として、カソリック教会の組織、軍事組織という、構造をきちんと作ることを主眼とするような組織の厳然たる巨大な前例があったことも影響しているのかも知れない。あるいは、神の前の自立した個人という宗教観もまた、人と人との相互作用が中心となるプロセスに最終的な重きを置かない考え方になりやすい素地の一つだったのかも知れない。

こうしてさまざまな事情が重なって、アメリカ発の経営理論の世界では構造主体のヒエラルキーパラダイムがメインとなり、プロセス劣位となるダイコトミーが生まれ、かつ継続する一種の歴史的必然があったように見える。

そう言うと、音楽の世界でアメリカはジャズを生んだではないか、という反論があるかも知れない。ジャズはたしかに場のパラダイムの非常にいい例である。だが、ジャズはアメリカの中のサブカルチャーとして生まれてきたものである。それが決してメインの流れの中で生まれてきたものではないことが、ジャズ的なあるいは場的なパラダイムがサブの位置しか占めていないこと（あるいは少なくとも過去はそうだったこと）を、象徴的に物語っているようである。

ダイコトミーを超える日本からの発信

しかし、ますます複雑になっていく二一世紀の経営の世界でいつまでもプロセス劣位のダイコトミーでいいかどうか、大きな疑問符がつく。

まず第一に、たびたび強調しているように、プロセスこそが経営の成果を最終的に決める鍵なのである。構造中心主義が機能しうるのは、構造から人々の行動への論理が比較的ストレートに作れるような状況のもとである。しかし、どこの国の経済も国際化し、変化の流れは速くなり、事業活動が複雑化している現在、そのストレートな論理がつくりやすい状況なのだろうか。

その状況を「経営状況の複雑化」と大ぐくりに表現してみると、その複雑化への対応として、二つの対応がありうる。一つは構造やシステムを中心とする論理をさらに精緻化してより精密な仕組みを作り、その精密な仕組みを運用するために情報技術を利用することである。複雑なシステムでも、新しい情報技術を使えば運用可能かも知れないという点に望みを託するのである。ダイコトミーはそのままに、構造の論理とその実行を精緻化しようとする動き、と言ってもいいであろう。

もう一つの対応は、現場に近いところで人々の叡智を結集できるような新しいスタイルのマネジメントを模索することである。プロセスが現場でうまくいくように、プロセス側から構造のほうへと考えをさかのぼるような道を模索することである。その模索の一つの例が、この本で主張している、場というような連結概念を中核に置いてダイコトミーを超えようとする努力である。

二つの対応は、相互背反ではない。二つの道は共に模索される必要があるだろう。そして、これまで構造をどちらかといえばあまり重視してこなかった日本企業の経営実務は、むしろ第一の道を遅ればせながら模索することが当面の課題かも知れない。

しかし、第二の道がいずれ必要になるのではないか。人と人との間の相互作用に自然に目がいく傾向があると思われる日本社会の中での経営組織論として、いつまでもプロセス劣位のダイコトミーでいいとは思われない。

第二の道への動きとその必要性は、二一世紀にますます強くなるであろう。そして、その動きに向けての、日本からの世界への発信もまた必要とされている。

この本は、そうした日本からの発信の一つとなることを意図して書かれたものである。

◆——参考文献

今井賢一・金子郁容『ネットワーク組織論』岩波書店、一九八八年
今井賢一編著『経済の生態』NTT出版、一九八八年
井尻雄士・中野勲編著『企業の情報化と国際化』同文館、一九九一年
伊丹敬之『経営戦略の論理』日本経済新聞社、一九八〇年
――「情報的相互作用と経営」、今井編著（一九八八）所収
――『マネジメント・ファイル　90』筑摩書房、一九九〇年
――「情報の場としての企業」、井尻・中野編著（一九九一）所収
――「場のマネジメント序説」『組織科学』二四巻四号、一九九一年
――『場のマネジメント』NTT出版、一九九九年
――『経営戦略の論理〈第三版〉』日本経済新聞社、二〇〇三年
――「見えざる資産の基本枠組み」、伊丹・軽部編著（二〇〇四）所収
――・松島茂・橘川武郎編著『産業集積の本質』有斐閣、一九九八年
――・西口敏宏・野中郁次郎編著『場のダイナミズムと企業』東洋経済新報社、二〇〇〇年
――・軽部大編著『見えざる資産の戦略と論理』日本経済新聞社、二〇〇四年
清水　博『生命に情報を読む』三田出版会、一九八六年
――『生命を捉えなおす――生きている状態とは何か』中公新書、一九九〇年
――『生命と場所――創造する生命の原理』NTT出版、一九九九年
――『場の思想』東京大学出版会、二〇〇三年
――・伊丹敬之「情報連結体としての企業」、伊丹（一九九〇）所収
――・三輪敬之・久米是志・三宅美博『場と共創』NTT出版、二〇〇〇年
高橋　康『古典場から量子場への道』講談社、一九七九年

都筑卓司『場とはなにか』講談社、一九七八年
中村雄二郎『場所』弘文堂、一九八八年
西野和美「市場における見えざる資産の蓄積」、伊丹・軽部編著（二〇〇四）所収
西口敏宏／アレクサンダー・ボーデ「場と自己組織化——アイシン精機火災とトヨタ・グループの対応」、伊丹・西口・野中編著（二〇〇〇）所収
額田春華「産業集積における分業の柔軟さ」、伊丹・松島・橘川編著（一九九八）所収
——「産業集積と場——豊かな『場の情報』が生み出す柔軟な連結」、伊丹・西口・野中（二〇〇〇）所収
野中郁次郎『知識創造の経営——日本企業のエピステモロジー』日本経済新聞社、一九九〇年
——・紺野登「場の動態と知識創造——ダイナミックな組織知に向けて」、伊丹・西口・野中（二〇〇〇）所収
濱口恵俊『「日本らしさ」の再発見』日本経済新聞社、一九七七年
藤沢武夫『松明は自分の手で』産業能率短期大学出版部、一九七四年
——『経営に終わりはない』文芸春秋ネスコ、一九八六年
山下裕子「場と秩序」一橋大学大学院博士課程単位修得論文、一九九〇年
——「市場における場の機能——秋葉原の価格形成プロセス」、伊丹・西口・野中（二〇〇〇）所収

Anderson, B., *Imagined Communities: Reflections on the Origin and Spread of Nationalism*, Verso Books, 1991（白石さや・白石隆訳『想像の共同体——ナショナリズムの起源と流行』NTT出版、一九九七年）
Barnard, C., *The Functions of the Executive*, Harvard University Press, 1935（山本安次郎・田杉競・飯野春樹訳『経営者の役割』ダイヤモンド社、一九六八年）
Bartlett, C. and S. Goshal, "Changing the Role of Top Management: Beyond Strategy to Purpose," *Harvard Business Review*, November-December, 1994
—— and ——, "Changing the Role of Top Management: Beyond Structure to Process," *Harvard Business Review*, January-February, 1995

——— and ———, "Changing the Role of Top Management: Beyond System to People," *Harvard Business Review*, May-June, 1995

Chandler, A., *Strategy and Structure*, MIT Press, 1962（有賀裕子訳『組織は戦略に従う』ダイヤモンド社、二〇〇四年）

———, *The Visible Hand: The Managerial Revolution in American Business*, Harvard University Press, 1977（鳥羽欽一郎訳『経営者の時代（上・下）』東洋経済新報社、一九七九年）

Itami, H., *Mobilizing Invisible Assets*, Harvard University Press, 1987

Lewin, K., *Field Theory in Social Science*, Harper & Row, 1951（猪股佐登留訳『社会科学における場の理論』誠信書房、一九五六年）

Nonaka, I. and H. Takeuchi, *The Knowledge Creating Company: How Japanese Companies Create the Dynamics of Innovation*, Oxford University Press, 1995（梅本勝博訳『知識創造企業』東洋経済新報社、一九九六年）

Seifter, H. and P. Economy, *Leadership Ensemble: Lessons in Collaborative Management for the World's Only Conductorless Orchestra*, Times Books, 2001（鈴木主税訳『オルフェウスプロセス——指揮者のいないオーケストラに学ぶマルチ・リーダーシップ・マネジメント』角川書店、二〇〇二年）

著者紹介

1945年生まれ．一橋大学商学部卒業．カーネギー・メロン大学経営大学院博士課程修了（Ph. D.）．現在，一橋大学大学院商学研究科教授．

主な著書：『日本企業の多角化戦略』（共著，日本経済新聞社，日経・経済図書文化賞），『人本主義企業――変る経営，変らぬ原理』（筑摩書房），『日本産業三つの波』『場のマネジメント――経営の新パラダイム』（以上，NTT出版），『場のダイナミズムと企業』（共著，東洋経済新報社），『経営戦略の論理（第3版）』（日本経済新聞社）．

場の論理とマネジメント

2005年12月29日 発行

著 者 伊丹敬之《いたみひろゆき》

発行者 高橋 宏

発行所 〒103-8345 東京都中央区日本橋本石町1-2-1 東洋経済新報社

電話 編集03(3246)5661・販売03(3246)5467 振替00130-5-6518

印刷 製本 東洋経済印刷

Printed in Japan ISBN 4-492-52158-5 http://www.toyokeizai.co.jp/